后浪出版公司

财富、贫穷
Wealth, Poverty and Politics
与政治

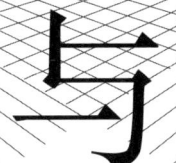

Thomas Sowell

[美] 托马斯·索维尔 著

孙志杰 译

浙江教育出版社·杭州

目 录

第 1 章　重大问题　　1

第 2 章　地理因素　　13
　　水　路　　20
　　陆地与气候　　31
　　动　物　　46
　　疾　病　　52
　　区　位　　54

第 3 章　文化因素　　59
　　文化与环境　　63
　　文化扩散　　74
　　文化与进步　　87

第 4 章　社会因素　　105
　　人　口　　107
　　智　力　　121

第 5 章　政治因素	143
国家的兴起	147
极化的政治学	158
福利制度	170
第 6 章　影响与展望	195
收入与财富差异	197
直面事实及未来	233
致　　谢	245
参考资料	247

第 1 章

重大问题

今天的人们也许震惊于发达国家与第三世界国家在生活水平上的极端差距，但纵观有记载以来的人类历史，地区间的财富差距是一种常态，而且这种差距还扩展到了创造财富的因素，包括知识、技能、习俗和行为举止等。不同地区不仅地理、文化和政治背景差异较大，而且在这些因素的发展上也不平衡。

当英国还是未开化的原始部落聚居地时，古希腊早已开创了几何、哲学、建筑学和文学。雅典人很早就建立了卫城，即使在数千年后，其遗迹之雄伟壮观仍给人留下深刻印象。同期的英国连一座建筑还没有。古希腊涌现了柏拉图、亚里士多德、欧几里得等众多奠定了西方文明根基的里程碑式人物，而同期的英国无人被载入史册。

根据学者的估计，古代欧洲一些地区的生活水准，仅相当于古希腊早在数千年前就达到的水平。[1] 在古代世界中，高级文明不仅出现在希腊，也形成于埃及和中国等国。彼时欧洲和世界其他地区才刚开始学习基本的农业种植。[2]

数千年来，财富以及创造财富的能力在不同地区的巨大差距久已有之。虽然这种经济不平等在人类历史上一直存在，但近几个世纪以来，不平等的模式发生了巨变。曾经的古希腊远比英国发达，但英国在19世纪引领整个世界进入了工业时代，它远远领先于当时的希腊。

在长达几个世纪的时间里，中国比任何一个欧洲国家都发达。中国拥有包括指南针、印刷术、造纸、船舵和瓷器在内的众多创新与发明，而且中国掌握铸铁技术也比欧洲早一千年。[3] 15世纪，东西方各有一位航海家进行了"发现之旅"，相对于哥伦布航海，郑和下西洋开始的时间更早，航期更长，船队也更大更先进。[4] 但几个世纪之后，中国与欧洲的地位发生了巨大的反转。不论今天的世界财富格局如何，生活在世界各地的人们都曾在某些领域领先或拥有过众多专长。

欧洲的农业是由中东传入的。在人类社会的演化中，有很多改变人类生存方式的进步，农业或许是其中最重要的一项。在狩猎-采集式生存方式下，人类为了食物必须得游牧大片土地，而农业的传入使得人类可以永久定居于人口密集的社区，修建城市由此变得可能。不仅如此，相比散居于偏僻地区的生存方式，同样数量的人口聚集在世界各地的城市中，创造的艺术、科学、技术方面的成就远远超过其人口规模。[5]

希腊比北欧和西欧更靠近中东地区，农业更早传播到该地区，因此希腊的城市化进程也比欧洲其他地区提前数个世纪。它很早就享受到城市人口聚集带来的各种好处，因而在许多方面领先于世界其他地区。随机的某个地理区位不会造就天才，但能为人们提供开发自身智力潜能的环境。疲于四处游猎、搜寻食物的狩猎-采集式生存方式是不可能开发自身潜能的。

地理只是造成人群和地区间经济差异的众多因素之一。尽管生活水平的差异也很重要,但经济差异并不限于此。地理位置不同,人们所处的文化世界也不同,或广阔,或狭窄,扩大或限制着人们自身智力潜能的发展,经济学家将这种智力潜能称为人力资本(human capital)。地理位置的差异不仅有水平上的差异,比如欧洲、亚洲和非洲的不同;也有垂直上的差异,比如平原和高山。有一项地理研究发现:

> 山区不利于天才的发育成长,原因在于这些地区分散又相互隔绝,远离人与观念大汇流的河谷地区。[6]

不论是美国的阿巴拉契亚山脉、摩洛哥的里夫山脉,还是希腊的品都斯山脉、亚洲的喜马拉雅山脉,世界各地的山区都表现出相似的贫穷与落后的模式。法国著名的历史学家费尔南·布罗代尔(Fernand Braudel)曾指出:"山区会持续落后于平原。"[7] 过去数千年里一直如此,直到近两个世纪交通与通信方式的革命性变化,外界的进步才越来越多地进入与世隔绝的山区村庄,虽然这些进步已稍显滞后。然而,人们在更适宜的环境中创造的文明是无法通过技术变革完美复制到山区的。生活在山区的人当然可以努力追赶,可是其他地区的人不会停滞在原地。

山脉仅是地理特征之一,地理又仅是影响人类发展的因素之一。不论是地理形成的物理空间隔离还是文化隔绝，它们曾反复出现，造成了世界各地的贫穷与落后。在后面的章节中我们将考察造成隔离的原因。

不论原因何在，当今世界如同古代一样，不同群体、不同国家之间的经济差距非常普遍。在21世纪的今天，瑞士、丹麦和德国的人均GDP是阿尔巴尼亚、塞尔维亚或者乌克兰的3倍以上，挪威的人均GDP更是后三个国家的5倍以上。[8]这种经济差距不局限于欧洲。在亚洲，日本的人均GDP分别是中国的3倍多和印度的9倍多。[9]撒哈拉以南非洲的人均GDP不到欧元区国家的十分之一。[10]

不仅国家间存在收入差距，一国内部不同阶层、种族和细分人群之间的差距同样显著。各国的应对方法五花八门，从政客辞职到革命。许多人相信他们国家的经济差距即便不是危险的，至少也显得很奇怪。鉴于此，有必要指出，这类差距没有什么特别之处，它存在于历史的各个时期和世界上任何一个国家。因此对经济差异的解释也不应限定为特定时间或地点的特别因素，例如现代资本主义或工业革命①，更不应是那些政治上合意的或能满足情感诉求的因素。

不应想当然认定，那些能引起重大道德争论的因素如占

---

① 在《国家为什么会失败》(*Why Nations Fail*)的作者看来，"今天世界的不平等是因为19世纪和20世纪时一些国家利用了工业革命及其带来的技术与组织方式的变革，而其他国家未能做到"。但是，国家间的经济不平等并非始于工业革命，国家间差距在古代也并不一定比今天的小。

领、奴役，是当代经济不平等的决定性根源。它们在某些情形下可能是决定性的，也可能不是。国民或国家的富裕与贫穷，可能是因为（1）他们比别国生产得更多或更少，（2）他们夺取了他国生产的财富，（3）他们生产的财富被他国夺去。不论你更愿意接受哪种解释，事实都不会改变。

举个例子，西班牙征服西半球国家，不仅残暴地对待当地土著，毁灭了美洲古代文明，而且通过洗劫当地土著，强迫他们在金银矿劳役，将西半球的财富——200吨黄金和超过18000吨的白银[11]——运到西班牙。有过这一行径的，并非只有西班牙。但问题是，财富转移在多大程度上可以解释今天世界各国的经济差异？

西班牙在今天不过是西欧相对较穷的一个国家，在经济总量上被瑞士、挪威这些从未成为过帝国的国家所超越。在"黄金世纪"涌入西班牙的财富本可用于投资经济或人力资本，但大部分财富被消费掉了，没有用于投资。用西班牙人自己的话说，"金子像洒落在屋顶上的雨一般涌入西班牙，但立刻就流走了"[12]。在人类历史上，这非常常见。不论是征服还是奴役他人，结果无他，不过是精英统治集团一时的发财致富。

道德上看，西班牙殖民者在西半球国家造成了永久性破坏，但带给西班牙经济长期繁荣的因果效应非常小。晚至1900年，超过一半的西班牙人还是文盲[13]，同期的非洲裔美国人被解放还不到50年，大部分已经能读会写了[14]。而100年后的2000年，西班牙的人均收入甚至略低于非洲裔美国人。[15]

道德问题与因果问题都很重要。但将两者混淆，或假想将两者打包成一个政治或意识形态上吸引人的答案来解释经济差异，绝非有效的研究方法。

国与国的经济差距只是经济不平等的一部分，一国内部的巨大经济差距同样值得注意。在讨论一国内部不同人群的经济差异时，人们倾向于将这些差异当作"收入分配"（income distribution）问题。[16]但真实收入（经通胀水平调整后的货币收入）是指一国生产的商品和服务。仅从生产商品和服务而获得收入的生产者的视角考察这一产出，很可能会产生不必要的谬误，而这些谬误又会引发严重的社会问题。

一国的生活水平更多地取决于该国的人均产出，而非生产获得的货币收入。否则，政府只要印更多的钞票，就能让大家都富裕起来。聚焦于"收入分配"问题，让人觉得政府似乎能重新调整货币流，让收入更公平——不论公平如何界定。人们没有考虑政府的政策可能对生产过程造成的根本性影响，而一国的生活水平正取决于生产过程。媒体甚至学术界常常有这样的观点：产出或财富似乎无缘无故就出现了，真正值得关注的问题是如何分配。

有时，过度关注收入分配，会使人忽视背后的产品和服务的生产过程，并因此将富人的收入解释为"贪婪"——就好像对金钱永不停止的欲望就会让别人为买东西付出巨额金钱。

造成人与人、地区与地区、国家与国家之间收入与财富差距的潜在因素众多，其中有一个因素最明显却常常被忽略。正如经济学家亨利·黑兹利特（Henry Hazlitt）指出的：

> 贫穷真正的问题不是分配，而是生产。穷人之所以穷，不是因为某些收入被夺走了，而是因为他们无法生产足够的产出使他们能摆脱贫穷，不论原因为何。[17]

亨利·黑兹利特如此明了的事情，对于其他人却并非如此。他们看到的是不同的视野，由此也会提出另一项议程，认为经济差异是源于财富从某些人转移到了另一些人。

历史表明，造成经济差异的原因存在于特定的时空中。我们将从财富生产的差异来解释经济差异，当然也会提到财富转移，它过去通过征服或奴役实现，如今则通过福利制度进行内部财富转移或国外援助实现。

当我们考察地理、文化和其他因素对财富生产的影响时，我们应区分"影响"（influence）与"决定论"（determinism）。曾经有人将他们对经济差异的解释建立在"地理决定论"（geographic determinism）上。自然资源丰富的地区被认为更富饶。批评者很容易指出，这并不一定总能成立，甚至在大多数情形下都难以成立，因为既有类似委内瑞拉和尼日利亚这样资源丰富但非常贫穷的国家，也有日本和瑞士等自然资源匮乏却富裕的国家。这一事实使得一些人不仅否定地理决定论，而且否定地理是一个主要影响因素。

但是，地理因素会通过其他不同的方式影响经济结果。更重要的是，这些影响不一定是由于特定地理特征带来的隔离，更多的时候是特定地理特征与其他地理特征的相互作用，以及地理特征与非地理特征如文化、人口、政治及其他因素的相互作用。

极地附近的温度平均而言比赤道附近更低，但考虑到纬度因素与其他地理特征的相互影响，这一简单且无可辩驳的地理事实也不一定成立。伦敦尽管比波士顿还要向北数百英里（1英里≈1.6093千米），但冬季平均气温要高于后者，与波士顿以南数百英里的美国城市的冬季气温相似。[18] 伦敦12月份的日均高温与伦敦以南850英里的华盛顿特区相同。从12月到次年3月，华盛顿特区日均低温甚至略低于伦敦。[19] 纬度很重要，但不同洋流的温度也很重要。① 两者共同作用会带来不同于任何一种因素独立作用的结果。

同样，特定地理因素与其他非地理因素相互影响带来的结果，也不同于特定地理、文化、人口或政治因素各自带来的影响。这就是"影响"不等同于"决定论"的原因所在。虽不是大多数，但许多经济结果取决于不止一种因素，在各种不同因素共同作用下，全世界各个国家与地区具有相同的繁荣与进步程度的概率几乎为零。截然不同的地理环境只是造成经济结果不平等的众多因素之一。

另一个因素是文化，不同人群、不同国家的文化具有巨大

---

① 起源于墨西哥湾海域的墨西哥湾暖流，沿着大西洋向西北方向流经英伦诸岛，使得西欧的冬天比同纬度的东欧、亚洲或北美更温和。

的差异,甚至一国内部不同群体之间也存在差异。类似于对地理影响的批评,对文化影响的批评有时同样借助于一个过分简化的想象。《国家为什么会失败》一书就曾试图否认文化因素对经济结果产生影响。它拒绝承认从英格兰继承的文化才是美国、加拿大、澳大利亚这些曾经是英格兰殖民地的国家经济发达的主要原因:

> 加拿大和美国曾经是英国殖民地,但塞拉利昂和尼日利亚曾经也是。这些前英国殖民地如今的贫富差异巨大。因此,英国遗产并非北美国家成功的原因。[20]

尽管这些国家都曾是英国殖民地,可以认为受到英格兰文化的影响,但建立加拿大和美国的是浸润了英格兰文化的英国人的后裔,文化的影响在以后的数个世纪逐步展示出来。而生活在塞拉利昂和尼日利亚的人,所处的是数千年来撒哈拉以南非洲不同地区的不同文化,英格兰文化带来的冲击影响还不到一百年,在他们成为大英帝国一部分的短暂历史中,他们自身的本土文化仍然在产生影响。

也有许多前英国殖民地的居民为非英语民族,它们在独立以后仍能看到英国文化的烙印,例如律师在法庭戴假发。但外在的英国传统仪式不会阻止这些前殖民地在独立之后拥有根本上不同于英国的文化遗产,以及非常不同的经济和政治历程。

"基因决定论"(genetic determinism)者同样不相信文化

因素的影响，在他们看来，先天的智力差异能够解释种族、国家与文明间的经济不平等。基因决定论基于无可辩驳的当代人在各种成就和智力测试成绩上的差异[21]，但该理论无法解释特定种族、国家或文明在特定历史阶段曾经远远领先，又在其他时期远远落后，比如英国与希腊的角色反转。

一些国家曾在一个世纪之内从落后贫穷的国家攀升到人类成就的前列，如18世纪开始追赶的苏格兰和19世纪开始追赶的日本。这种变化远远快于基因构造的变化。事实上，这两个国家都没有发现基因变化的迹象，但是他们在文化方面都发生了显著的变化。特定文化的源泉会在时间的迷雾中消逝，这一点也许令研究者沮丧，但文化在当今的表现仍清晰可见。一位当代基因决定论者曾指出[22]，文化无法量化或统计，无法用来分析IQ与GDP之间的相关关系，也不能满足科学精确度量的要求。但统计学家经常指出，相关关系不是因果关系，正如凯恩斯很早告诉我们的："大致正确胜于精确的错误。"[23]

不论我们考察的是文化、地理、政治还是其他因素，他们之间的相互作用是我们理解"影响"不同于所谓的"决定论"的重要原因。

第 2 章

地理因素

> 世界从来不是公平的竞技场，一切皆有成本。
>
> ——戴维·S. 兰德斯（David S. Landes）[1]

很显然，过去数千年来，世界各地的生存发展环境各不相同。但是地理环境差异的程度及其带来的经济和社会后果却不那么显而易见。地理并非对所有人都是公平的。

世界不同地区的地理特征差异非常明显。各国收入差距让人吃惊，而与之相比，迥异的地理环境及其造就的万千地理现象也一样显著。比如，美国中部发生龙卷风的次数远远超过其他任何国家，甚至多过世界其他国家的总和。[2]世界上大部分间歇泉都分布在美国黄石国家公园。[3]环太平洋地区，不论是亚洲这一边还是西半球区域，分布的地震带非常多，而环大西洋地区则很少。[4]

这些自然现象展示了地理条件不同造成的各异的物理效应。此外，地理现象同样也会造成各异的经济与社会效应。人们踩在脚下的土地是不同的。科学家称之为软土的肥沃土壤在全球的分布既不是均匀的，更不是随机的，而是集中在南北半球的温带地区，热带几乎没有。[5]

几千年来，农业一直是人类最普遍且最重要的经济活动，直到近几个世纪，个别幸运地区才出现例外。在这数千年中，土壤分布尤其重要。在迥异的地理环境中，经济与文化的演化面临的经济约束也不同。

地理差异对经济的作用，会直接影响生活水平，也会间接影响人的发展。这取决于特定的地理环境究竟是促进还是妨碍人与人之间的沟通与互动。任何社会都无法独占推动人类发展的发现与发明，所以不论哪一个阶层、种族和国家，能够接触到世界其他地区将是一个巨大的优势。

拥有更大的文化视野很重要，这不仅是因为更大的文化视野有利于传播产品、技术和知识，更重要的是，当人们一次次地看到其他地方的人用另一种方式去做事时，他们会打破人类用习惯方式做同样事情的惯性。在许多与世隔绝的社会中，人们做事的方式世代相传一成不变。据说，"有智慧的人才会在挑选食物时比较它们的营养价值"[6]。

隔离会带来相反的影响。当西班牙在15世纪发现加那利群岛时，他们发现岛上的人还处于石器时代。[7] 18世纪英国人发现澳大利亚土著时，情况与此类似。[8] 在其他相似的与世隔绝的环境中也是如此，不论是遥远的山村，还是热带丛林深处，人们的生活方式与几百年前甚至数千年前的其他地区的人一样。[9]

另一个造成人们与世隔绝的地理因素是沙漠。目前世界上最大的沙漠是撒哈拉沙漠，它对北非国家的发展来说是负面因素，而对生活在热带地区的撒哈拉以南的非洲人而言，则是毁灭性的发展障碍。这个沙漠广阔无比，面积甚至略大于美国的48个本土州[10]，并且数个世纪以来，正是这个沙漠将撒哈拉以南的非洲与世界隔离开来。热带非洲还缺乏优良的海港，这一因素也限制了其与海外文化发生联系。正如费尔南·布罗代尔指出的："外部力量对广大撒哈拉以南非洲的影响非常缓慢，它是一点点渗入的。"[11]

尽管地理影响重大，但地理决定论并不可靠。因为人们会与其他地方的人接触，即使地理环境没有发生变化，人们也会与不断变化的人类知识以及具有迥异的价值和抱负的不同人类文化相互作用，因而在不同的时间和不同的地方情况也完全不同。自然资源对今天的我们是有用的，但它们中的大部分对史前石器时代的穴居人并非如此，因为他们不掌握如何让这些资源为我所用的知识。自远古以来，中东地区就有丰富的石油储量，但直至科技发展，世界其他地区建立了工业国家，中东的石油才成为贵重的资产，同时深刻地改变了中东地区及其他工业国的生活。

个别的地理影响因素不能孤立地考虑，因为它们的相互作用对于结果至关重要。降水量与土壤的关系就是一例。不同地区的降水量不同，而且土壤对于降雨的涵水能力也有很大的差异。巴尔干半岛石灰土的涵水能力就比中国北方的黄土差。气候与土壤会影响各地粮食的生长情况，而农业是过去一千年中最重要的经济活动，也是城市化发展的基础，因此各地几乎不可能实现同样的繁荣程度。

与其他事情一样，土壤涵水能力仅在一定范围内是有益的。回到罗马世纪，在欧洲西北部大平原，雨量丰沛，沼泽遍布，成为发展农业的障碍。经过几个世纪的排灌技术发展与应用，这一地区的大部分土地才变得肥沃可耕种。[12] 土壤肥沃程度既非天生的，也非固定不可改变的。灌溉与排灌技术的发展，用马或牛来翻犁黏土，这些都极大地改善了土壤的肥沃程度。土壤、降雨以及随着时间不断增长的人类知识与技术，这三者相互影响，使欧洲西北部土地变得越来越肥沃。

这意味着地理因素的排列组合远远超越了单个因素，特别是与不断增长的人类知识一起考虑。因此，比起单个地理因素造成的差异，不同的地理环境相互作用会带来众多的经济与其他结果，而全世界各地区各民族的差异将更大。全世界各地的部落、种族与民族拥有不同的地理环境，历经数千年的发展，形成了各自的文化传统，因而不可能具有相同的生产力水平。

不仅不存在相同的经济结果，而且一个时代的不平等模式与另一个时代也极其不同。

古希腊相对于古代英国的巨大优势，反映出希腊具有更毗邻中东的地理优势。当时农业在中东发展起来，先扩散到邻近的东南欧地区，数个世纪后才扩散到整个欧洲和其他地区。没有农业，几乎不可能或很难形成人口密集的城市社会。居无定所的游牧者要在大片土地上游猎，以此获得足够的食物来养活一定数量的人口。

直到今天，城市依然是大部分文明进步的源泉。由城市人口创造的文明进步，特别是里程碑式的科技成就，远多于其他环境。[13] 居住在那些不利于城市形成的地理环境中的人，长期落后于身处有利于城市化的地理环境中的人。在人类史上，城市发展与我们称之为文明进步的大多数事物一样，出现得相对较晚。农业不仅使城市成为可能，而且使工业、医学以及其他在城市环境中取得的进步成为可能。

现代交通与通信的进步能够突破隔离，正如其他技术进步能减轻甚至消除某些对经济与社会发展构成障碍的地理因素。但地理隔绝严重的地区经历了数千年的文化发展差异，新近的科技进步无法回过头来消除这种差异带来的影响，相比之下，有些地方的居民数千年来已经习惯于接受世界上其他人群的成就与观念。

我们如何定义"环境"至关重要。一位知名地理学者的定义是，"环境是人们所居住的物质环境"[14]。但另一位地理学家说，"环境不仅仅是所处的地理条件"[15]，他呼吁提出"一个涵盖范围更大的环境定义"，指出过去祖先的经历会"以天资和从遥远祖宗那里继承的传统习俗在当代族群身上留下痕迹"[16]。不论从地理角度还是从社会经济角度描述环境，最根本的区别在于将环境定义为特定群体周围的东西，还是同时包括群体内部的东西。

过去的环境条件塑造了当今人们所处的物质与精神世界，不了解这些环境条件，我们就很难理解今天发生的一切。因为无论好坏，今天都是过去的遗产。正如一位文化史学者指出的:"人不是空白的碑,不可能擦去环境镌刻在其身上的文化来为雕刻新的文化腾出空间。"[17]另一位知名历史学家指出:"不是我们生活在过去,而是过去存在于我们中间。"[18]

在此背景下,我们将详细考察水路、山脉、动植物等地理因素的影响。除了这些特定的地理特征,地理区位自身也是值得强调的一个因素。

水　路

水路有多重作用,包括为人和动物提供饮用水,为鱼等提供食物,是灌溉农作物的源泉,并且是运输人和货物的大动脉。在扮演的所有角色中,不同水路有差异,对人类的价值也不同。

不同类型的水路,从江河到湖泊,从海港到海洋,它们具有内部差异,比如适航性上的差异。撒哈拉以南非洲的大部分河流都从高海拔地区经过湍流险滩、大小瀑布顺流而下,而西欧的河流则大多流经广阔平原,更适合贸易与运输。事实上,从发源地流向大海的同一条河流在流经不同地方时也会不同:

> 一条河流到大海已不是从群山发源时的那条河了。从高地流向低地,一路上会有冰川融化形成的浑浊河流、来自农田的浑浊支流和来自石灰岩高原的清澈河流汇入其

中，最终携带着堤岸的泥沙流向大海。[19]

水路最不可或缺的功能是为人和动物提供生存所必需的饮用水，其对经济发展的重要作用体现在作为交通运输的动脉这一功能上。作为运输大动脉，水路运输与陆路运输在成本上差异巨大，特别是在两百年前，汽车运输方式还没有出现的中世纪，这种差异更大。

例如，1830年的时候，通过陆路将1吨货物运送300英里成本是30美元，而通过水运跨越大西洋运送3000英里的成本仅为10美元。[20] 由于运输成本的差异，高加索山脉第比利斯城虽然离巴库油田的距离仅341英里，它却通过水路从8000英里外的美洲进口石油。[21] 类似地，19世纪中期美国修建横贯大陆的铁路以前，相比于从密苏里河岸走陆路，货物从中国港口横跨太平洋可以更快更便宜地送达旧金山。[22]

鉴于食物、能源及其他必需品要从城外运到城市，同时大量的城市产品要运出去销售，全世界那么多城市位于通航水路上也就不奇怪了。尤其是以发动机为动力的陆路运输方式还未出现以前，情况更是如此。

即使到了20世纪，陆路与水路运输的成本差异也没有消失。在20世纪的非洲，将一辆汽车从吉布提运到埃塞俄比亚的亚的斯亚贝巴（二者陆地距离342英里）的预计成本，与从美国底特律到吉布提（二者水路距离7386英里）的水路运输相比，成本相差无几。[23]

从另一个方面看，没有适航水路的地方与外部世界的联系将会大大受限，也会缩小接触的文化范围并减少与其他远距离群体和文化交流的机会。在某些情形下，缺乏水路或存在其他地理障碍意味着相距很近的群体可能也很少联系。在现代运输与通讯方式出现以前的数百年里，在那些缺少马、骆驼或其他驮兽的地方，情况更是如此。

非洲大陆的一个特征是，尽管面积超过欧洲的两倍，但海岸线却比欧洲短。[24] 欧洲的海岸线更曲折，形成了许多港口，便于轮船停靠躲避波涛汹涌的海浪。此外，欧洲有超过三分之一的面积由众多岛屿和半岛组成，这也大大增加了欧洲海岸线的长度。

相反，非洲海岸线更平直，很少凹陷，意味着缺乏优良的天然海港。另外，岛屿与半岛仅占非洲陆地面积的2%，数量比欧洲少得多。与此同时，撒哈拉以南非洲大陆的沿海水域很多是浅滩，难以供远洋航船停靠。[25] 在这些地方，大型远洋航船必须离岸抛锚，将货物卸到能在浅滩航行的小舰船上，再运上岸。这一过程极其费时费力，而且成本高昂，往往不可行。几个世纪以来，欧亚之间的海上贸易船舶途经非洲，却几乎很少停靠。

即使在少数地方大型船只能够通过深水河流进入非洲，沿海狭窄的平原也会突然被海边断崖阻断。[26] 这种地形带来的结果是，即便船只能顺流而上进入非洲，也会碰上瀑布而无法进一步深入大陆。基于同样的原因，从非洲内陆顺流而下的船只,也无法像在欧亚大陆或密西西比河的部分河段一样驶入大海。

与非洲形成鲜明对比,中国有一个堪称"世界独一无二"的密集水路网络可以通航,由长江及其支流和遍布港口的锯齿状海岸线组成。[27] 同样独一无二的是,在欧洲处于中世纪时,中国已是当时世界上最发达的国家。

中国的水路在港口和河流类型上都不同于非洲。非洲是一个干旱的大陆,许多河流不够深,无法像中国、西欧或美国那样使装载大批货物的大型船舶通航。即使在罗马帝国时代,最大的船也无法在尼罗河上航行[28],更不必说今天大得多的船了。

航行路线上河流的平均水深不如最低水深重要。后者决定了船只在给定大小和重量下能航行多远。在特定环境下,不同的水路都是"可通航"的,但意义并不一样。尽管远洋船舶通过圣劳伦斯河航道可直达五大湖,但并非所有远洋船舶都可以。经过1959年的人工航道改造之后,圣劳伦斯河航道才真正适合世界上大多数的远洋船通航。但到了今天,随着远洋船越造越大,该航道已不再适合大多数远洋船航行了。[29]

非洲赞比西河的水深在不同河段差异很大,并且随着雨季和旱季发生变化。在某些季节和某些河段,赞比西河仅能容吃水深度3英尺(1英尺≈0.3048米)的船通航;在其他季节和其他河段,赞比西河的水深则能达23英尺。[30] 安哥拉的许多河流仅能容纳吃水深度不超过8英尺的船通航[31],西非的主要河流如尼日尔河在旱季只能承载不超过 20 吨重的船[32]。但在中国，载重 10000 吨的船能沿长江航行数百英里，更小的船还能继续上行 1000 英里。[33]

即使在水量充沛的时期，热带非洲的河流也很少能连续航行这样的长度。就撒哈拉以南非洲的陆地轮廓而言，其特征是"被平顶峭壁的方山形状诅咒，几乎每条河流都俯冲奔流向大海"[34]。

热带非洲的大部分地方海拔都超过 1000 英尺，许多地方超过 2000 英尺。扎伊尔河发源于海拔 4700 英尺的地方，在汇入大西洋之前它俯冲而下，一路上造就了无数急流险滩、大小瀑布。该河尽管径流量超过密西西比河、长江和莱茵河，却无法和这些河流一样作为商业航道。因为扎伊尔河上许多落差极大的河段破坏了它的可通航性。当然，在各个河段上可以使用木筏承担内陆交通运输。这种模式在撒哈拉以南非洲的河流中很普遍。

由于不同季节降水量变动很大，热带非洲河流的水位普遍波动很大。西欧的降雨量则全年比较均匀。[35]撒哈拉以南非洲的降雨模式是很长一段时间无降水，紧接着又是倾盆暴雨的雨季。[36]由于降雨是季节性的，尼日尔河最重要的支流贝努埃河一年仅有两个月的通航期。这也带来了一种繁忙的运输模式：

只要在贝努埃河上多停留一天，船只就会被困在河床上长达 10 个月。但是，如果出于谨慎或错误信息，过早地将船只从河中拖出来，贵重的货物将会被落在后面，这时候就不得不付出高得多的成本通过陆路转运……最先是用独木舟来运输，然后换成大一点的船，最后到水流充沛的洛克加市，用最大的发动机轮船及驳船以尽可能快的速度航行于河上。到了短暂的航行季末期，由于水位下降，大船最先退出河道，之后是中型船，只有运输少量货物的小型独木舟还会继续在河道中航行。[37]

关于非洲可通航水路的里程统计具有误导性。航船在航行中或是碰到水深不够，或是瀑布阻断，这些水路不是连续的。有时独木舟会在抵达瀑布前卸下货物上岸，搬运独木舟和货物绕过瀑布，然后将货物重新装上独木舟在下一个河段继续顺流航行。但这种做法费时且成本高昂，因而限制了独木舟和货物的规模。造成的结果就是，只有价值远远超出其大小和重量的货物在经济上而言才是值得运输的。

与非洲相比，世界其他地方如亚欧大陆或西半球，流经平原的江河连续数百里都可通航。庞大的货物如木材、煤或小麦，相对于其大小或重量价值并不高，但通过水路长距离运输在经济上仍是可行的。

即使在同一大陆内部，西欧的河流也不同于东欧或南欧，更不必说完全不同的撒哈拉以南非洲了。宽广的海岸平原，海拔不超过1000英尺，意味着西欧河流流淌得很平缓。在动力船能够在汹涌的河流中航行之前，这一特征尤显珍贵。那时许多地方的原木能够顺流而下运到下游,但负责运送的人只能走陆路返回。①

西欧的河流通常汇入大海,由此可以接入全世界各地的海港。东欧和南欧的河流则非常不同,于是也就影响了流经地人们的经济和文化。越往东,墨西哥湾洋流带给欧洲气候的增温效应越弱,东欧河流在冬季冰封的频率更高,封冻期也更长。

东欧河流即使未冰封,它们也通常是汇入湖泊或内海而非流入公海。例如,多瑙河、顿河、第聂伯河流入黑海,伏尔加河流入里海。俄罗斯的河流大部分汇入北冰洋,但北冰洋不像大西洋或太平洋,它很难与世界其他地方相通。数个世纪以来,东欧在经济上落后于西欧的原因众多,水路差异是其中之一。

南欧河流对这一地区经济的贡献更小,部分原因是当地的主要河流相比西欧或东欧要少,另一部分原因是在地中海地区冬季暴雨,夏季少雨,河流几乎干涸。而巴尔干山脉的河流又太过峻急,除了当地的小船,不适宜其他船只通航。[38]

相对于其他西半球国家,美国在水路上拥有巨大的地理优势。用著名经济史学家大卫·S.兰德斯的话说,美国"有曲折的海岸线,其间遍布优良海港"[39]。美国还拥有许多大江大河,其中最壮观的是密西西比河。不像非洲河流急速流下——扎伊

---

① 同样,1815 年以后,美国出现汽船,将密西西比河从单向交通要道变为能溯流而上的水路,从新奥尔良到达路易斯维尔(Rupert B. Vance, *Human Geography of the South*, p. 264)。

尔河在150英里的距离内有超过30个大瀑布,落差接近1000英尺[40],密西西比河的河床每英里仅下降4英寸[41]。尽管尼罗河是世界上最长的河流,但密西西比河注入墨西哥湾的水量是尼罗河注入地中海的数倍。[42]河流的价值就在于水量多少,密西西比河径流量远多于尼罗河,尽管后者流经距离更长。

尼罗河承载大型船只的能力很有限,美国的哈德逊河以及旧金山港和圣迭戈港却都是深水良港,可供航空母舰停靠。五大湖是一个大型的相互连接的水路系统,其中密歇根湖的面积比以色列还要大,而苏必利尔湖又比密歇根湖还要大。这些湖都足够深,能让远洋船通航其上。自1959年对圣劳伦斯河进行人工改造后,远洋船可从大西洋一路上行,直抵芝加哥和五大湖地区的其他中西部城市。

一位美国著名地理学家说过:

> 地球上再没有其他地方像加拿大南部和美国北部落基山以东的地区那样得到大自然慷慨的馈赠,这一地区在货物生产与商贸运输上具有极大便利。北美大陆的构造很精简,远处丛山,环绕中间广阔的平原,平缓地倾向大西洋和墨西哥湾,大小河流流淌平缓,探险家、商人和殖民者可以到达任何地方。[43]

水路不仅在不同的地方各有不同,它对人类的重要性在各个历史时期也会发生变化。以地中海为例,数个世纪以来,它

是比大西洋更有吸引力的水路。直到知识和技术进步,两者的地位才有了改变。在此之前,地中海非常适合航行:

> 漫长的夏季,晴空万里,夜晚星光闪烁,风向稳定且无雾。这对航海是绝佳的季节。习习的微风有利于外出或归家的航船,无数的海角和岛屿清晰可见,布有航标以便航船绕开,这在指南针发明以前非常重要。[44]

在人类学会在缺乏路标指引且目力所及全是水的环境中航行之后,海洋才从运输的障碍变成通途。只有科学、数学和技术发展到一定程度,才能克服这一根本性障碍,大洋航行才有可能实现。最开始人们是观察白天太阳的位置和夜晚星星的位置,通过这些天空中的路标来判断航海的方向,磁罗盘的发明具有决定性的意义,它更便捷,即使乌云遮蔽天空也不受影响。

地中海温和浪平,而大西洋风急浪狂,因此长期以来,地中海沿岸港口的贸易活动都要比西欧的大西洋海港更繁忙。欧洲人发现西半球之后,欧洲国际贸易的主导方向也发生了改变。大西洋航行环境更恶劣,需要的船只类型也不尽相同。相对于大西洋,地中海的商业统治力和制海权变得黯然失色,而且西欧大西洋海港的船只更能适应新的跨洋贸易的需要。大海还是大海,知识与技术进步改变了其经济和其他方面的重要性。[45]

尽管农业十分重要,它为集聚的定居人群提供可靠的食物来源，但渔业也是另一个重要的食物来源，尤其是在农业还不足以维持人类生存的地区更是如此。这一点在寒冷气候中尤其重要。

同样，在其他气候类型中，渔业也可能是主要的经济活动。据说曾经的阿姆斯特丹是一座建在鲱鱼之上的城市[46]，渔业对于日本和类似地区的经济也很重要。并且，在亚马孙丛林这样的热带地区，因为土地贫瘠，农业生产力低下，也有许多依赖打鱼为生的渔村。

尽管渔村无法达到由农业供养的城市那样的人口聚集水平，但也代表了从狩猎-采集社会到定居生活的跃进。不过，供应本地区以外市场的商业性捕鱼活动，对城市发展具有重要贡献。[47]在地中海地区，土地的农业产出极少，当地人为了谋生，要同时利用陆地与海洋的产物，这与其他地方将农牧业相结合类似。[48]

捕鱼的机会并不比其他机遇更均匀地分布。延伸到大西洋的长长大陆架为鱼和其他海洋生物的繁育提供了绝佳的水下环境。[49]但地中海周围的水下陆地形状完全不同[50]，缺乏大西洋这样的浅海大陆架[51]。

因此，尽管地中海的渔业历史更悠久，却无法与那些丰产的渔场相提并论。后者吸引着商业捕鱼船深入纽芬兰和冰岛附近的大西洋水域或北海渔场。[52] 20世纪初，意大利渔民的人均收入只有法国渔民的四分之一、英国渔民的八分之一。这种差异与鱼的售价无关，因为法国或英国的鱼价与意大利持平。[53]

在世界许多地区的经济与社会发展中,水路起了主要作用。尽管如此,这主要源于水路与其他地理和非地理因素的相互作用,而不只是水路本身的自然特征带来的影响。例如,南美的亚马孙河从径流量、通航能力①和河流长度看都是世界上最壮观的河流——径流量居世界第一,河流长度与世界第一长的尼罗河接近。从亚马孙河流入大西洋的水量是尼罗河汇入地中海的数十倍[54],是密西西比河流到墨西哥湾的数倍。

然而,亚马孙河流域内丛林遍布、土壤贫瘠,它无法像密西西比河、莱茵河、多瑙河或其他类似河流那样成为商贸大通道,也无法给流域带来类似的经济发展,即使这些河流径流量加起来都不及亚马孙河。相反,泰晤士河这样中等规模的河流,即便长度不及亚马孙河的十分之一,却能作为工业与商业货运的出海口扮演重要的经济角色。俄罗斯的叶尼塞河和勒拿河的径流量均是伏尔加河的两倍以上,但伏尔加河的船舶吨位却排在第一位,原因在于它流经的区域内汇集了全俄罗斯大部分的人口、工业和农田。

水路与水路各不相同,同一类型的水路也各有差异,它们对人类而言具有各不相同的有用特征,这些特征的排列组合极其多。因此,对世界各地的人而言,水路带来的价值不可能完全相同。更不必说水路在一些地区分布多一些,在另一些地区很少,而沙漠中根本没有水路。

---

① "如果亚马孙河流经的是北美,一艘大洋货船能从波士顿航行到丹佛。"(Jonathan B. Tourtellot, "The Amazon: Sailing a Jungle Sea", *Great Rivers of the World*, edited by Margaret Sedeen, p.299.)

陆地与气候

陆地有许多面貌。简单来说，陆地的形状决定了水的流动，并由此影响生活在特定区域的人类的命运。土壤的物理特征和化学成分就像气候一样，对农业至关重要。陆地的类型如山脉、沙漠、大裂谷将人群分隔开来。巴尔干人、撒哈拉以南非洲的人们和世界上其他许多山地群体，就是这样被隔绝于世的。

山　脉

山脉会同时影响居住在山上和山下的人们的生活，但给他们带来的影响是迥异的。

全世界大约10%～12%的人口生活在山区（其中大约一半在亚洲），大约90%的人口生活在海拔不超过2500米的山区。山区人口密度往往相对较低。[55]生活在山区的人形成了特定的生活模式，不论他们是在美国的阿巴拉契亚山脉、摩洛哥的里夫山脉、希腊的品都斯山脉，还是在亚洲的喜马拉雅山脉。最常见的是贫穷、隔离与落后。[56]不难发现造成这种模式的原因。山地的自然特征使得生活在其中的人们无法获得在其他地区带来繁荣与联系的许多进步。

由于雨水冲刷，山区很少有肥沃的土地，尽管山谷中会聚集一部分土壤，但其他土壤则被冲积到低地平原。人们倾向于在山谷中聚居生存，因为谷地能够种植农作物。但山谷相互隔离，就像有人在描述美国南部山区时所说的："人们和他们耕种的田地散布其间。"[57]这种模式在世界其他地区亦如此。每一个山谷中可耕种的土地限制了能供养的人口数量，因此山谷中常见的是小村庄。尽管从直线距离看，这些村庄相距并不远，但由于险峻的山势阻隔，他们不仅相互间交往少，而且与外界隔绝。[58]

在现代交通与通信技术发明以前的中世纪，这些历史性的阻隔特别严重。大多数技术进步发生在山外的世界，并且受各地的地理环境与经济条件影响，这些技术的应用也有所不同。更重要的是，即使这些技术进步得到广泛应用，也无法消除数个世纪的文化隔绝带来的影响。

山区通常缺乏可通航的水路，险峻的地势造就了无数急流、险滩和瀑布，因此居住在山地的人们无法使用水上交通和通信手段。巴尔干地区就是这样的情形。[59]山区的陆路运输也很困难，尤其是在轮式交通工具难以使用的地区，步行几乎是唯一的可行之法。著名历史学家布罗代尔指出："直到1881年，摩洛哥还没有轮式交通工具。"[60]另一位学者谈到生活在摩洛哥里夫山地的人们时说："里夫人都是伟大的步行者，他们不得不如此。"[61]

虽然这种模式很常见，但也有例外。喜马拉雅山和安第斯山部分山地也有灌溉良好的肥沃土地。[62]阿尔卑斯山拥有众多山间通道，分布很广[63]，而且足够宽阔，商旅甚至古代汉尼拔的战象都能通过。

在山地修建道路的成本非常高，更不用说建立供水、灌溉和供电系统了，因为山地地广人稀，建立基础设施的人均成本非常高。在意大利的亚平宁山脉，迟至1860年，123个卢卡尼亚（Lucanian）村庄中尚有91个未通公路。[64] 即使到了21世纪，要抵达希腊品都斯山脉的一些地方，走路和骑骡子比轮式交通工具更方便，其中一个村庄甚至到1956年才通上电。[65]

正如20世纪晚期一项关于环地中海山脉的研究指出的，"深入品都斯山的道路很少，绝大多数是近期修筑的，而且绝大多数都是土路"[66]。即使到了21世纪，世界各地山区的基础设施普遍都低于标准等级。[67] 不过现代运输与通信技术已进入原本相互隔绝的山地社会[68]，但不同地区在此方面的进步也存在极大差异，如瑞士人均公路里程超过埃塞俄比亚的20倍。[69]

著名美国学者爱德华·C. 班菲尔德（Edward C. Banfield）曾于1954—1955年在意大利的一个山村生活过。在记录这段经历的《落后社会的道德基础》（*The Moral Basis of a Backward Society*）一书中，化名为"蒙特格拉诺"的小镇上只有1部电话。这个由3400人组成的社区，有5辆汽车可供出租，但没有私家汽车。大多数是贫穷的农民与工人，三分之一的男人和三分之二的女人不会读写，一些农民去过的最远地方就是4英里外的邻近村庄。[70] 当他们外出时，很少用马车装载随身物品，更不要说坐汽车了。正如班菲尔德教授指出的：

当蒙特格拉诺的农民外出时，通常步行牵着驮有大筐的驴。这样，行走范围仅限于邻近村镇。许多人从来没有到过比邻近村镇更远的地方，一些女人更是从未出过蒙特格拉诺。[71]

不只是基础设施和技术发展，平原上的流行文化也滞后了许久才传播到山区。尽管数个世纪以来，伊斯兰教一直是中东和北非地区的主导宗教和文化，但亚美尼亚和埃塞俄比亚相邻山区的宗教信仰和文化却是完全不同的。摩洛哥的里夫山下的人成为穆斯林的几百年后，里夫山区的人才最终接受了伊斯兰教。[72]

同样，语言也是慢慢从低地传播到高地地区。苏格兰低地人讲英语很久以后，盖尔语还在高地地区流行了很久。希腊品都斯山下的人说了上百年的希腊语，山上的人还在说罗马尼亚语。[73] 语言差异会增加山区之间的隔离，特别是当外界听不懂山里人说的本地语言或方言时更是如此。新几内亚有超过1000 种语言，其中 70% 以上都来自仅占该岛三分之一面积的山地地区。[74] 在世界各地，与世隔绝的山区普遍都拥有多种语言和方言。[75]

山区也更难构建与维持法律和规则这类社会性基础设施。即使名义上山地在一国或君主控制下，但这种控制时断时续，也并非一直有效。这样的例子很多，如奥斯曼帝国统治下的黑山地区、摩洛哥苏丹治下的里夫山脉和莫卧儿统治下的印度高地地区。[76]苏格兰的高地地区和殖民地时期的斯里兰卡高地地区，在其邻近的低地地区被占领并纳入另一种文化环境后，依然长久保持独立。在过去许多世纪中，全世界各地山区的人抢劫和掠夺更富有的低地地区的人，这是一种司空见惯的现象。[77]

山区的贫穷给人留下的深刻印象远远超出其他地理环境造成的贫穷。班菲尔德教授这样描述他在1954—1955年生活过的意大利小山村：

> 大多数人都极端贫穷。许多人只有面包可吃，还吃不饱。用美国标准看，即使是当地的富人也很贫穷。这样的村镇既无法支持一家报业公司，也没有需要报纸来报道的活动。[78]

山区的贫穷，并不仅见于这个意大利小山村。20世纪的一个牛津大学学者这样谈到希腊："我曾见过一个在乡村长大的希腊人，12岁以前他连橄榄树、鱼，甚至橘子都没见过。"[79]

在环地中海国家的诸多山村中，农民偶尔才能吃上肉，只有少数幸运的村庄才有奶酪，这是很常见的状态。[80]农民的一日三餐都是面包；若往前追溯，妇女为家庭缝制衣服；到了冷天要将牲畜引入室内，人畜共处一室。一本记录西方文明史的里程碑式著作提到："只有最富有的人才有足够的木头，可以将人的住所与牲畜棚分隔开来。"[81]一位旅行者在1574年经过保加利亚山地时说，他自己宁可在户外大树下露宿，也不愿睡在山区农民的小屋里,"因为小屋人畜共住,环境污浊,散发恶臭,让人难以忍受"[82]。

这种一般化的结论当然并不适用于每一个山区村庄。但总体来看,在过去的几个世纪中,山区和高地大多都具有这样的模式。20世纪对喜马拉雅山区一个村庄的研究发现,20%的新生儿不到一岁就夭折了。[83]即使是繁荣的美洲大陆,20世纪初北卡罗来纳州的一个农民样本群体显示,在沿海平原的农民挣得的收入是山区农民的3~5倍。[84]

肯塔基州有一个位于阿巴拉契亚山区的县,它在19世纪80年代被称为"穷县",并且直到2010年仍是美国最穷的县之一。[85]该县的男性预期寿命比弗吉尼亚州费尔法克斯县少10年以上。该县的女性预期寿命在20年里甚至略有下降。顺便提一下,该县98.5%的人口是白人。[86]

即使到了20世纪初,大多数山里人从事的仍是自给自足的温饱型农业。[87]伴随着山区生活的负面经济后果而来的,是人力资源发展的负面后果。在全世界的许多山区,人们挣扎求生,儿童很小就辍学去工作。[88]这样一来,他们与山外更广阔世界中的知识也隔绝了。19世纪至20世纪初,文盲在环地中海山区很普遍。[89]

很少有人会从山下搬到山里生活,过去尤其如此。而山里人到低海拔地区面对的是一个完全不同的新世界。他们很难适应山下的世界,他们往往因季节性工作而短暂逗留,并且经常被排斥。这种情况持续了几百年。中世纪时期,杜布罗夫尼克的亚得里亚港口"与腹地偏僻地区的人们（来自山区的瓦拉吉牧羊人）进行贸易并维持着良好的关系，但山里人不被允许在共和国的领土上过冬，也不允许在城市停留"[90]。低地地区对山里人的负面反应不止出现在中世纪的欧洲，19世纪的法国和摩洛哥以及现代尼泊尔、印度、泰国都有类似情形。[91]

20世纪美国对山民同样采取抵制态度。看看大批山区人涌入城市社区时媒体的反应就知道了。一项关于山区移民的学术研究描述了《芝加哥论坛报》（*Chicago Tribune*）的反应，这是一个典型的例子：

> 山区乡巴佬被刻画成一群堕落的人，他们"生活水平和道德水准都很低……大多数时候是手段残暴的醉鬼"。全国性的报刊如《时代周刊》（*Time*）、《展望》（*Look*）、《哈珀斯》（*Harper's*）随后也进行了报道，题目如"山里人侵入芝加哥"。这篇文章的小标题表达了种族隔离的意思："这座城市的族群融合最困难的不是与黑人的融合……这个城市中有一小部分白人新教徒，还有一些从南部移民而来的早期美国移民，这些人通常自负、贫穷、原始，而且很容易动刀子。"……[92]

山里人同黑人的对比超越了其他人的想象。一项1932年的研究调查了蓝岭山脉小社区中的白人儿童，结果显示这些儿童的IQ某种程度上甚至低于全美黑人儿童的平均水平，当时黑人儿童的平均分为85分，全国平均为100分。而且山区儿童在IQ模式上也与黑人儿童非常相似，他们都不擅长抽象问题，最初几年他们也许与全国平均成绩相近，但越长大，差距越大。[93]

另一些关于山区儿童的研究发生在1930年，调查对象是东田纳西地区的学校，这项研究发现了相似的趋势。这些儿童两次IQ测试的中位数分别是82分和78分。在得分更高的那次测试中，6岁儿童的IQ测试中位数是95分，16岁青少年的IQ测试中位数下降为74分。10年后，随着社会和经济发展以及教育水平提高，东田纳西社区的这些学校中的儿童IQ成绩中位数提高到了87.6分。[94]

20世纪初，那些在肯塔基州伯利亚学院接受高等教育的山区年轻人，仅有半数回到他们的家乡，其中主要是未能完成学业的人。[95]更有能力或有抱负的人离开了大山，而能力更低或没有雄心壮志的人留在山里或搬到更深的山里。这种趋势可以用一句充满悖论的谚语表达，即在山里"奶油沉下去，脱脂后的牛奶浮上来"[96]。在西班牙有类似的加泰罗尼亚谚语——"走下去，绝不往上走"[97]。不论是美国还是印度，山区的年轻人都在向外迁移，这已成为世界范围内的一种普遍趋势。[98]

西班牙、尼泊尔、南美和南非的山区，长久以来就存在着季节性迁徙。[99]季节性或长期移民的汇款支撑着留在山里的家庭。[100]一些走出大山的男人成为各种军队的雇佣兵[101]，例如欧洲的瑞士人和苏格兰高地人，亚洲的廓尔喀人和越南山民。

20 世纪 30 年代，弗朗西斯科·佛朗哥（General Francisco Franco）将军率军取得了西班牙内战的胜利，在西班牙实行法西斯独裁统治。他军队的一部分是来自西非的里夫人。据估计，死于他国战争的瑞士士兵有 100 万人之多。[102]

尽管山地会给生活在山上的人带来负面影响，但对于山下的人是一种福利。当携带丰沛水汽的风遇到山坡而爬升，与更冷的空气相遇会带来雨和雪。通常山地迎风面的降雨量是背风面（即所谓"雨影区"）的数倍。随着雨水顺山坡流下，形成涓涓细流，进而又汇成溪流，无数溪流最终汇聚成河流。这对于山下的人们有许多用处。全世界主要河流均发源于山区。[103]

有些山区的降水多为降雪，水不会一下子释放出来，而是在温暖的季节里融化成水慢慢流出。这意味着，河流流动并非完全依赖于即时的雨水，旱季时山上的融雪为河流补充了水量。

如同许多东西一样，事物缺席时，我们才会认识到它的重要性。尽管热带非洲有乞力马扎罗山，但缺乏类似亚洲、欧洲或西半球那样的山脉。于是在撒哈拉以南非洲的旱季，河流和溪流干涸得很厉害，因为当地缺乏来自山地的融雪，无法为这些水路补充水量。

西班牙的内华达山脉和土耳其的托鲁斯山脉均向低地提供了灌溉用水，保障了山下的农业兴旺。[104] 因为降雨的水量本身不够，地中海夏天的太阳蒸发的水量超过了降雨量。[105]

土壤与气候

在人类的漫长历史中，没有什么发明比农业带给人类的影响更大。人类经历了漫长的进化，才学会种植想要的食物，在此之前要么采集大自然馈赠的食物，要么捕鱼或养殖驯化的动物。事实上我们视为文明的所有事物，包括城市，都起源于农业。

农业本身是如何兴起的，这一问题的答案已经消失在古代的迷雾中。但是，我们知道农业是如何来到西方世界的。它在数千年前从中东地区传播过来，起源于底格里斯河和幼发拉底河之间的地区，即今天的伊拉克。在当时的知识水平下，那里的地理环境很适合农业兴起。

最早的农民也不是无师自通就知道庄稼生长会消耗土壤中的营养成分，他们也不知道要让土壤源源不断地产出需要为土壤补充营养素。实际上居住在底格里斯河和幼发拉底河地区的农民不必知道——每年泛滥的洪水冲刷会给土壤带来新的营养成分，这样的情况也发生在尼罗河流域，造就了古埃及文明。

亚洲的农业发源于印度次大陆的印度河河谷，即今天的巴基斯坦。尽管气候干旱，但喜马拉雅山脉的大量融雪每年会形成洪水，为农业发展提供了肥沃的土壤。在那里，人们建造了最早的城市之一，并发展了最早的文明之一。中国农业和文明的起源也经历了类似的故事：

> 农业起源于中国北部的黄河河套地区……在某种形式上，这一地区成为早期中华文明的中心，与其他古文明的发源地类似，比如埃及的尼罗河冲积平原、美索不达米亚的底格里斯河和幼发拉底河地区以及现代巴基斯坦的印度河流域。[106]

在其他地方，最早的农民在一个地方耕作若干年后会发现，连续的耕种不断消耗土壤中的营养物，使得土地的产量下降，这会威胁人类赖以生存的食物供给。他们不得不迁徙他处。一些人会转移到别的地方耕种，等待自然恢复原有地块的肥力；另一些人则会在迁徙之前为土壤提供营养素，等待土壤吸收后逐步恢复肥力。但是，在人类明白究竟是怎么回事之前，底格里斯河和幼发拉底河流域以及尼罗河流域每年泛滥的洪水能保持土壤肥沃。世界其他地方则没有如此幸运能收获这样"从天而降的果实"。

由此我们也再一次看到，地理的差异给人们带来了完全不同的命运。而土地肥沃程度的不平等延续到了今天。就像我们已指出的，最肥沃的土地在全世界的分布既不是均匀的，也不是随机的。绝大部分极肥沃的土地分布在广大的欧亚大陆，始于东欧，延伸到中国东北。

西半球的肥沃土地集中分布在美国中西部平原地区，并延伸到加拿大的部分地区。南美洲的温带地区同样有肥沃土壤的富集带，包括乌拉圭和阿根廷的南部。[107] 但是大自然并未将这种肥沃土壤带给热带地区,这一地区的土壤肥沃程度与别处根本不能比。

热带非洲每亩土地的产出远远低于中国或美国。[108] 表层土较浅使得植物根部没有空间延伸触及地下深处的营养素和水分,这是撒哈拉以南非洲土地的缺陷之一。[109] 更重要的是,由于非洲土壤干燥,阻碍了人们利用肥料补充土地缺少的营养素。当土地缺乏足够的水,使用化肥不仅不会促进庄稼生长,反倒会妨碍生长。

即使是非洲中部的湿地,由于危险的热带疾病如疟疾、河盲症等肆虐,未能像温带湿地那样得到开垦。[110] 这也是我们前文提到的不同的地理特征——气候、土壤与疾病相互作用带来的结果,不同于单个特征影响的结果,比如不同地区的湿地并不相同。

各地不同的降雨模式与土壤相互影响,使得某些地区的农业比另外一些地区发展得好。撒哈拉以南非洲的降雨模式——长时间干旱之后紧跟着暴雨——是庄稼生长的一个主要障碍,土壤在太阳炙烤下会干裂,随后而来的暴雨又会冲刷掉表层土。热带地区的这种气候与土壤相互作用的方式与西欧或美国中东部迥异,那里的降雨全年各季均匀分布,并且降水主要出现在有肥沃土壤的地区。

我们在第1章提到,纬度与洋流温度会相互影响,因此伦敦冬天的气温要高于一些位于伦敦纬度南面几度的美国城市。相比纬度的单一影响,纬度与其他地理因素的相互作用会极大地影响各地的温度。不论是在亚洲、非洲、北美洲或南美洲，有记录以来的最高温度都不是出现在热带地区。[111] 尽管热带日照温度最高，但在夏季，温带的日均日照小时数多于热带，白天有更长的时间累积热量。[112] 这样一来，温带城市如欧洲的雅典、塞维利亚或美国的拉斯维加斯和菲尼克斯的温度，都高于赤道附近的许多城市，如亚洲的新加坡和南美洲厄瓜多尔首都基多。[113]

云团也会与纬度相互作用，因为云团会阻断太阳光照，将太阳光反射到外太空。于是，非洲地中海沿岸城市，如阿尔及尔、的黎波里、亚历山大港，在夏季中会出现更多的晴空无云天数，所以温度高于热带非洲靠近赤道的城市，如内罗毕或利伯维尔。[114] 海拔同样会影响温度，位于南美安第斯山区的库斯科城尽管属于热带赤道地区，其最高温度要远低于温带的巴黎或纽约。[115]

山脉一样会通过阻断冷暖空气而影响周边地区的气候。例如，在东南欧地区，萨拉热窝冬季的气温比达尔玛提亚海岸低接近10℃，两者相距不过上百英里。原因是巴尔干山脉阻挡了来自地中海的暖空气深入内陆。[116] 在亚洲，喜马拉雅山脉既阻挡了暖空气到达中亚，又阻断了冷空气抵达印度。[117]

泛泛而谈时，我们可以讲热带气候、温带气候或北极气候，但特定问题中说到特定地方如城市的气候时，就必须考虑该地区特定因素相互作用的影响。更一般地说，要理解经济和社会结果，我们必须考虑地理、文化、政治和其他因素的影响及相互作用。

温带地区的国家通常比热带国家在经济上更发达。热带有消耗人精力的高温或流行疾病,而在温带地区,寒冷的冬天杀死了致病的微生物。许多研究者以此来解释温带比热带发达。我们也已知道,最肥沃的土壤很少出现在热带地区。但是,许多人从热带之外的地区到热带定居并且发财致富,并且外来人通常比当地人更容易成功。东南亚的华人群体和西非的黎巴嫩人就是典型例子。

在澳大利亚定居的英国人更令人吃惊,已经成为这个国家占多数人口的人群,而澳大利亚国土面积大约有40%属于热带。处于热带的夏威夷绝大多数人口的祖先是日本人、中国人或欧洲人,他们在今天依旧很成功。

通常而言,人们总是觉得,相比于来自其他环境的外来人,当地人最能把握当地地理环境的机会,也更有能力应对地理环境的不利影响。但证据显示的结果却恰恰相反。地理环境的影响不仅表现在直接带来的经济益处或发展障碍上,它还会产生间接影响,促进或限制人力资本(包括知识、技能、习惯或价值观)的发展。

倘若温带的地理环境形成的人力资本能在任何气候环境中获得成功,从温带移居到热带的人比当地人更容易成功也就不足为奇了。如一位著名地理学家的观察,特定的文化"在那些永远无法涌现这些文化的地区"[118]也能扎根。

温带的文化为什么在其他无法产生这些文化的地区中具有

同样的价值呢？

温带与热带最大的社会差异并非平均温度相差悬殊。在中世纪，温带地区的人面临的生存威胁，是在时间短暂的春夏季节种植足够的粮食作物，以便熬过全年，包括寒冬腊月。为了生存，人们无法逃避，必须在春天土地解冻后耕犁或敲开土地，以便及时耕作。

这就意味着生活在四季更替地区的人们有一种时间紧迫感，并形成了根据需要随时调整的纪律意识。在全年能够耕种、收获食物的地区，这种品质就不那么有必要了。更不必说，大自然为许多热带地区提供了非常多的食物。

生活在温带，人们还必须为冬天储藏食物。这不仅意味着形成储存以备不时之需的危机意识，而且要求将易变质的食物如牛奶和水果加工成可储藏的奶酪和果酱。这在热带也不是特别有必要，而且热带食物如香蕉和菠萝在炎热气候下比寒冷气候下的小麦或土豆更难储藏。

现代经济和技术条件使我们不必再操心这些事，以至于我们很容易忽视这些事情对于古代人的生存是如此重要，因为那时候人们还无法长距离大批量运输食品，也没有冰箱和冷库。

事实上，印加人创造了比其他热带地区更高级的文明。但印加文明赖以发展的气候既非典型的热带气候，也非温带气候。库斯科城是曾经的印加帝国首都，该地日均温度最高的月份平均高温为22.8℃，最低的月份平均高温达20℃。尽管每日高温变化不大，但一年中也分雨季和旱季，降雨量范围从6

月份的平均5毫米到1月份的平均163毫米。另外，冬天晚上的温度也会降到能结冰的程度。[119]

总体上，印加的农业属于全年性的活动。由于降雨量和早晚温差在全年不同时间各不相同，不同季节就需要种植特定的庄稼。总之，印加文明所处的气候环境既非典型的温带气候，也非典型的热带气候，需要根据季节变化种植不同的庄稼[120]。这一点使得印加人面临与温带居民同样的挑战——使一个人的生活遵从农业季节变化的时间框架的纪律。

安第斯山脉的高海拔抵消了热带日晒带来的热量，从狭义上讲，印加帝国属于热带地区，但这不过是说它在地图上居于赤道和南回归线之间。

动　物

西半球的地理环境在许多方面与西欧相似，比如美国有众多河流、港口和宽广平原，而在新英格兰地区，大西洋近海有富饶的渔场。但西半球的本土文化与西欧差异非常大。

看起来这似乎预示着地理对人的经济命运几乎没什么影响。我们可以再次回想一下，地理各因素的相互作用决定了经济和社会结果。当欧洲人到达西半球时，整个西半球没有马、牛或其他能驮重物的役畜。

在机动车发明之前的中世纪西欧，从运输到耕地再到战争，所有这一切活动都离不开牛马。没有牛马，整个西欧经济社会演化会完全不一样。而西半球缺乏牛马（或者其他大洲的骆驼、大象）这样的驮重役畜，因此当地经济、社会与欧洲差别巨大。

由此造成的经济与文化影响更大：西半球没有出现带轮子的车。虽然轮子被看作人类进步史上里程碑式的发明，但轮式车辆的价值很大程度上取决于是否有役畜来拉动车子。玛雅人创造出了轮子，但不过是被儿童当玩具玩。问题不在于是否有发明轮子的智力。在机械化运输方式出现以前，没有拉动车子的役畜，轮子的经济价值就几乎为零。

陆地上缺乏能驮重的役畜甚至会影响海上运输的经济可行性。欧洲人到达西半球的时候，北美洲和南美洲均没有能与欧洲船只相较的大船，更不用说和早先中国制造的更大船只相提并论了。大船是否具有经济价值，取决于是否能够将陆地上的大批货物从近海的海港和内陆腹地汇集装运上船，以及到达目的地港口后是否能够将货物卸船分装运到内陆地区。

如果没有役畜来完成这一任务，就会限制船只的大小，因为更大的船只无法带来经济效益。在西欧人到来前，西半球的水上贸易主要用独木舟这样的小船来完成。

这意味着美洲土著的经济活动范围和文化广度比欧洲人、亚洲人和北非人都要小得多。有了大型役畜，舶来品才能跨越数千英里的欧亚大陆，而且能通过大型船只从水路运输数千英里。

这些进口物品包括许多发源于亚洲的东西，比如纸、印刷术、火药、指南针、船舵、马镫、漆布绝缘管、棋以及被欧洲人称作阿拉伯数字的计数系统（阿拉伯人将这样的计数方式带到了欧洲，这些数字事实上发源于印度）。这些在亚洲创造的东西也都变成了欧洲文化的一部分。中东和北非的知识也传入欧洲，包括北非摩尔人在他们侵略并占领西班牙后带来的农业和建筑知识。

当英国人遇到北美东海岸的易洛魁人时，这两个种族掌握的心智与物质资源都绝不限于他们自我发展的那部分。首先，英国人能够跨越大西洋航行，使用的罗盘、操作用的船舵、记录用的纸都是中国人发明的，做数学计算用的是来自印度的计数系统，使用的字母是罗马人创造的，最终在战斗中占据优势靠的也是中国人发明的火药。

文化域同样重要，在不同地理环境中，牲畜是影响文化域大小的因素之一。西半球土著面临的文化障碍并非他们独有的困境。类似的障碍同样限制撒哈拉以南非洲能接触的文化域，以及澳大利亚土著接触的文化域。

全世界落后群体面临的障碍是隔绝于世，他们生活在山地、远离大陆的岛屿或沙漠，因此与世隔离，无法接触外部世界。缺乏牲畜同样使生活在相同环境的人相互隔离，即使相距不远的群体，彼此也很少交流。

除了在跟外部世界沟通上有障碍，撒哈拉以南非洲内部也存在巨大的障碍，使人们无法相互交往。缺乏可航行的水路只是障碍之一。裂谷和丛林也使当地土著相互隔绝。并且，热带非洲泛滥的舌蝇携带的病菌对牲畜而言是致命的，使得热带非洲难有大型役畜，也就给本地的运输与沟通造成了障碍。非洲人在头上顶着东西的习俗，也反映了这样一个残酷的事实，即当地很少有马或骆驼这样能够更高效地运送货物的役畜。

造成热带非洲相互隔绝的另一个文化因素是语言多样性，相对于人口规模而言，当地方言众多。虽然非洲人口比欧洲人口多出 50%，但非洲的语言种类是欧洲的 9 倍。非洲的语言数量是亚洲的 90%，而亚洲人口接近非洲的 4 倍。[121] 语言多样性不仅是文化隔绝与隔离的表现，更是将非洲人相互之间以及将他们与外界隔离开来的原因。

不论是在西半球还是在撒哈拉以南非洲，隔绝都不是绝对的，但他们所接触的文化广度难以跟欧亚或北非相比。在欧洲人于 18 世纪到达澳大利亚以前，当地土著生活在一个地理环境更绝望且与世隔绝更严重的状态中。

在欧洲人抵达前，澳大利亚比撒哈拉以南非洲或西半球更缺乏役畜。当英国人在 18 世纪到澳大利亚时，当地完全没有可做役畜的动物，就像欧洲人在 15 世纪抵达西半球时，也没有见到可做役畜的动物。当然，安第斯山区有美洲驼作为驮畜[122]，但是美洲驼不够大，无法像马那样骑行，它们最大的优势在于能在高山上的稀薄空气中驮重物。

澳大利亚还有一些其他的严重地理障碍。在现代运输方式出现之前，这个巨大岛屿孤零零地位于南半球，远离亚洲大陆，也远离其他有人居住的大洲。澳大利亚的土地很贫瘠，内陆大部分是沙漠，降雨甚至不如撒哈拉以南非洲稳定。有很多月份无降水，紧接着却是倾盆大雨。澳大利亚内陆沙漠地区常年无雨，到了夏季又会下起暴雨[123]，这种环境不利于农业发展和植被自然生长。

在我们还能够更坦率地谈论不同群体的不同成就的年代，有一项关于世界地理的学术研究发现，"非洲黑人的经济和文化成就总体上超过澳大利亚和美拉尼西亚的黑人"[124]。当欧洲人在18世纪到达澳大利亚时，当地土著没有铁器，而撒哈拉以南非洲的土著早在1000年前就开始使用铁器了。特别要指出的是，澳大利亚是世界上铁矿储量最大的国家之一。我们再一次看到，地理因素不仅是直接提供天然财富那么简单，更重要的是作为推动或阻碍人们接触更大文化域的因素。只有在更大的文化域中人们才能获得知识，也才能将自然资源转化为财富。

此外，澳大利亚土著缺乏撒哈拉以南非洲的黑人熟知的畜牧和多种耕种知识。要获得这些知识需要具备相应的物质先决条件及相应的地理环境，因此澳大利亚土著已经远远落后于生活于优越地理环境中的群体。即便是在20世纪初基因决定论盛行的年代，也不是所有人都把澳大利亚土著的落后归为基因因素。

根据1911年的一项地理研究发现，澳大利亚土著不懂得其他群体已知的知识，这应"归因于这些土著的岛国心态"。

这种情况对于"加那利群岛的岛民"[125]也是成立的，这些岛民被归为白人[126]。澳大利亚土著最根本的问题在于其地理因素——"典型的迟滞发育的土地"[127]，使澳大利亚的部落避免受到外部影响，能保留"最原始的习俗和信仰"[128]。

这种隔离不仅对人类如此，对动物更是如此。当英国人在18世纪到达澳大利亚时，他们没有发现类似邻近大洲的动物，比如亚洲动物。[129]在世界其他地方很普遍的动物，如熊、猴子、有蹄动物、猫科动物（从家猫到狮子、老虎）、牛、绵羊、山羊，在澳大利亚都不存在。[130]

而澳大利亚本土动物如袋鼠或考拉在其他地方也没有。澳大利亚大部分的树属于桉属植物，这一树种也是澳大利亚独有的。澳大利亚的许多植物、鸟和淡水鱼也是独一无二的。几千年来，澳大利亚的生物物种相当程度上是与其他地方隔绝的。

这个岛屿大陆的动植物也表明了人类的隔离。对土著的基因研究强化了这一结论，与其他民族不同，澳大利亚的土著直到最近都很少或没有出现种族混杂。[131]多重证据表明，该大陆是一个与世隔离的岛屿，该大陆的人群与其他大陆隔绝。在隔离时间更长的加那利群岛，我们也发现了相似的证据，那里与澳大利亚一样发展落后。[132]尽管这两个族群完全不同，相隔数千英里。

类似于西半球，欧洲人的到来也将欧洲的动物带到了澳大利亚。更重要的是，他们将欧洲的知识也带了过来，这些知识来自更大的地理区域，形成了超过其人口规模的文化域。

欧洲人很大程度上避开了澳大利亚的内陆沙漠，主要定居于大陆的海岸边缘，聚居于城市中，来自其他地方的发达农业技术以及来自欧洲的饲养动物能够为城市提供食物。狩猎采集者，如土著，是不可能形成城市的。

澳大利亚的很多土壤非常贫瘠，但拥有丰富的自然资源，包括铁矿和钛矿等。现在，该国在自然资源上已经是世界领先的出口国。[133] 这些自然资源在欧洲人到来之前，对于当地土著毫无用处，因为后者无法接触到科学知识，而这些科学知识在欧亚大陆、中东、北非经历了数个世纪的发展。

疾　病

欧洲人在知晓西半球存在之前的数千年，就已经知道有非洲这样一个大洲。但欧洲人先在西半球建立了欧洲帝国，之后又过了数百年，到19世纪晚期才开始抢夺非洲，并将殖民帝国扩大到整个非洲大陆。造成两个大洲命运不同的重要原因是疾病。当欧洲人侵占西半球时，微生物站在了欧洲人这一边，虽然当时的人们对微生物一无所知；而到了奴役热带非洲时，微生物站在了热带非洲土著这一边。

欧洲人的文化域比西半球大得多，这也意味着欧洲人具有更大的疾病范围。亚洲的疾病横跨数千英里，随着欧亚大陆陆上和海上贸易传入欧洲，不时造成流行病爆发。这就使得很大一部分欧洲人死于流行病,例如14世纪的黑死病在欧洲部分地区造成了三分之一到二分之一的人口死亡。[134] 受亚洲致命疾病侵袭后,幸存者体内会形成生物抗体,抵抗这些疾病及欧洲本源疾病。

当欧洲人在西半球与当地土著相遇,他们或战斗,或处于和平状态。双方均不知情的微生物引发的疾病"击倒"了当地土著,欧洲人却不像当地人那样易受微生物攻击。

欧洲人携带的疾病在当地人群中扎根之后,会扩散到整个地区,无论当地土著是否接触过欧洲人。当皮萨罗的军队向印加帝国首都进军时,城内从未见过一个欧洲人的土著居民正在慢慢死于来自欧洲的疾病。[135] 据说一位友善的西班牙神父以传道为使命,在西半球穿行布道,结果因他而死的当地土著比最残暴的西班牙占领者杀死的人还要多。[136] 由于缺乏生物抗体,西半球某些区域的本土部落有一半甚至更多人死于欧洲疾病,这种情况并不罕见。

在撒哈拉以南非洲,热带疾病对于外来者则是致命的。曾有一段时期,热带非洲白种人的平均预期寿命只有不到一年。随着医学发展,欧洲人得以治愈这些疾病,并改善公共卫生,防御这些致命疾病,他们才有机会在撒哈拉以南非洲建立殖民帝国。他们迅速征服了撒哈拉以南非洲,显然表明热带非洲土著的防御能力并不如看不见的微生物那样强大,后者曾在长达几个世纪中阻挡了欧洲征服者。我们再一次看到,特定的环境并不会带来特定的结果,是环境与变化的人类知识——在这里是医学知识——的相互影响带来了这种结果。

在非洲，热带以北和以南的情况也不同。17世纪中叶，欧洲人开始在今天的南非共和国定居，该国大部属于南半球温带地区。古代罗马人就将大部分北非纳入罗马帝国，这一区域属于北半球的温带。地中海沿岸的欧洲人和北非人之间不存在什么决定性的疾病障碍。某一阶段，一方可能占领了另一方；而下一阶段又可能反过来。北非的摩尔人在中世纪侵占并控制西班牙长达数百年，他们的统治留下了许多物质遗迹和文化遗产。几个世纪后，拿破仑说："非洲起始于比利牛斯山。"这一山脉正是法国和西班牙的边界。

在热带非洲，带给动物毁灭性影响的疾病也造成了当地人的相互隔离。由于这些疾病，非洲的动物无法作为役畜使用，既无助于人们的交往联系，又无法在农耕中起作用。

区 位

即使不考虑区位所特有的特征，区位本身也是一个重要的地理因素。希腊邻近农业发达的中东，这给予它历史性的机遇，使之能够对西方文明和世界做出知识性贡献。

对日本这一岛国而言，与中国一衣带水意味着日本能够接触在数个世纪里都走在世界前列的中华文明。例如，日本在中国文字基础上改良创造出自己的文字。这样日本早于亚洲其他国家或世界其他地区成了识字的民族，因为这些国家和地区周边没有更先进的文明。与大社会相比，小社会由于相互隔绝，靠自身发展书写文字的动力更弱。大社会地域广阔，有无数商业和其他方面的交往，远距离的沟通仅仅靠语言无法有效完成。

沿海地区相对于内陆，或者平原相对于山区的优势都是区位造成的，这种优势在全世界都很普遍。在大批欧洲人移民美国的时代，来自俄罗斯或奥地利的波兰移民——当时波兰被这些帝国吞并——绝大部分是非技术工人，而来自普鲁士地区的很少的一部分波兰移民则掌握专业性工作所需的技能，如纺织工、裁缝、木工[137]，他们接触到德国文化并学会了这些技能。

在欧洲殖民时代，被占领地区的人们有机会接触学校之类的西方机构，这使得他们相对于其同胞具有很大的优势。例如，英国传教士在斯里兰卡这个岛国上选取条件较好的位置建立学校，而英国官方指定美国传教士到该岛条件差一点的北端泰米尔少数群体聚集的区域开设学校。美国的教会学校更专注于科学与数学教育，因此泰米尔人精通这些学科，他们在需要这些学科训练的职业中也表现得更好。一项研究发现，在大学入学考试中，成绩为 A 的大多是泰米尔少数群体。[138]

尼日利亚的伊博人生活在资源禀赋更差的南部，曾被当作奴隶，但他们抓住了西方教会学校提供的机遇，而北部的尼日利亚人则拒绝基督教传教士办的学校。于是越来越多的伊博人从事专业性、管理类以及商业性等职业，比北方尼日利亚人要更多，甚至在尼日利亚北部，这些职业也主要由伊博人担任。

大西洋和太平洋使美国隔绝于世，也使其免遭战争之灾，而同一时期的欧洲和亚洲受到战争的重创，于是美国能够享受发源于欧洲的文化，而不必像欧洲人那样经历破坏性战争。在这种相对和平的环境中，美国发展出了其特有的生活方式。与此相反，地中海岛屿，如西西里岛和马耳他岛，他们处于相互争斗的国家与帝国之间，那些国家长期争斗，主战场常常在这些岛屿上，留下了破坏与占领的遗迹，并从文化和基因上改变了岛上的人口。

尽管相对于地中海诸岛屿，英国作为岛国离最近的大陆还更近一些，幸运的是，它并不在相互争斗的帝国交火范围内。而且相对于风平浪静的地中海，英吉利海峡波涛汹涌，是阻挡入侵者的绝佳屏障。

当然，作为屏障没有什么是绝对的。毕竟，古代的罗马人和将近一千年以后的诺曼底人都曾攻占英国。在1066年被诺曼底人占领过后，英国变成了一个发达的联合王国。自此之后的接近一千年里，英国都未再遭受入侵。在这一时期，英吉利海峡也使得英国不必像欧洲大陆的一些国家那样，维持大规模的常备军。这就使它免于大规模常备军带来的军费开支和政治威胁。

区位不仅对于英国整体来说很重要，对于其内部各部分亦是如此。欧洲大陆的国家长期领先于英国，而英国距离欧洲大陆足够近，使其可以与欧洲邻国贸易并获得领先的技术。英格兰离欧洲海岸最近,受益也最大,其他地区——苏格兰、威尔士和北爱尔兰——受益相对慢一些,这种益处具有传递性,也具有滞后性。直到英格兰超越欧洲大陆邻国,引领整个世界进入工业革命。

类似于其他地理特征,区位也是不均等的。整个民族、国家和文明的命运可能取决于在正确的时间是否处在正确的区位。而何为正确的位置在不同的时代也会有很大的不同。

om # 第 3 章

文化因素

> 倘若我们从经济发展史中学到了什么，那就是文化造就了几乎全部差异。看看由移居国外的少数族裔创办的企业，不论是东亚和东南亚的华人、东非的印度人、西非的黎巴嫩人，还是遍布欧洲大部分地区的犹太人等，他们创办的企业往往都很成功。可见，文化作为内在价值和态度指引着人们的行动，这一点让研究者震惊。
>
> ——戴维·S.兰德斯[1]

地理会产生影响，但也不是命定的。地理主要通过影响不同物质环境下的人所接触的文化域的大小，来间接影响收入与财富。列举一地富集的自然资源，如沙特阿拉伯的石油或南非的黄金，对于判断该地区的人均收入是一个糟糕的指标。正如2014年英国《经济学人》(*The Economist*)杂志谈到尼日利亚时所说的："虽然在石油储量上很富有，但在其他方面极度贫穷。"[2]

开发自然资源转化成真正的财富，要以文化为前提。缺失这种文化，未加工的自然资源将毫无价值。我们今天使用的自然资源在山顶洞人时代更丰富，但从文化上讲，史前时代的人还不懂得如何利用大部分资源。

如果没有相应的文化知识，我们就无法对物质资本进行操作、维护、修理，也就无法在它损坏后进行替换，这些物质资本也将毫无价值。相反，第二次世界大战期间西欧国家的物质资本遭到了大规模破坏，但短短几年之内，西欧就实现了经济复苏。我们通常将西欧的迅速复苏归功于美国马歇尔计划提供的援助，于是在接下来数十年里给第三世界国家政府提供了大量金融资本和物质资本，期望获得类似的经济发展，但这些政府援助最终都没有带来类似西欧的经济复苏。

他们之间的区别在于文化先决条件——人力资本。第二次世界大战前，西欧的人力资本就已经创造了物质资本，这些人经历战争活了下来，并在战后重新创造了物质资本。这样的人力资本已经在西欧发展了好几个世纪，而第三世界的许多国家具有非常不同的文化，他们不具有这样的人力资本，也不能在一夜之间产生这样的人力资本，甚至经过几十年也无法创造出来。

第三世界国家在经历灾难后，不是重建他们原有的社会，而是要构建一个西方式的经济体，但这些国家缺乏西方世界历经数个世纪的特有文化演化过程，而正是这种文化才促成了西方经济模式。

文化与环境

当我们试图解释不同国家、不同种族或不同文明在经济和其他方面的成就差异时,一些人主张心智潜能在基因上的先天差别造成了这种差异[3],另一些人则争辩说,它们源于生存环境的差异。两种观点似乎认为,可以把差异的成因归为两类:遗传与环境。事实上,这两个术语的定义过于简单,似乎只要不是遗传因素,就是环境因素。但对于那些拒绝接受基因决定论的人,这是否意味着一个群体在美国社会中的地位取决于美国社会特有的环境因素?这样一来,美国社会就应当受到称赞,还是受到指责?

来自全世界的无数证据表明,事实绝非如此。许多族群拥有独特的文化,不论生活在哪里,他们都会将文化带到居住地,即使那是一个文化上完全不同的社会。以德国人为例,不论他们生活在德国、澳大利亚、巴西、俄罗斯还是美国,数个世纪以来都拥有特殊的技能和特别的生活方式。文化不仅包含习俗、价值和观念,还包括技能和天赋,后两者被经济学家称为"人力资本",能直接影响经济结果。

德国人擅长的技艺之一是制造钢琴。北美殖民地的第一批钢琴是由德国人制造的,他们同样是澳大利亚、法国、俄罗斯和英格兰钢琴制造业的先驱。[4]在20世纪上半叶,世界领先的设计相机镜头的光学公司都是德国的,包括蔡司、施耐德和福伦达公司。当时美国领先的光学公司是由两个德国移民鲍施

（Bausch）和龙泊（Lomb）创立的。

德国人还拥有杰出的军事才能，且历史悠久。罗马军团、沙皇俄国[5]以及南美[6]都有德国将军，1776年美国独立战争中也有德国将军。在第一次世界大战和第二次世界大战中分别领导美军在欧洲作战的潘兴（Pershing）和艾森豪威尔（Eisenhower）均有德国血统。

在第二次世界大战中统领美军的高级指挥官中，还有许多人拥有德国血统，包括指挥太平洋舰队的海军上将切斯特·尼米茨（Chester Nimitz）和指挥轰炸机将大半德国炸成废墟的卡尔·安德鲁·斯帕茨（Carl Andrew Spaatz）上将。中世纪时，条顿骑士军团占领普鲁士，此后几个世纪普鲁士便一直是德意志军事力量的核心所在。在两次世界大战中，德军给敌军造成的伤亡远多于自身的死伤。[7]

德国人的社会模式不止出现在德国，在文化环境完全不同的其他国家也同样存在。德国的文化传统之一是重视教育。幼儿园发源于德国，研究型大学也是在德国发展起来的，后来被美国效仿。19世纪的德国是欧洲最早提供免费义务教育的国家之一，人均拥有的教师数量居欧洲第一，国民收入中用于教育的比重也最高。[8]

当德国人移居他国，这种对教育的重视依然是他们文化的一部分，即使在那些主流文化缺乏对教育热心投入的国家中也是如此。例如，19世纪定居俄罗斯的德国人绝大多数有读写能力，而同期大部分俄罗斯人还是文盲。[9] 19世纪，当德国人在巴西作为拓荒先驱建立农庄社区时，他们在森林的空旷地带最早建的总是学校[10]，而直到20世纪初，大多数本土巴西人还是文盲[11]。1900年，奥地利帝国中10岁以上德国男性的文盲率仅为5%，而波兰、塞尔维亚-克罗地亚以及罗马尼亚男性的文盲率则分别为45%、67%、71%。[12]

19世纪罗马尼亚建立切尔诺维茨大学时，德国学生人数超过罗马尼亚学生，教授也大多是德国人。[13]1802年沙皇俄国政府在爱沙尼亚建立了一所大学，而在19世纪的大部分时间里，这所大学中的学生和教员大多数都是德国人。[14]在拉脱维亚首都里加市，德国人占该市人口数还不到四分之一，教学中使用的却主要是德语。[15]

许许多多的民族都会将他们独有的文化带到移居地，德国人只是其中之一。对这些民族而言，不同于母国的宏观环境对于他们这个群体的经济或其他成果并非决定性的因素。我们如何定义"环境"十分重要。这不是简单的语义预设问题。倘若我们将"环境"简单定义为周边情形，那么我们将无法解释同样环境下文化背景不同的群体在收入与财富上的不平等。

为了解释生活在同一社会中的不同群体在收入与财富上的巨大差距，我们可以将"环境"定义为发生在一个群体周围的事情，而"文化"是群体内部发生的事情。如果我们将环境定义为所有非基因因素，那么某一社会中的不同族群的不同文化都会被归为该社会的环境因素。倘若我们要得到一致或合理的结论，我们就无法在环境的不同概念间任意转换。

除了德国人，其他族群也会将各自的文化带到他们的移居地。其中包括东南亚各国和西半球的华人[16]、西非、澳大利亚、北美洲和南美洲的黎巴嫩人[17]，以及欧洲、中东、西半球和澳大利亚的犹太人[18]，还有在除南极洲以外各大洲的印度各族群[19]。

这些族群的文化各异，我们没有理由期待他们在收入或财富上一样多——无论是在这些不同族群之间，还是相对于移入地的当地人。实证数据也显示不存在这种均等。这是一个文化问题，无关这些族群在到达移居国或移居地时拥有的最初财富。有那么多族群在移居某地时比当地人穷，但最终却比后者的经济水平要高。

东南亚各国以及美国的华人是一个典型。作为第一波移民，他们抵达移居地时身无长物，只有努力工作赶超他人的意愿。数百年前，这些来自中国的贫穷移民所受的教育很少，对于他们将要前往的国家的语言与风俗也知之甚少。

东南亚的华人在法律或现实中很难享有与殖民统治者或土著相同的权利。例如，在英国殖民统治下的马来西亚，殖民政府为马来人的子女建立学校，提供教育机会，而华人则需要自己建立学校。[20] 在19世纪的美国，华人经历了漫长且痛苦的历程，概括地说，华人的遭遇可以说比东南亚人还不如。[21] 在秘鲁，中国劳工被关在有守卫的岛上，在令人窒息的高温与恶臭环境下工作，负责将鸟粪装进麻袋，作为肥料出口。那里的守卫不是为了防止中国劳工从岛上逃走，而是防止这些人因无法忍受而选择自杀来获得解脱。[22]

在19世纪，此类绝望境地使得中国移民的自杀率很高。这种自杀有时在中国沿海港口城市澳门（当时被葡萄牙人占领）就开始了。[23]许多中国人在澳门被诱骗或中计被扣押，被当作包身工，通过兼做奴隶贸易的船只运到世界各地，其中有无数人被送到西半球。他们大多数都是青壮年，但在严酷的工作条件下，被送往古巴的华人大多在履行完他们的8年劳工契约之前就死掉了。[24]在19世纪的某个时期，被送往古巴的华人中，有上百人死于自杀[25]，数千人劳累至死。

尽管19世纪移民到美国的中国人并不是来自澳门的包身工，但他们在美国的境遇同样悲惨，直到20世纪中期，华人的自杀率仍接近全美国平均水平的3倍。[26]

经过数代人的奋斗，美国华人移民已经变得富有，他们克服了诸多障碍，包括别人制造的障碍和他们自身面临的障碍。19世纪的中国移民到美国时多数又穷又没有受过教育，这是他们必须克服的困难，他们做到了。但直至21世纪，来自中国福建省的不少新移民初到美国时仍然很贫穷，这一直都是个问题。

像他时他地的其他移民一样，来自福建省的华人在美国的分布也不是随机的，他们集中于自己的社区，比如纽约的布鲁克林华人社区。有人这样描述这些福建人，"他们非常穷，4个人住一间屋子，一日三餐都是米饭，用汽水罐来装调味品"，他们"把自己塞进像集体宿舍一样的房子里，每天疯狂地长时间工作,做服务员、洗盘子、在旅店打扫房间,把他们讲中文的孩子送到这个城市的公立名校读书,然后还要供他们读大学"。[27]

有人开玩笑地说,这些福建人学会的第一个英文单词是"Harvard"(哈佛),第二个是"Stuyvesant"(史岱文森)——这是纽约的一所老牌公立高中,申请者众多而通过者很少。被纽约市老牌公立高中录取的学生大多来自中产阶级或更高收入的社区,却也有相当一部分来自福建人居住的低收入社区。福建人会为自己的孩子请家教,帮助他们在老牌公立高中的入学测验中取得好分数,以便进入好大学,并在毕业后有个好生活。[28]

类似的还有犹太人,特别是在美国的犹太人。他们大多数在19世纪末从东欧来到美国,在移民中也属于最贫穷的群体之一。他们定居于纽约下东区人满为患、卫生条件很差的公寓里。男人通常从街边小贩做起,而妇女和小孩则在家里用缝纫机做些服装计件工作,工作条件就像血汗工厂,缝纫机从早到晚沙沙作响。[29]

尽管犹太人有悠久的尊崇学习的传统,并且世界级的犹太学者在19世纪和20世纪层出不穷,但早期东欧犹太人在美国的崛起并非通过教育。20世纪初抵达美国的犹太人大多数都受过教育(在某种语言环境中),但这不意味着他们能熟练使用英语。有关这些移民的研究指出,他们掌握意第绪语或希伯来语的读写,而这一点仅意味着他们能参与犹太文化活动,但是这两种语言都不是美国经济环境中被广泛使用的语言工具。[30]

1911年进行的一项研究显示，波兰犹太人的后代有三分之二落后于同龄人应当取得的学业水平。[31]第一次世界大战期间，很多波兰与俄国裔的美国士兵（其中大部分是犹太人）在美国陆军的智力测验中都得分很低，以至于智力测验研究的先驱、学术能力测试SAT的发明者卡尔·布里格姆（Carl Brigham）宣称，军队测验结果驳斥了"犹太人非常聪明"的流行观点。[32]

若干年后，当越来越多的犹太人掌握了英语，他们的智力测试得分便高于全美国平均水平。[33]布里格姆也收回了先前的结论。随后他又指出，在第一次世界大战时参与测验的犹太士兵许多来自不说英语的家庭。用他自己的话说，他之前的结论"毫无根据"。[34]

犹太人最初在美国社会的爬升并非通过教育，而是在商业上的崛起，他们在商业上的成就有的很一般，有的则很显赫。随后犹太移民开始在教育上促使子女取得成就，越来越多犹太人在职业上取得提升，成为物理学家、律师等。

需要指出的是，无论是医疗还是律师行业，机会之门并非总是向犹太人敞开。当时，犹太医生和律师可以在犹太人或非犹太人社区为私人服务，却无法进入医院和顶级律师事务所。在学术领域，各类学院和大学接收的犹太学生都有名额限制，而且在第二次世界大战前，犹太人教授也非常罕见。随着时间推移，这些阻碍取消后，有大量犹太人完全符合条件进入这些机构，其所占比例甚至高于犹太人在美国人口中的比例。

黎巴嫩移民的历史与犹太人类似。就像从东欧迁居美国的犹太移民一样，最早移民到澳大利亚、巴西、墨西哥或西非的黎巴嫩人教育水平也较低。他们最初也是靠商业上的成功才兴起的，典型的从底层的小摊小贩起家。

20世纪初移民到巴西的黎巴嫩人的文盲率达29%。[35]而同期移民到墨西哥的绝大多数黎巴嫩人没有完成小学教育，这些黎巴嫩移民经常要花好几个月才能找到一个会读写的人，给他们阅读黎巴嫩寄来的信件，并帮助他们回信。[36]最早移居澳大利亚[37]或西非[38]的黎巴嫩移民大多也是文盲。

在非洲的塞拉利昂，克里奥尔人瞧不起黎巴嫩移民，因为他们未受过教育，而且很贫穷。但黎巴嫩人的处境很快就得到了改善，当他们在商业上取得成功后，克里奥尔人的轻蔑变成了愤恨和敌视。[39]

就像移居其他国家或地区的移民一样，黎巴嫩人的移出地并不是随机的，他们选择的移入国定居地也不是随机的。第一次世界大战后移居塞拉利昂的黎巴嫩人大多数都不是来自贝鲁特这样的大城市，主要是来自小村庄的农民或低技能工人。[40]简言之，他们来自黎巴嫩的小范围内的特定地区，他们在塞拉利昂也聚居在非常狭小的特定区域——什叶派穆斯林聚集在一个地方，东正教徒在另一个地方，来自黎巴嫩某一地区的马龙派基督教徒在一个地方，而同为马龙派但来自黎巴嫩另一个地方的则聚居在其他地区。[41]人们的行为不是随机的。尽管在学者和其他人看来，这种非随机结果即便不是可疑的，也是非常奇怪的。

不论在西非、北美、南美，还是在澳大利亚，黎巴嫩移民通常从小摊小贩起家。[42] 他们跟随犹太摊贩的步伐，在巴西他们就是这样做的。[43] 成功的摊贩会自己开设小商店当老板，而新一波移民又会接替他们，当起小摊贩。甚至那些大型知名企业也都发端于低档地摊，如犹太人创办的梅西百货、布鲁明代尔百货、李维·斯特劳斯公司，黎巴嫩人创办的哈格男装公司、法哈服装。其中的关键在于坚持不懈，这一点和其他从贫穷到富有的人群一样。

黎巴嫩人大规模向美国移民始于19世纪末，大多数早期移民都是从流动摊贩起家的，包括妇女和儿童，而这种黎巴嫩摊贩构成的网络遍布全美国。[44] 黎巴嫩摊贩积累资本，慢慢安定下来，会开一间小货店，而且往往是家族企业。每天营业16~18个小时，孩子整理库存并送货，偶尔妻子在忙完家务后会替换丈夫看店。他们的家就在商店隔壁或者在楼上。[45]

这种模式普遍存在于塞拉利昂的黎巴嫩人[46]、东南亚的华人和美国的犹太人中间。著名经济学家米尔顿·弗里德曼（Milton Friedman）成长于自己家开的家庭商店。在他的描述中，这种情况在那个年代的美国移民家庭中很常见。[47] 黎巴嫩人的小孩在很小的年纪就要求参与家庭生意，并恪守家庭生意的要求：

学龄儿童在不上学的时间，要待在父母身边，招徕顾客、找零、码货，学习如何在资源贫乏的情况下经营一项独立的生意。他们被灌输了重要的经验，即父母的工作、节俭伦理以及家族团结与克己对实现家族目标最为关键。[48]

一代代黎巴嫩人在不同国家和地区渐渐崛起。早期黎巴嫩移民大多数从事的都是商业，不论在阿根廷[49]、澳大利亚[50]、塞拉利昂[51]、加勒比诸岛[52]，还是美国[53]。但是，在商业上获得成功后，他们让子女接受更多教育，去上大学。这种情况在黎巴嫩人定居的其他国家也如此[54]，越来越多的黎巴嫩新移民开始接受更好的教育。

对黎巴嫩人、华人以及犹太人来说，即便他们最早一批移民的教育程度很低，但他们的祖国在文化传统上都高度重视教育。这样一来，只要经济条件好转，他们肯定会让后代接受更多的教育，他们的眼界也就从商业扩展到医生、律师、科学家这些职业，这些群体大多数都是这样做的。

发生在华人、犹太人和黎巴嫩人身上的这种向上流动模式肯定并非唯一的模式。在古巴革命战争期间，许多专业人士和商人逃到了美国，主要聚居在佛罗里达附近，但是他们的大部分财富却无法带出来，并且他们的教育文凭和职业资格也得不到美国的承认，因而无法从事原来的职业，这些难民发现自己一下子跌到了社会最底层，就像一位前会计师描述的："他们挤进小公寓里，变成了洗碗工、锅炉工、西红柿采摘工。"[55]

对绝大多数人而言，他们的成功故事中包含着辛劳的工作、被吞噬的荣耀、为了下一代的牺牲付出。以前的管理者现在替人泊车，法官在刷盘子，医生送报纸。从不工作的妇女做起了织工、旅店保洁工，或在迈阿密河边的仓库里分拣鱼虾。工作如此之苦，她们说简直像流放到了西伯利亚。就像一位难民说的："即便我要做两份工，我也决心让我的孩子成为中产阶级。我就这样一直做了14年。"[56]

这些古巴难民在1959年逃到美国时，成了美国社会的最底层。但到了1990年，他们的孩子每年收入已经超过5万美元，是美国白人的2倍。在这些古巴难民抵达美国40年后，古巴裔美国人掌握的商业总收入甚至超过整个古巴的总收入。[57]与此类似，1994年以前，570万海外华人创造的财富与10多亿中国人几乎相当。[58]

所有这些再一次将我们带回这个问题：当我们提到"环境"时，我们指的是什么？如果环境指眼前的周围事物，那么就难以解释为什么在同样环境中生活的其他族群，也许在总体上经济水平甚至更高一些，却无法像纽约的福建籍华人一样让他们的孩子进入这个城市的精英公立高中；本土出生的美国白人为何收入会低于古巴裔美国人。

倘若我们把"环境"看作包含了引导福建籍华人为了他们

子女的教育做出非凡牺牲，或古巴裔美国人付出超常努力使自己的家庭摆脱经济底层地位的那种文化价值，那么这些情形将不难理解。并非所有族群都拥有相似的文化驱动力，这样一来这些非同一般的族群能够获得成功也就不难理解了，但同时我们若还期望其他族群也能取得同样的成功，不免会得到令人气馁的结果。

文化扩散

外来者试图改变他人文化的努力，很大程度上是一部失败史。欧洲基督徒在长达数个世纪的时间里迫使犹太人改变宗教信仰，最终都失败了；沙皇的"俄罗斯化"运动也没什么效果，却造成了更多的不满。但文化扩散也是存在的，有些族群、种族、国家和文化为了自身利益，自我选择且自定速度，大规模从他人那里引入特定的文化特征。

西方文明用阿拉伯数字取代罗马数字，即使在曾属于罗马帝国并保留传承了罗马文化的那些国家也不再使用罗马数字。这种变化是整个西方世界自发决定的，不是阿拉伯人或印度人劝说的结果。阿拉伯数字更便于数学运算，虽然文化多元主义者仅认为它与众不同。以哥伦布出发向西半球航行的年份为例，用罗马数字表示为"MCCCCXCII"，可以看到有多不方便，也难怪数学家有异议。

这里要说的是，基于实用目的借鉴引入外来文化古已有之，历史上曾大规模出现过。我们前面提到，亚洲的许多文化特征在数个世纪中不断传播到欧洲。类似的文化扩散也发生在欧洲内部的不同地区之间。几个世纪里，铸币、城堡、街道、印刷机、纺织机、疫苗接种、铁路和汽车从西欧传到东欧。[59]但就像外来者强加改变本土文化大多失败了一样，外来者为延续特定族群文化特征的生命力，将其当作博物馆藏品一样保存下来，反而是在帮倒忙，特别是对于经济或其他方面落后的族群更是如此。

并非所有族群、种族、国家或文明对于外来的先进文化都会同等地接纳并吸收。不同族群接纳度上的差异也是他们的文化差异之一。我们已经知道，地理或其他障碍会阻碍某些族群和国家的进步，在某些情况下，从地理环境更优越的地方引入已经取得的进步，能够克服这些障碍，而运用和改进这些进步，能够产生经济或其他方面的益处。

有些国家幸运地拥有地理优势，因此能够引领历史发展，但日本并不具备这样的地理优势。古代中国拥有众多优良的天然港口、密集的可供航行的水道，北方又有良田沃土。相比之下，日本国土面积小得多，河流流经的范围小、落差大，水流湍急地流向大海，因而河流不适于航行。[60]且日本又多山，仅有一小部分土地比较平坦适合农业耕作。[61]日本最大的平原不过120英里长。[62]此外，日本的自然资源也很匮乏。

考虑到这些地理障碍，当中国在许多方面领先于世界时，日本的经济水平长期落后于中国也就不奇怪了。紧邻海洋，因此可以与外部世界交流，这是日本少数地理优势之一。另外，这些沿海地区占了日本国土面积的很大一部分，实际上，日本所有地方离海的距离都不超过 70 英里。[63]

这意味着一千多年里，日本在物质空间上可以接触更先进的中国文化。更重要的是，日本在文化上也接纳了中国文化。日本不光改良汉字，创造了自己的文字，而且接受了中国的儒家哲学和世俗事物，学习种植棉花和纺纱织布的技术。[64]

从 1638 年到 1868 年的两百多年里，日本实行闭关锁国，禁止移民，并处死违反禁令的人。在这期间，身处国外的日本人也被禁止回国。东亚史领域的著名学者研究说："17 世纪初，日本在某些技术和制度上与欧洲并驾齐驱，甚至在某些方面还稍有领先，但此后却由于闭关锁国而彻底落后了。"[65] 就像在其他地方一样，孤立主义伤害了日本。

美国海军将领马修·佩里（Matthew Perry）在 1853 年率领美国舰队侵入日本，打破了日本与世界联系的障碍。佩里能够驶入日本海域而不受惩罚本身就显示了日本在当时的脆弱和落后。佩里将一辆火车作为礼物献给日本，从民众的反应也能看出日本的落后：

> 起初日本人躲在安全距离外，有些惶恐地瞧着这辆火车，当引擎发动时，他们惊呼起来，倒吸了一口气。不一会儿，他们就走近来观察、拍打它，并爬了上去。一整

天他们都在做这样的事。[66]

佩里将军代表美国进入日本之后,日本对西方文化的接受度非常高,近乎奉承。美国尤其受到推崇,被描述为"地上的天堂"。[67]对美国的积极描述是对西方人和西方国家描绘的一部分,日本人眼中的西方国家既是值得羡慕的又是伟大的。①

我们可以用人均购买力来表示19世纪日本的经济水平,1886年日本的人均购买力是英国的$\frac{1}{40}$,到1898年,日本的人均购买力极大地提高了,为英国的$\frac{1}{6}$。[68]通过大规模引入西方技术,邀请技术专家到日本传授这些技术,并将日本学生送出国到西方大学学习,日本成为与西方领先国家并驾齐驱的世界大国之一。1886年,日本儿童入学率不到$\frac{1}{2}$,但到1905年已提高到95%,并在之后进一步上升。[69]

---

① 20世纪初狂热的民族主义兴起后,日本的这种态度反转了。亲美时期移民美国的日本人大多在"二战"时也忠于美国,尽管受到了战前被歧视、战争中被拘禁的对待。在民族主义和反西方思潮兴盛时期移民巴西的日本人在"二战"时则忠于日本,拒绝相信日本战败投降的消息。美国的日侨尽管被歧视和拘禁,依然对美国忠诚;而巴西日侨尽管比美国日侨更受优待,没有被拘禁,但他们选择忠于日本。这就再次启示我们,在界定"环境"概念时要考虑群体的本源文化。参见 Yasuo Wakatsuki, "Japanese Emigration to the United States, 1866-1924: A Monograph", *Perspectives in American History*, Vol. XIII (1979), pp.465-466; William Petersen, *Japanese Americans: Oppression and Success* (New York: Random House, 1971), pp.86-87; James Lawrence Tigner, "Shindo Remmei: Japanese Nationalism in Brazil", *Hispanic American Historical Review*, November 1961, pp.51-532; Yukio Fujii and T. Lynn Smith, *The Acculturation of the Japanese Immigrants in Brazil* (Gainesville: University of Florida Press, 1959), pp.49-51。

到20世纪初，日本人已经领先世界，不再需要外国专家，并让他们离开了。[70] 20世纪上半叶，日本制造了许多工业制品，尽管其中许多只是模仿西方产品，质量不是很高，但价格低廉。到20世纪后半叶，日本人已经成为技术和质量上的领跑者，领先的产品从相机、汽车到电子产品。

在相机产品方面，这种演进最惊人。第一部尼康相机明显是模仿名叫"康泰时"的德国相机，而第一部佳能相机也是世界知名的德国莱卡相机的仿制品。随着时间推移，尼康和佳能发展成行业标准制定者，它们的销量也让最初的模仿对象相形见绌。此后，日本的高速列车也胜过了美国制造的火车。

尽管英国与日本在文化上相当不同，但作为岛国都曾长期落后于邻近的大陆（英国落后于西欧大陆，日本落后于中国），在这一点上两者是相似的。在文化上，英国和日本也比较相像，都愿意接纳吸收他国的先进方面，通过推动这些方面更进一步并最终超越曾经的领先者。

在英国内部，苏格兰人也从英格兰人身上学到许多，这种学习从接受英语开始，并最终在工程学和医学上崛起并超过了英格兰人。[71] 从18世纪晚期直至19世纪上半叶，英国各行各业的著名知识分子中有很大比例有苏格兰血统。其中包括哲学家大卫·休谟、经济学家亚当·斯密、化学家约瑟夫·布莱克、工程师詹姆斯·瓦特、文学家罗伯特·伯恩斯和沃尔特·斯科特爵士、政治学家和经济学家詹姆斯·穆勒和约翰·斯图亚特·穆勒，等等。[72] 一位知名的历史学家这样说：

"在知识的每一个分支中，这个曾经贫穷且无知的民族培养出了众多有原创力的成功思想家。"[73]

中世纪欧洲从中东和北非伊斯兰世界学到了很多，特别是在数学和哲学领域，还有农业和建筑学。除此之外，当时的伊斯兰世界在军事上也领先于欧洲。奥斯曼帝国攻占了东南欧的很大一部分，而北非的摩尔人也曾侵占西班牙。正如英国《经济学人》杂志指出的：

> 一千年前，巴格达、大马士革、开罗这样的大城市领先于西方世界。伊斯兰教与创新是孪生兄弟。各地的伊斯兰哈里发善于学习、宽容且会做生意，都是不断变化的超级势力集团。[74]

如果有人质疑伊斯兰世界在一千年前曾经达到的文化与技术高度，他应该造访西班牙科尔多瓦市的大清真寺。该寺由当时占领西班牙的摩尔人建造。就宽容而言，1492 年基督教在西班牙重新夺回统治权时，他们将摩尔人赶出了西班牙，还放逐了所有犹太人。这些犹太人有很多逃往伊斯兰世界，而不是信仰基督教的欧洲。相对于信仰伊斯兰教的北非和奥斯曼帝国，当时信仰基督教的欧洲对犹太人更不友好。那时的世界显然不同于当今的世界。这种差异部分是因为当时的欧洲人对其他文化的接受度不同。

文化孤立与地理隔绝带来的影响类似，都会使个体、群体、国家或整个文明更难同步于其他地区的进步。中国曾领先于世界，其衰落的一个很重要原因也是拒绝向他国学习。

15世纪初，中国政府严禁民众与外部世界接触，凿毁了大型船只。郑和曾用这些船只组成船队游历西洋，他所到之处比哥伦布的小型船队只多不少。后来，明朝政府不仅禁止出海航行，而且还禁止建造能出海的船，早先航海留下来的记录被销毁，毕竟那些郑和所到的地方只被当作蛮夷之地。21世纪的一位美国科学家评估了做出这一重大决定时中国的地位：

> 在此之前，中国拥有一支能够航行于大洋之上的船队，中国的船只比欧洲的任何船只都大，性能也更优越。在科学知识上，中国与欧洲旗鼓相当，而在印刷术、航海和火箭技术上则远远领先。这个决定导致中国在科技上悲惨地落后了，直到几百年后才奋起直追。[75]

18世纪英格兰国王乔治三世遣使出访中国，带给乾隆皇帝的礼物包括各种展示西方先进技术的机巧。乾隆皇帝却说："天朝物产丰盈，无所不有……从不贵奇巧，并无更尔国置办物件。"[76] 拒绝其他文化的进步，没有比这更具灾难性的了。随着与西方的技术差距越拉越大，中国在遭到西方帝国主义攻击时，也越发缺乏抵抗力。

任何文化都不可能在所有方面强于别人，更不会一直强盛。拒绝接受他人取得的文化进步是一种自我隔绝，与地理环境造成的隔离一样有害。

语言是造成国家间文化隔绝的因素之一。俗话说"知识装在语言的行囊里去旅行"[77]。但并非所有语言包含的书面知识量都一样多或一样广。西欧语言比东欧早几百年发展出了书面语，因为罗马曾占领西欧并带来了拉丁字母。因此西欧人比东欧人提前了数百年就能读写，这意味着当东欧语言开发了书面语，他们的语言所表达的知识广度、知识量以及多样化程度都不及西欧语言。

例如，尽管爱沙尼亚人在19世纪就有了书面语，但在19世纪上半叶，爱沙尼亚语多用于宗教主题。爱沙尼亚受过教育的人使用的工作语言是德语，不论他是否有德国血统。[78]这种情形并非爱沙尼亚独有。在波希米亚，用捷克语创作的文学作品出现得更早，应用也更广泛，但到19世纪初，捷克语却衰落了。捷克出版业当时处在萌芽期，布拉格只有一小部分德语报纸发行流通。[79]捷克小学虽然用捷克语教学，但1848年以前，波希米亚没有一所高中用捷克语教学，学生要想上高中必须懂德语。[80]

在东欧，要从事科学或其他专业性工作，必须要接受德语教育。此外，由于东欧许多高级职业普遍由德国裔占据，加入这些精英职业通常要掌握德国文化，以便融入精英同事群。

在新一代受过教育的捷克人和拉脱维亚人中，许多人非常憎恨为了职业发展而改变语言和文化，而德国裔东欧人则无须克服任何障碍。没人能说这是公平的。但更根本的问题在于，这种不公平究竟是内生于当时的环境，还是随意施加到非德国裔东欧人身上的呢？

有人可能会争辩说，当时是德国人统治着哈布斯堡王朝，应当指责德国人不公平地对待了其他群体。类似地，罗马尼亚人统治下的罗马尼亚和俄罗斯人统治下的拉脱维亚、爱沙尼亚以及沙皇俄国的部分地区都存在过这样的情况，某种语言占据优势地位。

更现实的问题是，在东欧各个地方，包括波罗的海地区和巴尔干地区，德国裔作为少数群体增加了还是降低了当地人口的机遇呢？从经济观点看，有德国文化色彩的学校显然对非德国裔也是开放的，所以可以作为当地人增加人力资本的资源，而用本土语言教学的学校则不具备这种条件。

东欧统治者还允许那些以德国农民为主的农村按照德国法律生活，给予这些德国人和非德国人共同生活的村庄比其他欧洲地方更多的自由。[81] 此外，身负高超技艺的德国人也能使整个经济体都受益，给本土人口提供更多的产品和工作。正是德国农民高超的技艺和高效的生产率，使得他们受到东欧统治者的欢迎。这些统治者提高激励，吸引他们移民到东欧。

然而，从政治角度看，许多东欧人视德国人为外来的精英阶层，主导着商业和各行业，他们的文化也被东欧人视作障碍。东欧人往往不会认为，这些德国人的到来能够为本地人提供本国文化无法提供而只有德国文化才能提供的优势，同样也不认为，这一外来文化为东欧人自我提升提供了机遇。在拉脱维亚的知识阶层看来，他们的人民长期受到压制，处于社会的底层。[82]

纵观全世界各个时期，德国人在东欧的情况并非独一无二。在泰国、越南、菲律宾、马来西亚和印度尼西亚这些东南亚国家，华人在当地属于少数人口，但在经济上更发达，他们同样有时也会受到当地社会憎恨。[83]这些国家的本土居民很少愿意去接受华人的文化，如勤劳，但大部分人却憎恨华人在教育、工业和商业上占统治地位。

其他国家也有类似的情形，可能是移居外国的少数群体，也可能是同一国家内具有不同文化的不同民族，他们在学校或经济中都超越本地居民。世界各地各个时期都有这样的群体存在，如奥斯曼帝国的亚美尼亚人、尼日利亚的伊博人、斯里兰卡的泰米尔人、东非的印度人和巴基斯坦人、秘鲁的日本人、斐济的印度人、东欧的犹太人和西非的黎巴嫩人，等等。

像这样，少数人口取得的成就超过多数人口，而许多国家总是在妖魔化这种成就，指责少数群体抢走了整个产业。但事实上正是少数群体开创了这些产业，在此之前，这些国家根本没有相关产业。不论这种对少数人口的不满是怎样通过政治动员形成的，它引发了斯里兰卡和尼日利亚等国家的可怕内战。将族群差异政治化不利于该国接纳更成功文化所附带的人力资本。这只会促使人们对文化上更成功的少数人口感到不满，人们还会要求在工作和收入上获得与人口比例相匹配的公平份额。正如一位印度族群领袖说的："难道由于我们不满足条件就无权工作吗？"[84] 尼日利亚的一位族群发言人也类似地谴责过"技术的暴政"[85]。

基于人口比例来确定经济利益的"公平份额"，其中隐含的假设竟认为分享财富的问题可以与创造财富的生产问题分开考虑，这种观点的支持者忘了创造财富才是第一位的。实际情况与他们的诉求恰好相反，驱逐生产率较高的少数群体往往会损害经济。然而这样的驱逐例子却比比皆是：20世纪70年代乌干达驱逐亚洲人[86]，第二次世界大战后捷克斯洛伐克驱逐德国人[87]，17世纪西班牙驱逐摩里斯科人[88]，以及中世纪法国和许多德国城市驱逐犹太人[89]。

由此造成的经济创伤在许多国家都出现过。类似的驱逐有的是由于政府的不友好政策，有的是由于暴徒直接施加暴力，都会导致生产率更高的少数群体逃走，就像1685年胡格诺派逃离法国[90]，19世纪后期犹太人逃离东欧[91]。

生产率更高的少数群体既能提高一国的生活水平，又可以为多数群体成员提供文化榜样，为他们获取另一种更先进的人力资本提供机会，使多数群体也能提升自我。如此看来，对少数群体的敌意是不理性的。但从落后群体领袖的个人利益出发，激起他们所领导的族群对更先进族群的憎恨，将他们族群的失败归罪于更先进族群是有利的。这样他们就可以要求分享更多经济利益，虽然创造这些经济利益所利用的技能和知识在落后族群的文化中并不常见。

换个角度看，落后群体中的个体成员学会了更先进群体的技能和文化后,就可能被吸收进后者,他们可能将不再听从族群领袖。不论更先进群体文化的各个方面能够带给落后群体怎样的经济利益,吸收先进群体的文化对于族群领袖是明显的威胁。他们把本土文化被侵蚀视作对自身领导地位的挑战和逐渐失去选民支持的原因。全世界各地许多落后群体的领袖和知识分子时不时会表达对外来文化侵蚀以及本土文化最终灭绝的担忧。[92]

例如,18世纪曾有一位捷克学者表达了对越来越多的捷克同胞使用德语的担忧,认为这意味着在波西米亚的城市中,下一代人"将变成德国人,再过五十年,说德语的人将多过说捷克语的人"[93]。

这样的担忧并非毫无道理。一位历史学家讲到那个年代时说,"在布拉格,讲捷克语的主流是下层阶级",尽管"捷克语还远未到消亡的程度",但它"倒退到田间地头、马厩牛棚和厨房"。在这些地方,仆人和从属地位的人还会讲捷克语,在这个历史节点上,捷克语"不是民族的象征,它代表了无知"[94]。除了护士和女家庭教师偶尔由德国人担当,那个年代大多数布拉格人的仆人是捷克人。德国家庭大多有仆人,而捷克家庭却很少有仆人。[95]

到了20世纪,地球另一端的斯里兰卡也面临着同样的担忧。该国多数人口是讲僧伽罗语的僧伽罗佛教徒,泰米尔印度教徒作为少数人口讲泰米尔语。一种担忧认为,随着时间推移,更成功的少数人口将在文化上吞噬更不成功的多数人口。1956年,僧伽罗语活跃分子对佛教高僧发出警告,"倘若你们不做点什么，就不会再有佛教，也不会再有僧伽罗人了"[96]。

同样的故事还发生在20世纪70年代的加拿大魁北克省。以讲法语为主的多数人口通过一项法律，严格限制英语在许多机构中的使用，甚至包括私人商业活动。这一政策的主要起草者是文化发展部部长卡米尔·劳林（Camille Laurin）。她宣称："法语必须成为所有魁北克人的通用语言。"和其他地方一样，这样做是因为"一方面需要让讲法语的魁北克人持续关注他们的文化生存问题，另一方面他们在加拿大的经济和政治处境相对更差"[97]。出于同样的原因，斐济、巴基斯坦、马来西亚、菲律宾以及缅甸，都存在过对文化灭绝的担忧。[98]

无论是19世纪的波希米亚，还是20世纪的魁北克，从法律上限制非多数人口使用的语言，其广度和偏狭让人费解。[99]但推动这种行为的族群领袖和知识阶层，他们的目的在于防止落后族群的成员在文化上被同化，这一点是可以理解的。他们努力延缓族群同胞被经济上更发达的族群吸收同化。今天很多年轻的非洲裔美国人尝试讲标准英语，因为社会主流人群都在使用，他们还会吸收主流文化的教育和其他部分。这些年轻人会被贴上"举止模仿白人"的标签而受到责备，这种控诉可以将任何事情从嘲笑变成排斥或骚扰，甚至招致同伴的直接暴力攻击。[100]

简言之，全世界各个时期各个地方的落后群体在接受外来文化时都面临重重障碍。18世纪的苏格兰人和19世纪的日本人对于不同文化的热情拥抱只是例外。从历史上来看，苏格兰和日本在很短时间里迅速崛起并位居世界发展前列也是一个例外。

非西方国家的一些族群在欧洲殖民统治时期抓住了西式学校提供的教育机遇，但只有很少的族群如此，就像苏格兰人和日本人。这些族群所在的地区通常存在地理障碍，土地贫瘠，生产的粮食养不活不断增加的人口。这些族群包括尼日利亚南部的伊博人和斯里兰卡北部的泰米尔人等，从地域上还包括印度尼西亚、阿尔及利亚以及菲律宾等。[101] 伊博人和泰米尔人接受了西方教育，并掌握了其他西方文化的优势，他们分散到各自国家的其他地区，在商业、行政部门和专业岗位上表现得都强于其他族群，在给整个国家带来益处的同时，也由于成功而引人注目，并因此引起他人的憎恨。

文化与进步

经济进步既取决于有形的物质因素，如地理；还取决于无形的文化因素，如人力资本。后者包括被称为"信任半径"的因素，在此半径内，个人和群体在经济和社会活动中协同合作。对工作的态度以及对进步本身的态度是无形因素，这些连同地理特征和物质资本等有形因素一起产生了经济的最终结果。有形因素给人的印象更强烈、更直接，但这并不意味着它们产生的经济效应比文化概念中蕴含的无形因素更强大。

文化的差异之一是个体和群体彼此间信任合作的能力。不同群体、种族、国家和文明的信任半径差别很大。这种差异深刻地影响了国家之间和一国内部的收入与财富不平等。

信任与诚实

尽管信任能促成对双方都有利可图的合作方式，但信任如果缺乏诚信必定是一场灾难。一个社会的诚实度框定了这个社会的信任半径，造成的经济影响超过许多有形优势。

例如，苏联即便不是地球上自然资源最富集的国家，至少也是其中之一。苏联也是仅有的工业国中石油储量极其丰富的国家，甚至是世界主要石油出口国之一。它土壤肥沃，享有盛名，并且拥有世界上面积最大的平原。[102]苏联的铁矿石储量也是世界第一，森林覆盖面积占全世界的五分之一，拥有世界第二大锰储量[103]和世界三分之一的天然气储量[104]。除此之外，在许多年里，苏联作为镍生产国也领先于世界[105]。在几乎所有自然资源上，苏联都能自给自足，并且出口了大量的黄金和钻石。到1978年，全世界接近一半的工业级钻石都是由苏联生产的。[106]

然而，根据两位苏联经济学家的研究，虽然苏联拥有这些有形的自然资源优势，民众也接受了良好教育，苏联的经济在效率上却远远不如德国、日本或美国。[107]苏联民众的生活水平远低于西欧、美国或日本，而日本是世界上资源最匮乏的国家之一。

如此受自然青睐的国家，民众的生活水平为何会低于许多自然资源不如它的国家呢？苏联的存在简直就是为了反驳地理决定论。抵消苏联在自然方面优势的其他影响因素既有政治方面的，也有文化方面的。回到19世纪，当苏联还被称作沙皇俄国时，约翰·斯图亚特·穆勒针对阻碍其经济发展的文化障碍是这样评价的：

> 官员普遍贪污腐败，这制约了沙皇俄国的经济发展能力：因为官员的报酬取决于他们能否成功地让人们的烦恼翻倍，这样人们才会为免除烦恼向他们行贿。[108]

腐败带给经济体的成本不只是行贿的金钱或被官员窃取的钱物，甚至主要不是这些。最主要的成本是没有发生的事——没有开始的商业活动、没有进行的投资和没有发放的贷款。在一个极其腐败的经济体中，这些经济活动的回报率必须高于个人的努力成果不容易被剥夺的经济体，这样人们才会去做。

19世纪晚期，沙皇政府试图让俄国经济更加现代化，并邀请西方企业来俄国开展商业活动，这些企业会雇用俄罗斯人做工人，慢慢也会雇用俄罗斯人做管理者，但他们从不雇用俄罗斯人做会计。不只俄罗斯人当会计是个问题，20世纪初的一位法国观察家曾友好地指出，俄罗斯人当管理者在经营中也会造成非常多的浪费。[109] 在俄罗斯，"像德国人一样诚实"和"像德国人一样守时"[110] 曾是常用语，表明俄罗斯人自身很少具备这些品质。过去的文化差异到了今天为什么是这样的，又是如何成了今天这个样子？这个问题的答案也许会迷失在时间里，但这类文化品质对经济的影响显而易见。

普遍的腐败在俄罗斯延续了下来，甚至在斯大林统治下也存在。尽管有诸多惩罚——包括遭受劳工集中营的奴役。苏联经济中有一群被称作"中介者"（tolkachi）的人，他们主要为企业从事非法活动，这些企业在官方许可的有限活动中受到严格限制，很难完成莫斯科的中央计划制定者给他们设定的目标。[111]

在沙皇俄国时期普遍存在的腐败在整个苏联时期都没有消失，也延续到了苏联解体后的俄罗斯。一家俄罗斯石油公司的股价仅相当于美国同类石油公司股价的1%，因为"市场预期俄罗斯石油公司会受到内部人士有组织的劫掠"。[112] 根据一家俄国报纸的报道，要想被一些声誉卓著的高等院校录取，需要行贿1万到1.5万美元。据该报估计，每年俄罗斯学生和他们的家长的此类支出至少有20亿美元。

俄罗斯以其自然资源富集和生活水平低下为我们提供了一个鲜明的例子[113]，告诉我们有形因素的优势如何被不利的无形因素制造的障碍所抵消。当然类似情况不只发生在俄罗斯一国。普遍的腐败使得开发自然资源所需的大额投资风险过高，结果就是不论本地还是外国投资者都不愿意冒险一试。

但是在其他情形下，信任半径能让某些特殊群体富裕起来，而且不只是在繁荣的国家，很多是在法律体系不可靠又腐败的第三世界国家。一些群体如印度的马尔瓦尔人或东南亚华人中的小群体,即使没有合约或不具有主流社会的法律或政治制度,他们也可以彼此从事金融交易。在正式的法律体系无效或腐败的国家,这是一种独特的优势。因为它给予了群体成员更大的信任半径,使得相对于群体外部的人,他们的经济决策更快捷,风险也更小。

在更发达的经济体中,特定群体内部的高信任度同样是一种优势。例如,纽约的哈西德派犹太人根据口头协议寄售昂贵的珠宝,并基于非正式协议共享收益。[114] 印度的马尔瓦尔人在国际贸易网络中也这样做[115],东南亚华人的小群体也有同样的现象[116]。另外,西非和西半球部分地区的黎巴嫩人小群体也有类似的贸易模式。[117]

虽然有些社会无法像马尔瓦尔人、哈西德派犹太人、东南亚华人或黎巴嫩小群体一样在成员之间发展出同样强度的信任感,但它们的民众也能拥有很强的诚实度和正直感,于是它们不需要承担很沉重的成本和很大的风险就能开展许多有价值的经济和其他活动。在缺乏这种诚实度和正直感的社会,类似的活动会受到限制。从使用信用卡到收税,社会中所有的活动都依赖于大多数人值得信赖这一前提,法律强制的资源于是就可以被保留用来约束人群中缺乏基本信用的那一小部分人。对于更大且更有活力的社会,这种最基本的信任是不可或缺的。

许多理论家或许倾向于抽象地讨论人群,但事实上,不论是在个体之间,还是在不同群体以及不同文化之间,有血有肉的人都有巨大差异。各类诚实度测验就显示了这些巨大差异。

2013年，研究者有意将许多放有钱和身份证的钱包放在全世界各个城市的公共场所。物归原主的钱包占所投放钱包的比例，从芬兰首都赫尔辛基的$\frac{11}{12}$到葡萄牙首都里斯本的$\frac{1}{12}$，不同城市差距巨大。而且，在里斯本唯一被归还的那个钱包还是来自一名荷兰游客，没有葡萄牙人归还钱包。在巴西的里约热内卢，有4个钱包被还给了失主。[118]更早由美国《读者文摘》（Reader's Digest）策划的钱包测试发现，在美国有67%的钱包物归原主，在斯德哥尔摩是70%，在挪威的奥斯陆和丹麦的欧登塞是100%，在墨西哥仅有21%。[119]

一项研究考察了各国常驻联合国的外交官在纽约城支付他们停车罚单的情况，这项持续了5年的研究发现，各国外交官的应对差异巨大。即使不缴罚单，这些联合国外交官凭借外交豁免权也能免予被起诉。埃及有24名联合国外交官，他们在5年时间里有几千张未缴罚单，加拿大外交官的数量与埃及相同，他们缴清了所有罚单。英国和日本的联合国外交官分别有31名和47名，他们均没有未缴停车罚单。[120]

很多关于腐败的系统性跨国研究都发现，被评为最腐败的国家大多数都是世界上最贫穷的国家，即使这些国家自然资源很丰富。[121]诚实不光是道德问题，作为经济因素，它影响甚大。和其他影响收入和财富的因素一样，诚实在各国及一国内部的分布，既不是均匀的，也不是随机的。

人力资本

人力资本很重要，它不仅能够在物质资本遭受毁灭性破坏后帮助一国迅速恢复，例如战后重建；它在正常年代的经济进步中也起着重要作用。我们与穴居人的最大区别就在于人力资本。

有些人倾向于将人力资本等同于教育。毫无疑问，教育是人力资本的一种，我们也经常粗略地用教育年限作为人力资本的代理变量，但应当指出的是，许多人力资本是在学校之外获得的，此外一些学校教给学生的技能很多不是市场需要的，个别学校还会以负面态度、错误预期和厌恶之情等形式产生负人力资本，对经济产生不好的影响，因而学校对学生人力资本的开发贡献很少，甚至为零。鉴于教学内容不同，教育有时会让人对进入私人部门工作产生反感，或拒绝从事任何不满足"有意义的工作"这一定义的事，这里的"有意义"是指那些能够让人心满意足的工作。

开创工业革命的人大多没有接受过正式教育，他们都是有实际工作技能和经验的人，而非精通科学的科学家或系统研究过工程的工程师。在正式的科技研究普及之前，工业革命已经在进行中了。甚至后来的工业先驱如托马斯·爱迪生和亨利·福特接受的正式教育也很少，怀特兄弟高中就退学了。到了电子时代，比尔·盖茨和迈克尔·戴尔均是大学肄业生。总之，人力资本不等同于正式的学校教育。

人力资本可以表现为教育之外的其他形式，教育普及也不意味着同样的人力资本普及。21世纪的俄罗斯被称作"高教育水平和低人力资本的社会"[122]。从更直接的经济角度看，俄罗斯拥有大学学历的人口大约占全世界的6%，但在全世界新专利和专利申请量中仅占0.2%。1995年到2008年间，德国、日本和美国发明的专利大约分别是俄罗斯的60倍、200倍和500倍，甚至新加坡这样的小城邦国家的发明专利也比俄罗斯多。[123]

所有这一切并不是说教育不重要。只是我们不应该笼统地颂扬教育，作为各种人力资本中的一种，教育的重要性及教育资源的配置都值得细细考察。就像其他事物一样，教育在个体、群体或国家之间也不是均等的。在不同的社会和文化中，甚至在受过大学教育的人士中也普遍存在较大的教育不平等。

教育的文化价值

虽然识字对于个体、群体和国家的命运是一个根本性因素，但不同文化对于教育的重视程度不同，产生的影响不只是识字率的差异。不同文化追求的教育程度有差异，而且在追求的教育类型和达到的教育水准上也有区别。只比较教育程度相同（用受教育年限来衡量）的不同族群，我们会漏掉教育的其他维度，错误地将教育程度"相同"但来自不同社会、不同种族或不同群体的个体在人力资本上的回报差异归因于歧视。

在文化上很不一样的少数群体不只接受更多教育，而且教育水准也高于周围的多数人口。这种更好的教育，可能表现为学习更具挑战性的专业，也可能表现为取得更好的学业成绩，并且它们很普遍。在 1972 年斯里兰卡大学的入学考试中，成绩为 A 的大多是在人口中占少数的泰米尔人，而不是占多数的僧伽罗人。[124] 奥斯曼帝国时期，亚美尼亚学生的表现优于占人口多数的土耳其学生，他们甚至在用奥斯曼土耳其语写作上也超过土耳其学生。[125]

同处于一个社会的不同文化群体在教育专业选择上也有极大的差异。20 世纪 60 年代，马来西亚大学录取学生依据的是学业，因此录取的华人学生多于马来学生，而马来人在马来西亚的人口中占多数。在数学、科学和技术专业上这种不平等更大。有一年，有 1488 名华人学生获得科学学士学位，马来学生只有 69 名；同一时期获得工程学学士学位的华人学生有 408 名，马来学生仅有 4 名。[126]

在 19 世纪末 20 世纪初的德国，大学里犹太学生的比例远超过犹太人在人口中所占的比例[127]，这样的情形同样出现在不同时期的东欧、阿根廷和澳大利亚[128]。在今天的纽约，有三所老牌公立高中对学生精挑细选，它们分别是史岱文森高中、布朗克斯科学高中以及布鲁克林工程高中，在这三所高中，亚洲学生数超过白人学生，二者的比例超过 2∶1。要知道，在纽约全部高中学生中，亚洲学生仅占 14%。[129]

经济落后的多数族群在教育数量和质量上往往也落后。被大学录取后，他们倾向于选修更容易的专业，而不是数学、科学和工程学。这反过来又往往令他们的职业生涯不那么有前途,甚至面临失业。一项研究将19世纪捷克年轻人归纳为"受过良好教育但失业"的一群人[130],类似的群体在20世纪的其他国家也有过。到了20世纪,在欧洲、亚洲和其他地方"受过教育的失业者"成为常用语。[131]

那些获得学位但没有学到在经济上有价值的技能的人会对社会失望并心生不满,成为经济中的负面因素。特别是他们会攻击那些经济上更成功的少数族群,并使得社会处理种族问题时走向极端化,成为社会的危险源。

两次世界大战期间,东欧各国许多落后群体的青年刚刚接受过教育,他们发起了很多反闪米特人运动。[132]这些运动在政治上很得势,甚至在大学里引发了歧视甚至暴力攻击犹太学生的事件。这些来自多数人口的受挫年轻毕业生只是心生不满的人群的一部分,其中有许多人在他们家族中也是第一代受过较高教育的人,他们将自身的落后怪罪于那些更有能力的少数族群。不仅是他们,落后群体所在的知识阶层同样在推动族群身份意识和政治化。

这一趋势从东欧扩展到了世界其他地方。不论是在印度[133]、匈牙利[134]、尼日利亚[135]、哈萨克斯坦[136]、罗马尼亚[137],还是斯里兰卡[138]、加拿大[139]、捷克斯洛伐克[140],选修"软"科目的学生和知识分子会激发对成功群体的敌意,甚至暴力冲突。如今美国的许多大学和学院实行不同族群住宿分离,甚至有时对不同种族分别举办毕业典礼,以此欢呼和支持种族身份隔离，这些都会助长不公平感。[141]

不论是在欧洲、亚洲或其他地方，落后族群的知识分子为了留住那些可能被吸收进更大社会的个体，都会欢呼甚至捏造他们族群昔日的荣光。美国有一本非常有名的书《根》（Roots），根据此书拍摄的连续剧也很有名，历史学家曾质疑此书内容的准确性，作者的答复却是"我不过是为我的同胞创作了一个赖以生存的神话"[142]。

这种方式不是黑人或美国独有的。一项关于族群的国际研究发现，"族群认同的衰落"会激发起"文化复苏"[143]。丹尼尔·帕特里克·莫伊尼汉（Daniel Patrick Moynihan）曾这样说过他的爱尔兰裔美国同胞："历史最残酷的部分是，直到1916年，美国的爱尔兰民族主义与爱尔兰基本没什么关系，它不过是一些美好感受和糟糕历史的大杂烩，美国的爱尔兰移民用它来填补他们文化的空洞。"[144] 过分关注过去的荣光会阻碍人们接受其他文化取得的最新进展，即使这些荣光是真实的。这样的例子在中东就能看到。

不论是在今天还是在其他时期，也不论是在美国还是在其他地方，在大学中追求准确的知识与追求意识形态上的满足感是相互冲突的目标。关于两次世界大战期间的东中欧历史是这样描述那个年代的罗马尼亚大学的，"数据膨胀、学术上松散而政治上狂热"，已经是"不折不扣的过剩官僚、政客和煽动者的培养皿"[145]。数十年后的斯里兰卡同样积压了一大批"失业毕业生"，他们的专业集中于人文社会科学。[146]

尽管一些人认为教育会提高人们对外来文化和族群的容忍度,但正是这些新近受过教育的人,由于缺失市场需要的技能而鼓动族群极端化,不论他们是在欧洲、亚洲或非洲。正如一位著名的非洲学者观察到的:"受过教育的尼日利亚人是部落主义最糟糕的传播者。"[147]

同样的故事还发生在19世纪的捷克知识阶层,其中包括大学生和学校老师。他们推动了捷克的文化民族主义。[148]他们的要求之一是布拉格的街道指示牌由原来用捷克语和德语双语,更换为只用捷克语。[149]在布杰约维采镇,捷克文化民族主义者要求镇管弦乐团必须演奏一定比例的捷克音乐。[150]

20世纪的魁北克同样在语言上坚持着一些琐碎要求。当地的法律不只要求街道指示牌用法语,而且限制私人企业使用英语。[151]魁北克当局甚至试图要求飞行员在飞机起飞、降落与空中交通指挥员交流时也必须用法语。但强制使用不熟悉的语言交流,是置空乘人员的生命于危险之中。在国际飞行员威胁抵制魁北克后,当局才被迫放弃了这一要求。[152]

撇开种族问题,受教育年限更长也不能等同于更多的人力资本。这取决于在学校、大学和学院里待得更久是否带给受教育者更多经济上有意义的技能,或学位证书能否给获得者带来一种他能创造的东西之外的特权意识。

这并不是说教育只能产生经济方面的好处,而是说除非特定的教育和教育水准能够创造足够多的额外产出,以此覆盖期望获得的额外收入或财富,否则认为接受教育就有权利得到更多的收入、更高的财富预期是毫无根据的。

来自落后族群、落后地区或其他落后群体的个体是他们家族的第一代大学生，他们会选修挑战性不那么大的课程，因此他们的服务能够创造的价值明显不如学习有用学科，如医学、科学和技术的人。特别是在许多相对贫穷的国家，大量"受过教育的失业者"不只表达对社会的失望，甚至会成为社会和政治上的威胁。

许多拥有学位但缺乏在经济上有价值的技能的人都在政府官僚部门工作。因为竞争性市场中的雇主用的是自己的钱而不是纳税人的钱，他们对此类人没有需求。为了给大量年轻人提供工作，政府机构往往会设立一些就业岗位，否则这些年轻人会变得沮丧愤怒，让政府官员头疼，甚至给整个社会带来危险。

特别是在贫穷的国家，一些人拥有人力资本，能够促进经济发展，生产那些提升社会生活水平所需的产品。但人浮于事的官僚机构所制造的繁文缛节，经常成为他们开展经济活动的"绊脚石"。

对待工作和进步的态度

同一社会的不同群体对待工作的态度不同，不同社会之间也有不同的工作态度。这种差异显然会影响财富生产。美国南北战争前，许多人都批评南方白人缺乏职业道德。[153] 这些批评者不光包括北方或国外的访问者，甚至还包括罗伯特·E.

李（Robert E. Lee）将军这样忠诚的南方人。[154]一位知名的南方史学家说过："许多南方白人倾向于听之任之，把变革推迟到明天。"[155]

德国移民先驱抵达美国的时候，他们砍伐森林以便开荒种田时，还会花费精力将树桩和树根挖走，这样就能耕种整片土地了。而南方人要么只把树砍倒，要么剥掉树皮让其自然死掉腐朽，不论何种情况，树桩都还留在地里，然后他们便围着树开垦田地。[156]

两个群体在乳制品生产上也形成鲜明对照。1860年，南方拥有的奶牛占全美国的40%，但生产的黄油仅占20%，奶酪仅占1%。[157]相对于南方地区在乳制品生产上的糟糕表现，威斯康星德国人为主的奶农则较为成功。1932年有一位学者对此的解释是："尽职尽责，拥有稳定又有技巧的做事习惯，威斯康星的乳脂生产商早已培养出了这些品质，但这些品质还未出现在南方文化中。"[158]一直到20世纪上半叶，南方白人的工作态度和做事习惯都未改变。

其他国家同样具有工作习惯上的差异。如在20世纪40年代，殖民时期的马来西亚割胶工：

> 许多橡胶园都会记录割胶工们每天的产出，其中华人工人和印度工人的产出差别很大。华人工人的产出是印度工人的两倍，但他们使用的都是简单工具，如割胶刀、接胶的杯和桶。华人佃农、印度佃农以及马来佃农之间也

有类似差异，甚至更大。[159]

一些群体逃避工作，不只是因为懒惰，还涉及更大的问题。过去，一些欧洲贵族或富人的后代从不考虑工作。但都铎王朝时期的英国不在此列：

> 欧洲大陆的贵族自矜贵族身份而不去工作，日渐贫穷。都铎时期绅士的小儿子不被允许像他们那样在庄园无所事事，坐吃山空。他们要出去赚钱，要么从事贸易，要么从事法律工作。[160]

除了工作态度，对待进步的态度也会影响经济结果。在现代工业社会，人们或多或少视进步为理所应当，但进步不是必然的，即使如今已经进入现代社会的国家也不必然会不断进步。一位研究西方文明崛起的历史学者谈到中世纪的欧洲时说道："当时的社会非常缺乏创新观念：人们根据习惯做事，在耕地和收割时相互配合，几代人过去了都不敢梦想去改变。"[161]

在这方面英国又是一个例外。英国地主很富有，但他们并不满足于被动地收地租，而是主动改进农业耕作方式。到18世纪晚期，英国成为引领农业进步的领导者之一——英国农业与东欧的封建农奴农业或西欧大陆的小农经济都有很大差异。[162] 英国富有而有教养的阶层不仅活跃于商业、工业，也活跃于农业、文学、法律以及政治等方面。[163]

相反，在20世纪撒哈拉以南非洲的新独立国家中，新近受过教育的年轻人通常蔑视学习农业，即使农业是该国经济的主要构成部分。尼日利亚就曾有超过40%的高级农业研究员岗位空缺。[164] 直到独立后将近30年，塞内加尔才在1979年开始在大学中设置农业类学科，该国的达喀尔大学有数以千计的人文学科学生。[165]

在第三世界的部分地区，许多人一旦受过教育就觉得不应该从事某些手工类工作，甚至不应该去做工程师。他们"不愿意与机器打交道"[166]，更喜欢坐在办公室里。

这种工作态度对任何一个群体或国家都是一种文化障碍，对那些目前经济上落后的群体或国家尤其如此。有时问题不只是逃避工作或不愿意从事某种工作那么简单，而是缺乏进步的驱动力。我们再次以美国南北战争前的南方人为例：

> 南方农业技术进步很慢，基本不变。犁地机这样的基本机械只在零星的地方逐渐得到应用。直到1856年，南卡罗来纳州的小户农民还在使用很原始的殖民时期的锄头。从1820年到内战爆发，轧棉机、轧棉厂或打捆方式都没什么变化。[167]

南北战争爆发前南方经济的关键因素之一——轧棉机，是由一位北方人发明的。就一般的发明而言，1851年南方州居民获得的发明专利仅占全美国的8%，而南方白人占全美国白人的比例接近三分之一。即使在农业这一南方主要经济活动中，全美国62件专利应用中也仅有9件出自南方人之手。[168]

习惯与态度上的差异，与知识和技能差异一样，也属于人力资本的差异，它们同样会造成经济结果的不同。在美国内战时期，虽然南方垄断了棉花种植，北方生产的纺织品却是南方的14倍。并且，北方生产的铁、商船总吨数和火枪分别是南方的15倍、25倍和32倍。[169]

即使南方有自然资源优势，例如相对于匹兹堡或印第安纳州的盖瑞市这样的钢铁生产中心，伯明翰离铁矿和煤矿更近[170]，南方人力资本（劳动和管理两个方面）的匮乏却阻碍了伯明翰钢铁工业的发展。[171] 南方林业也面临着相同的情况：自然资源丰富，人力资本匮乏。[172] 同样，南方地区是世界领先的棉花种植区，但南方纺织工业兴起后，"许多产品还必须送到新英格兰地区进行染色、漂白、精加工等工序"[173]。

幸运的是，随着时间推移，美国其他地方的人涌入南方，使得该地区不断发生改变，尤其是在20世纪后半叶，变化非常明显。但不是所有的社会中的所有群体都能够发生这样的文化变迁，因为这一变化并非易事。

外来人试图改造一种文化时，通常会引发本地人的憎恨和反抗。正如知名经济史学家大卫·S.兰德斯（David S. Landes）所说的："对文化的批判就像割开他人的自我意识，会伤害他们的身份和自尊。"[174] 如果没有落后群体自身对文化变迁的包容性，外来者改造一种文化的可能性很小。

第 4 章

社会因素

社会因素包括人口规模及其构成、人力资本和社会流动性，它们都会影响国家间和一国内部的经济差异。与地理和文化因素一样，这些社会因素在国与国之间以及一国内部并不相同。

人　口

人口规模有时被用来解释国家间的收入与财富差异：一些国家人口过剩，因而生活穷困。除此之外，其他人口特征，如年龄、地理分布和社会流动性等也会影响个体、群体或国家的经济结果。

人口规模

几个世纪以来，不断有人担心地球上的食物无法养活不断增长的人口。个体家庭、小社区到整个国家都曾有过这种担心，并且许多人担忧，人口增长将会超出地球的负担能力，地球将无法提供足够的食物养活全世界的人口。

在那些极端贫穷的家庭,挣扎在死亡线上,甚至常常会杀死新生儿,尤其是女婴。因为他们认为女孩不够强壮,需要更长的时间成长,才能生产足够她自身生存的食物,如果她的家庭没有足够的食物养活她,她的降临会危及整个家庭的生存。经济发展带来的益处之一就是生产力的发展使人们不需要再面对这样绝望又痛苦的决定。

另一个益处是人类不必将大量时间精力用来种植和收获食物,因此能够将节省的时间和精力用于发展人力资本,而人力资本是文明赖以发展的基础。

更适宜的地理环境能够使人们享有更高的物质生活水平,也会产生更发达的文化。但这样的结果并不必然会发生。当地理环境的压力较小时,大自然能够更稳当地提供食物,社会就会变得更不那么专注,更缺乏约束,更沉浸于酒肉和狂欢活动。地理环境的便利与施加的影响不等于地理决定论。

1798年托马斯·马尔萨斯(Thomas Malthus)出版了著名的《人口论》,但在此之前人们就一直担忧地球能否提供足够的食物养活增长的人口。马尔萨斯以一种鲜明而夸张的方式提出了关于人口的理论,使这个问题成了永恒的问题。马尔萨斯的理论基于两个命题。第一个命题用马尔萨斯的话说,是"人口如果不加抑制,会以几何级数增长",而生活必需品"只会以算术级数增长"。第二个命题是"食物是人类生存之必需,这一自然律决定了人口与生活必需品必须保持相同增速"[1]。

也就是说,如果人类不控制人口增长,饥荒、疾病和其他灾难会使人口倒退到食物供给可支持的水平。自马尔萨斯的著作出版以来,这种对人口可持续性的关注时起时落,但从未消失。2014 年《纽约时报》(New York Times) 的一篇文章谈到,马尔萨斯的人口论基于"一个明显合理的前提：地球的承载力是有限的"[2]。但是,极限的存在并不代表我们正在接近这一极限值,不论是在人口方面,还是其他方面。

"存在着人口承载极限就意味着我们正在接近这一极限"这一推论毫无道理,是典型的不合逻辑的推理。19 世纪以来,无数人声称"我们正在耗尽石油、煤炭、铁矿石或其他自然资源",但事实上他们都错了。20 世纪末探明的世界石油储量是 20 世纪中期的 10 倍以上[3],那时已经有人悲观地发出关于"人类正在耗竭石油资源"的警告。钢铁产量高速增长的同时,世界已知的铁矿石储量也增长了数倍。同样的事情也发生在其他自然资源的已知储量上。出于经济合理性考虑,不到必要的时候,即使地下有足够几个世纪使用的资源,人们也很少愿意花钱去探寻更多的储量。[4]

不论马尔萨斯的理论看起来多么可信,经验证据都表明它失败了,甚至在马尔萨斯活着的时候,他的理论就已经被证明是失败的。[5]人口规模或人口密度与人均实际收入之间不存在完全的相关关系。撒哈拉以南非洲深陷贫困,其人口密度远远小于富裕的日本。[6]可能有一些贫穷国家的人口密度高于富裕国家,但人口密度与一国的贫穷或富裕没有完全的相关关系。时间也证明"人口过剩引致贫穷"的理论并不符合现实发展。

正如20世纪一位著名发展经济学家指出的：

> 从19世纪90年代到20世纪30年代，马来西亚从原来人口散布在许多小村庄和小渔村，变成了拥有众多大城市的国家，拥有大量农业、采矿和商业活动。整个国家的人口从大约150万增加到600万，其中马来人数量从大约100万增加到250万。相比于19世纪90年代，人口虽然多了许多，但物质生活水平更高了，人均寿命也更长了。从20世纪50年代开始，人口密集的新加坡都经历了人口的急剧增长，与此同时，人们的实际收入和工资也经历了大幅增加。今天西方世界的人口是18世纪中期的4倍多，据估计人均实际收入增长了5倍以上。[7]

"人口过剩论"的鼓吹者争辩说，人口不断增加会带来贫穷，但事实上没有人可以找出这样的例子——某个国家过去的人口只有今天的一半，收入却比今天还高。

有些人认为在不同年代不同地方出现的饥荒可以支持马尔萨斯的理论。但饥荒在人口密度更高的地区如西欧和日本早已消失，却频繁地发生在人口密度低的撒哈拉以南非洲。饥荒通常是一个地区性现象，经常源于本地的谷物歉收、军事冲突或其他不利于食物分配的灾难。即使世界总体上有足够的食物，但并不是所有地区的交通系统都能够大量快速地将食物送到饥荒地区，也就无法避免大规模饥荒以及由于饥荒带来的疫病。

人在饥饿状态下身体虚弱,更容易发生疾病。

随着现代运输体系的发展与扩散,饥荒越来越少了。但是,由于政治原因带来的隔绝仍会让一些地方在特定的时代遭遇饥荒。20世纪最严重的饥荒发生在30年代的苏联,造成数百万人死亡。从长期来看,这些国家都有能力提供充足的食物。[8]苏联时期集中发生饥荒的乌克兰,在饥荒前后都是粮食主产区之一。这些国家的人口都没有超过土地可供养的规模,甚至如今的数据显示有四分之一的人口属于过度肥胖。[9]

人口结构

不同社会的人口年龄构成有很大差异,这种差异在某个社会的不同种族或不同群体中也存在。日本、德国和印度人口的中位数年龄超过40岁,而危地马拉、尼日利亚和阿根廷则不到20岁。[10]美国的日裔美国人比波多黎各裔美国人年龄要大20岁。[11]

如果成年人的工作经验从18岁算起,那么40岁工人的工作经验是20岁工人的10倍以上。这就造成了在获取知识、技能和成长的机遇上的不均等,这种不均等会造成国家间及一国内部经济结果上的差异。

在一些国家,疾病、贫穷及其他因素会缩短人的寿命,人口中只有一小部分能够活到最高产的年龄段。即便是这部分人口,他们的高产期也会很短。

在一国内部，不同年龄的收入差别很大，财富差异更大。不仅如此，随着机械动力降低了人类体力的重要性，更复杂的技术又提升了知识与分析技能的价值，这些都大大降低了年轻人所拥有的体力和精力的价值，从而增大了不同年龄组之间的收入与财富差距。这种变化所带来的最终结果，就是人们获得最高收入的年龄提高了。

回到1951年，大多数美国人的收入最高值出现在35～44岁，这个年龄段的工人比20岁出头的工人多挣60%左右。到1973年，35～44岁年龄段的人收入是35岁以下年轻人的2倍多。又过了20年，收入最高值的年龄段提高到45～54岁，他们在此年龄段挣的收入是20岁出头年轻人的3倍多。[12]

这些数据不足为奇，因为随着年龄增长，人们在不断积累人力资本，不论是以特定知识与技能的形式，还是表现为处理人际关系或工作职责上的成熟度。我们称作"劳动"的东西，不再是生产过程中运用体力那么简单了。许多工人提供的不仅是劳动，还包括人力资本。经济体的技术和组织越来越复杂，因而对人力资本的需求也在不断增加，熟练工与刚参加工作的工人之间不断拉大的收入差距就是证明。

不同群体及不同收入水平的人群，对孩子的抚养方式也有很大不同。一项研究发现，如果父母从事的是专业技能的职业，其子女平均每小时能听到2100个单词；如果父母是工人阶层，其子女平均每小时听到的单词量是1200个；如果父母需要接受政府福利救济，其子女平均每小时听到的单词只有

600 个。[13] 这意味着，一个成长在父母需要接受政府福利救济家庭的 10 岁儿童，在家里听到的单词量比父母是专业人士的家庭的 3 岁儿童还要少。

思考一下这种差异经年累积意味着什么，着实令人痛苦。穷人家的孩子从童年开始就面临着不利因素。这不仅限于听到的单词量，父母的素质对他们也不利。2013 年的数据显示，拥有学士学位的群体中仅 9% 的女性是未婚生育，而未完成高中学业的群体中未婚生育的比例高达 61%。[14]

《经济学人》杂志这样总结："不论政府做什么，都无法让西弗吉尼亚州卡宾克里克的儿童与马里兰州贝塞斯达的儿童有相同的生活境遇。"[15] 相同的机遇意味着基于同样的标准进行评价和奖励，不可能意味着生长于差异巨大的环境中的儿童能有同等的生活机遇。

另一种说法同样表示，生活不公平与制度不公平或社会不公平是不同的。仅收集某方面的统计数据无法判断该方面就会发生不公平。如果接受社会救济家庭的子女与父母是专业人士家庭的子女属于不同的种族，那么当这些儿童长大成人，基于某个雇主的商业统计或许会显示职位高的雇员与职位低的雇员间存在的种族不平等，即便雇主在雇用和升迁中同等对待每一个人。即使这些雇员出生的时候具有相同的脑细胞，在他们的成长过程中，其中一群人被认为前途光明可期，另一群人的命运却受到打击。

地理流动性

从前途糟糕的地方搬到前景更有希望的地方，这是个体与群体奋力提高经济水平的方式之一。这种迁移可以是相对短距离的，如牧羊人在一块草场的大部分牧草被吃完后转场到另一块；也可以是从一国到另一国或从一个大洲到另一个大洲，比如欧洲人移民美国或澳大利亚，印度人移民斐济群岛、马来西亚或非洲。就像其他影响人口经济水平或进步发展的因素一样，移民也不是均等的或随机的，它既反映了人与人之间存在的诸多不平等，又进一步制造了更多不平等。

对于移民，不论是在母国的移出地或者移入国的落脚处都不是随机的。一项关于"二战"前南欧人移民到澳大利亚的研究发现，"他们不是来自南欧各地，而是集中来自相对很小的一块区域"，并且"绝大多数移民定居在相邻的区域"。[16] 从西西里岛埃特纳火山区来到澳大利亚的意大利移民90%都定居在昆士兰州北部，而来自相邻的利帕里岛的意大利移民则大都定居于向南数百英里的悉尼和墨尔本。[17]

这种模式在美国甚至延伸到街区这一层面。在欧洲人大规模移居美国的时代，不论是纽约、旧金山和其他美国城市，来自意大利不同地方的移民会在不同街道聚居生活。[18] 在同时期的布宜诺斯艾利斯和多伦多，来自意大利特定地区的人聚居生活也很普遍。[19]

这种模式在其他移民中也很常见。我们在第3章提到过，第一次世界大战后黎巴嫩人开始移民到塞拉利昂,并且大多数来自黎巴嫩特定的村庄,而且在塞拉利昂选择与来自相同村庄和有相同宗教信仰的人比邻而居。类似地,移居哥伦比亚的黎巴嫩移民也是来自中东特定地区,在哥伦比亚也共同聚居于某个地方。[20] 在 21 世纪,来自中国福建省的移民到美国时,多选择聚居在布鲁克林街区的特定地点共同打拼。[21]

长久以来,这种模式在全世界各地皆如此。美国肯塔基州首府法兰克福市是由来自德国法兰克福市的移民建立的。[22] 内布拉斯加州格兰德岛最早的定居者是石勒苏益格-霍恩斯泰因人。[23] 德国农民在 18 世纪移民俄罗斯,到 19 世纪又从俄罗斯移民美国。他们在美国既没有定居于已有的德国移民聚居区,更没有与广大美国人混居。这些来自俄罗斯的德国移民聚居于自己的社区,如伏尔加德国人和黑海德国人聚居的社区,既相互分隔开,又与其他德国人和美国人分隔开。[24]

这种非随机的移民聚居模式是一种规则,而非例外。倘若有人想在 20 世纪后半叶让纽约大都会区的北欧裔美国人和南欧裔美国人随机混杂居住,那么就需要让超过一半的南欧裔美国人搬家才能做到。[25]

黑人街区与白人街区的差异用肉眼就能看到,这不是因为黑人与白人的差异非常特别,只不过是因为其他方面的差异不容易用肉眼识别。而且,在黑人街区内部,长期以来也是不同的人群聚居在不同的地方。一项关于 20 世纪 30 年代芝加哥黑人社区的研究发现,一些黑人街区的犯罪率超过 40%,而在另外一些黑人街区还不到2%。[26] 在哈莱姆的黑人社区，不同居民相互分隔。其他黑人社区亦如此。[27]

总体而言，全世界不同国家、不同种族的人都会分成不同的群体，而不同种族内部也会分成不同群体。这种同一群体内分别聚居和不同群体分别聚居的非随机居住模式是有原因的。就像人类在其他活动中表现出的模式一样，非随机定居是因为人们的行为不是随机的，而是有目的的，不同人的目的、所处环境与价值观都是不同的。但是在许多情形下，人们会忘记这一点，对非随机的聚居感到吃惊，还有人可能会更阴暗地看待这个结果。

社会流动性

人们在讨论中通常把社会流动性看作个人的好运。就像在19世纪霍雷肖·阿尔杰（Horatio Alger）的小说中，大胆的小伙子克服逆境并最终获得正当的回报。但是，比起个人命运，社会流动性对一国的经济前途更重要。换言之，倘若一国因为种族、宗教、性别、种姓制度或其他因素阻碍该国民众发挥才能、潜能和取得成就，就会毫无必要地剥夺使该国更加繁荣的源泉。但数千年来，这种障碍在世界各地不断涌现。

这样的障碍在有些国家更少或更弱，因而有创新性的个体和人群就会涌入这些国家，使这些国家得到快速发展。这些创新人群在原来的国家中遭受迫害，创新性被扼杀，他们选择出逃。17世纪法国胡格诺派教徒由于受到宗教迫害而出走,他们造就了伦敦的制表业,并使瑞士成为世界首屈一指的制表大国。[28] 20世纪30年代,欧洲的犹太科学家在面临生存威胁时逃往美国,在美国成为第一个超级核大国的过程中扮演了核心角色。[29]在阿根廷、巴西、智利等拉美国家的现代工业创建过程中,移民及其后代也起了重要作用。[30]

同样,许多美国人白手起家,却创造甚至彻底变革了整个行业,如托马斯·爱迪生、亨利·福特、怀特兄弟、安德鲁·卡内基、大卫·沙诺夫,这些人带来的影响遍及美国甚至全世界。因此,当有人宣称进入21世纪,美国社会流动性急剧下降时,人们对此很担忧,经常用"社会公平"的倒退来表达这种担忧,而社会流动性的下降会影响一国的整体经济命运。

正如诸多富有感情色彩和政治影响的词汇一样,"社会流动性"和"社会公平性"也没有统一的定义。词典中把"流动"(mobile)定义为"任何可移动的物体"。显然,倘若按此定义,一辆有500匹马力引擎的汽车也是流动的,即使在某时某刻或大多数时候这辆车都停在路边。而另一辆只有250匹马力的汽车作为出租车大多数时候处在移动状态,却不会被认为更具移动性。流动性(mobility)是事前的,移动(movement)是事后的。

类似地,我们认为流动性指的是移动的自由或选择权,而通常流动性被定义为"有多少人事实上移动了",这两者完全不同。定义上的这些差异不仅是语言偏好那么简单，它们所谈论或暗指的内容完全不一样。

举个极端的例子，即使社会中没有阻碍个人向上流动的障碍，该社会也可能没有群体向上层流动；相反，虽然社会存在阻碍个人向上流动的障碍，特定的群体仍会克服或规避障碍向社会顶层爬升。

简言之，我们无法通过一个社会有多少人实现了向上跃升来判断社会流动性，也就是向上爬升的机会多还是少。这不只是社会给予多少机遇的问题，它同样取决于个体或群体的行动。在特定案例中事实究竟如何，这是一个实证问题，我们不能让这个问题因词汇界定上的文字游戏而化为虚无。在社会流动性这个问题上，个人选择及个体对自己的决定负责很重要。社会并不能完全决定所有的事情，虽然有许多人不相信这一点。

如果低收入群体的本土美国人实现向上流动的比例没有低收入移民群体——如华人和古巴人——那样高，那么问题就来了：是否存在阻碍本土美国人向上流动，而移民却能豁免的外部障碍呢？这种假说可以说毫无合理性。更可信的解释可能是，低收入移民有着迥异于低收入美国人的态度与价值体系。

换言之，流动性作为机遇对于两类人是均等的，因此真正的问题在于是否有外部障碍或内部文化能够解释两者在流动性上的事实差异？这个问题意义重大。倘若底层美国人无法像过去那样不断向上攀升，而移民却能够不断崛起，那么就要像下一章那样，从政治因素探寻低收入美国人的境遇不断恶化的原因。

同时，我们要思考那些用经济规模扩大或缩小多少来度量社会流动性的研究。正是这类研究让人们得出结论：作为机遇的社会流动性在美国下降了。

即使我们限定讨论的框架，将流动性定义为向上流动的数量，我们仍然会面临不同的问题。例如，度量社会流动性可以通过：(1) 个人一生中收入与财富增加了多少；(2) 代际间收入与财富增加了多少；(3) 最新一代人的社会地位与他们父母的社会地位的差异有多大。

就第一个问题而言，一系列研究发现，个体一生的收入与财富都会经历大幅提升。[31] 户主年龄为 25 岁的家庭仅有 13% 能够挤入收入前 20%，而户主年龄为 60 岁的家庭这一比例达 73%。[32] 这一点毫不稀奇，毕竟大多数人在职业生涯刚开始时只是挣到新人的薪水，随着时间推移，积累了工作经验、技能与成熟度，收入也随之渐涨。

把社会流动性定义为一代人相对于父母一代的收入，是另一个完全不同的问题。幸运的是，近年来皮尤慈善信托基金会出版了两项很有名的社会流动性研究，分别是 2008 年出版的《领先或节节败退：美国的经济流动性》(*Getting Ahead or Losing Ground: Economic Mobility in America*) 和 2012 年出版的《追逐美国梦：代际经济流动性》(*Pursuing the American Dream: Economic Mobility Across Generations*)。这两项研究区分了各种社会流动性,许多引用者却没有做到。皮尤基金会的研究有一项衡量指标是:"一个人现在的收入、所得或财富是高于还是低于他的父母在同样年龄的所得?"[33]

答案是什么呢?"绝大多数美国人的家庭收入都高于他们的父母"。另外,"50%的美国人的财富高于他们父母在同样年龄时的财富"[34]。

另一个问题是:"一个人在收入、所得或财富中的排名相对于他们父母在同样年龄时,是更高了还是更低了?"[35]换言之,子女在同代人收入序列中的位置相对于他们的父母是更高了还是更低了?该研究的答案是"父母处于财富阶梯最底层的群体,其子女有66%仍处于最下两层,而父母处在财富阶梯最上层的群体,其子女有66%仍处于最上层"[36]。

基于这项重要发现,许多评论家认为今天美国的流动性已然变成了一个神话。但是,皮尤基金会在这两项研究中都警告过,由于缺乏历史数据,他们的研究对象并不包括移民[37],因此只能用于研究美国本土家庭。皮尤基金会在2008年的第一份研究指出,他们的研究并不适用于美国移民家庭,对后者而言,"美国梦是鲜活的且能成真的"[38]。这一警告非常重要。

倘若低收入移民能向上流动,而本土出生的美国人一代又一代的相对经济地位几乎无变化,这就已经表明,美国社会仍然为人们提供经济上向上攀升的机会,只是并非所有族群都能把握住这样的机会。

智 力

关于不同种族智力的研究文献多且杂，尚未达成一致。但对于探寻当前个体或族群间经济不平等的人而言，实际的问题不是人天生的智力潜能，而是在成长中发展的人力资本，这一人力资本伴随他们成年后工作、学习、创业或从事科学研究。

这种后天发展的能力不仅在种族或民族间差异明显，而且在生活在中心城市的人们和生活在与世隔绝的山村或其他毫无希望地区的人们之间也有较大差异。这并非现代社会才出现的新现象。我们前面提到，几千年前古希腊远远领先于古代英国。在古罗马帝国时代，西塞罗警告他的罗马同胞不要买英国奴隶，因为他们极难教化。[39] 鉴于当时未开化的英国部落与古罗马复杂社会间有着巨大的文化鸿沟，这种情形是必然的结果。通过观察数个世纪的历史，如今我们能够清楚地意识到这一人力资本的差距不会一成不变，当然我们并不是否定它在当时是存在的且产生影响的。

如今，虽然基因决定论的幽灵仍在游荡，但许多人不愿承认不同种族在智力上存在较大的差异，人们认为能够展示这种差异的测试"带有文化偏见"因而加以否定，而关于这种差异的历史证据又被他们当作"刻板印象"而不被认可。不同种族在雇用和晋升中的不同模式被当作"种族歧视"的证据。那些展示智力差异实证证据的人经常被扣上"种族主义者"的标签而受到指责。有这种反应的不只是种族领袖或发言人或对种族票区负责的政治家,还有许多学者和一部分美国高等法院的法官。

这种逃避或抹黑实证证据的做法注定徒劳无功,毫无必要,不过也有一些其他的实证证据反对基因决定论。例如,来自与世隔绝的山区的美国白人,不光是个体或家庭,整个社区的平均智商接近甚至低于非洲裔美国人的平均水平。[40] 第一次世界大战中对美国士兵进行的智力测试也显示,来自南部州的白人士兵智商低于来自北部州的黑人士兵。[41] 尽管这样的证据削弱了基因决定论,但并不代表智力差异就没有相关性,就像在罗马帝国衰亡几个世纪后英国取得的巨大成就无法否定罗马帝国时代英国人的智力水平无法与罗马人相比一样。

预测的可靠性

通过智力测验来度量智力水平存在很大争议。但不论怎样定义真正的"智力",都应当区分智力测验的预测可靠性与它能否度量"真正的"智力。显然目前任何智力测验都无法回溯测量"天生的智力水平",即人在出生时的智力潜能,这正是有关先天智力的争议所在。测验的预测可靠性是又一个统计问题,我们关注的是测试结果与个人在学校、工作及其他活动中的表现的相关性。

看起来显而易见,但是在里程碑式的戈里格斯诉杜克电力公司案中,美国高等法院的裁决要求雇主"验证"哪些测验对少数族群影响不同——当这些测验"与工作能力测试无关"时。[42]

换言之，根据高等法院的判决，测验与工作相关的合理性是一个标准，而这种合理性是由既不懂技术又没经验的第三方来判断的，而不是基于客观的测验得分与工作表现之间的统计相关性。倘若飞行员的 IQ 测验得分与空中飞行表现相关，这就表明测验的预测能力是可靠的，即使 IQ 测验中没有一道题是关于驾驶飞机的。不管如何定义真正的"智力"，也不论是否能够度量天生的智力潜能，只要 IQ 测验的结果与飞行员接下来的表现相关，对于特定目的来说就是预测有效。

教育测验

许多测验受到批评，因为不同种族的得分往往不同，而雇用测验只是其中之一。一些对学生精挑细选的公立高中，如旧金山的洛厄尔高中或纽约的史岱文森高中、布朗克斯科学高中以及布鲁克林工程高中，都利用这类测验决定录取哪些学生。他们也受到一些种族群体的抨击，因为这些种族群体的学生被录取的比例很低。甚至全美国范围内的大学入学测验也广受抨击。

就像雇用和晋升测验一样，不同族群在入学学业测验中的差异通常很大。过去，史岱文森高中入学测验中犹太学生的通过率奇高，甚至有批评者指责它是"一所免费的犹太人预科学校"或"一座拥有特权的象牙塔"。[43]

如今,在史岱文森高中、布朗克斯科学高中以及布鲁克林工程高中占主导的是亚裔学生。这三所学校都基于学业测验来选录学生,亚裔学生数量最多,与白人学生的比例甚至超过 2∶1。[44]

对高中或大学入学学业测试的批评引发的问题,核心指向教育究竟是什么以及教育在更广大的社会中起着何种作用。这些高水平学校与大学的最重要价值,并不取决于那些通过入学选拔的学生给他们自身或群体带来的益处。这些机构最重要的价值包括学生在以后的人生中通过高超的学术技能——不论是在医学、科学或其他工作中——以及他们的工作带给全社会的益处。

问题不在于这些学校有多少毕业生进入哈佛大学,也不在于布鲁克林工程高中进入麻省理工学院的毕业生常年高于美国其他高中。[45] 这些对学生精挑细选的高中作为精英学校,真正的价值在于它们的毕业生能够比其他人给全社会带来更多的益处。

史岱文森高中、布朗克斯科学高中以及布鲁克林工程高中的学生多年来赢得的各类奖项,只是它们对全社会贡献的象征。其中包括西屋科学奖、英特尔科学奖、普利策奖和众多诺贝尔奖。仅布朗克斯科学高中的毕业生,就有 7 人后来获得了诺贝尔物理学奖,而史岱文森高中和布鲁克林工程高中的毕业生,也都有人获得诺贝尔奖。

学生成为脑外科医生对于学生个体而言当然意义重大,但对那些因此被拯救的众多生命而言意义更重大。以纽约的汤森德·哈里斯高中的一名毕业生为例。乔纳斯·索尔克（Jonas Salk）发明了一种疫苗，终结了小儿麻痹症带来的悲剧，对美国社会乃至整个世界带来了无可估量的贡献。

其他人取得了优秀的学业成就是人生中令人痛苦的事实。但在教育领域嫉妒优秀的人最终对社会是有害的，这不应受到鼓励。推动社会进步的主要是一小部分人力资本发展到更高水平的人取得的成就。

把斯岱文森高中指责为"一座拥有特权的象牙塔"或许显得很聪明，但聪明不是智慧。使用"特权"这个词很圆滑，如今流行把成就称作"特权"也是圆滑。这种流行扩展到教育话题之外，在其他领域也形成了有害的困惑。"特权"是事先就存在的，与事后取得的"成就"根本不同。那些因学业成就优秀而进入高水平教育机构的学生，也完全不同于基于人口多样化或政治私利而被录取的学生。

不论纽约的这些精英公立高中招收了多少犹太学生或亚裔学生，缺乏人口多样化似乎并没有给它们的教育水准或学生未来的成就带来负面影响。而教育水准和学生的成就才是这些学校存在的意义，它们不是为了展示一幅匹配流行偏见的图景而存在的。

有些人充满激情地呼吁保障落后少数群体的利益，却很少愿意用同样的激情进行实证研究，也很少有人愿意去考察少数群体是否真正从这些呼吁中受益。纽约教育系统的其他机构实行了平等主义原则以及人口多样化，但是这不仅没有提升黑人或西班牙裔学生在这三所高中的入学测验中的通过比例，反而拉低了通过比例。[46]

回到1938年，进入斯岱文森高中的黑人学生占比与纽约人口中的黑人比例相当。[47]但自此之后，这两个比例开始变得不再匹配。20世纪后半叶，进入斯岱文森高中的黑人学生占比骤降，而这一时期黑人的社会经济地位比1938年要高很多。到了1979年，斯岱文森高中的学生中只有12.9%是黑人。到1995年，根据《纽约时报》的报道，这一比例仅为4.8%。[48]到2012年，同样据《纽约时报》报道，黑人学生比例仅为1.2%。[49]

简言之，过去的33年间，斯岱文森高中的黑人学生录取率还不到原来的十分之一。而人们常常用来解释种族差异的因素，如基因、种族歧视、贫穷或"奴隶制的遗产"，都无法解释这一倒退。回到1938年，黑人面临的种族歧视与贫穷比如今严重得多。从代际上看，1938年的黑人也更接近奴隶制。很显然，其中有其他因素在起作用。

这种令人心痛又困惑的变化趋势，对那些遗传决定论或环境决定论者是一种挑战。这里的"环境"是指通常的社会经济学定义的环境。更早时候的黑人学生为什么更容易通过高标准的智力测验，进入精英公立高中？对于这一问题，找不到明显可信的基因解释。然而，使用社会经济定义的"环境"来解释更让人困惑，因为1938年以后，黑人的社会经济条件，不论是绝对意义上还是相对于总体而言，都有很明显的改善。除此之外，仅有的可能性是，这些年来黑人社区文化在某些方面变得更糟了。

黑人内部有不同的文化。其中一种是古老的南方文化，它也给南方白人带来了众多障碍。[50] 表现之一是在第一次世界大战期间，南方州的白人士兵智力测验成绩很低。[51]

美国内战后，数以千计的北方志愿者来到南方，他们肩负的使命是教育被解放奴隶的子女。他们的领导者在行动中，假定教育的主要目标是用新的文化代替黑人中的南方文化。这一前提得到公开宣扬[52]，这一点与我们如今的情况完全相反。我们今天认为，在教育中保留和赞美黑人文化很重要。

美国内战后，来自北方的教育者相当大比例来自新英格兰地区。他们努力用完全不同的新英格兰文化取代黑人的南方文化。由于经济资源有限，这仅仅在少数教育机构实行了。但就是这样的少数教育机构培养了与它们自身数量不成比例的众多领域的黑人领袖和先驱。[53]

其中一个机构是 1870 年华盛顿特区创立的全美第一所黑人公立高中。1899 年，该市的四所学术型高中（三所是白人学校，一所是黑人学校）进行了测验，该黑人学校的成绩高于三所白人学校中的两所。[54]

这一成功并非侥幸。尽管非洲裔美国人 IQ 平均值一直徘徊在 85 左右，这所黑人学校（名字不时有变动，1916 年以后叫邓巴高中）学生的 IQ 值在 1938 年至 1955 年间——除了 1945 年是 99 分——从未低于 100 分。[55] 该校入学时没有进行 IQ 测验，许多学生的 IQ 低于 100，但由于他们的学业成绩很强也被录取了。[56] 这所学校同样也没有"种族多样性"。1870 年至 1955 年间，该校学术上处于优势地位，并且在长达 85 年的时间里学生全都是黑人。

在那个年代，该校的大多数毕业生都能进入大学深造，不论是黑人高中生还是白人高中生，当时都很罕见。19 世纪末，该校的毕业生陆续进入精英大学深造，1903 年该校有了第一名被哈佛大学录取的毕业生。1892 年至 1954 年间，艾姆赫斯特学院录取了 34 名该校毕业生，其中 74% 顺利毕业，28% 获得全美大学优等毕业生荣誉。[57] 不只是艾姆赫斯特学院，该校毕业生进入哈佛大学、耶鲁大学、艾姆赫斯特学院、威廉姆斯学院、康奈尔大学、达特茅斯学院等老牌大学后，都曾获得过全美大学优等毕业生荣誉。[58]

该校的第一批毕业生在后来的职业生涯中成为进入许多领域的首个黑人。包括安那波利斯市的第一名黑人毕业生[59]，第一名应征入伍当上军官的黑人士兵[60]，第一名从美国大学获得博士学位的黑人女性[61]，第一名黑人联邦法官，第一名黑人将军，第一名黑人内阁成员。还有许多其他名人，如凭借在血浆应用上的开创性工作获得国际社会认可的查尔斯·德鲁（Charles Drew）博士。[62] 第二次世界大战期间，美国军中的黑人军官还很少，邓巴高中有许多毕业生成为军官，包括"上尉和中尉、大约 20 名少校、9 名上校和中校以及 1 名准将"[63]。

所有这些名人都来自同一所黑人社区的公立高中，这着实了不起。其中就有相关的文化因素在起作用，这所学校自创始起就拥有完全不同于贫民区的文化。前 10 位校长中有 7 位在新英格兰环境中接受教育，有 4 位从建在新英格兰地区的大学获得学位，有 3 位从欧柏林大学获得学位。欧柏林大学是一所由新英格兰人在俄亥俄州建立的大学，目的是将新英格兰文化移植到中西部。邓巴高中给每个学生分发行为手册，对学生在校内外应当如何言行讲得很清楚。[64] 而如今给这些学生教授这类价值观和行为举止会被批评者认为"举止模仿白人"。

当地黑人社区对邓巴高中学生与众不同的行为方式也没有视而不见。实际上，在华盛顿黑人中，邓巴高中引发了很大争议，以致后来的普利策奖获得者、《华盛顿邮报》（Washington Post）专栏作家威廉姆·拉斯贝瑞（William Raspberry）说，只要提到"邓巴"这个词，你就可以将这个城市里的中年黑人的任何社交联谊会变成不同派系间的冲突。[65] 在华盛顿黑人社区，对邓巴高中的怨恨就像对纽约老牌公立高中的怨恨或世界其他国家对成功者的怨恨一样。

当更现代的教学楼建成后，对于如何处置将被代替的邓巴高中旧建筑引发了争议。骄傲的校友与反对邓巴高中的黑人之间产生了激烈的冲突，最终演变成了联邦案件，提交给美国巡回上诉法庭来裁决。在华盛顿市议会提出该议题时，一位议员说："本市有些人说这所高中代表了黑人中的精英主义，这种精英主义不应该再次发生。让我说，我们应该把它夷为平地。"[66] 校友一方在法庭诉讼中败诉，邓巴高中的旧建筑被拆除。20世纪后半叶,贫民区文化在全美国各地取得了大量胜利,邓巴高中只是其中一例,而由此带来的影响扩展到了教育机构之外。

从20世纪60年代开始,社会氛围变了,其中包含对贫民区文化的颂扬,其实质是美国南方错乱的农人文化的一个分支。[67]这种文化却经常被当作黑人甚至非洲人独有的东西,即使证据表明恰恰相反。① 这一贫民区文化的影响无处不在,甚至来自中产阶级家庭的黑人年轻人也觉得有必要接受贫民区文化,包括其态度、价值观和行为方式,以显示种族团结,避免被冠以"举止模仿白人"的污名。否则在社交活动中,他们就可能遭受嘲笑、排斥甚至威胁和直接的暴力攻击。

传奇的篮球球星卡里姆·阿卜杜·贾巴尔(Kareem Abdul-Jabbar)描述了作为一名年轻人在这样的文化中成长究竟如何:

> 我所有的成绩都是 A,也因此别人讨厌我;我发音标准,别人就叫我"朋克"。为了应对这些威胁,我不得不学会一种新的语言。我举止得体,是个好小伙子,但不得不隐藏自我。[68]

---

① 例如,所谓的黑人英语与非洲毫无关联,反而与数个世纪前南方白人移民而来的英国某个地区有关。参见 David Hackett Fischer, *Albion's Seed: Four British Folkways in America* (New York: Oxford University Press, 1989), pp. 256—258。

这不是某时某地发生的单个事件,这种文化在全非洲裔美国人中的影响力不断增长。在俄亥俄州榭柯高地的富人郊区,各种族杂居,然而对当地黑人年轻人的一项研究发现,这些年轻人在学业上远远落后于同年龄段的白人。这背后的原因很容易探寻:黑人学生用在学习上的时间太少了,看电视和其他活动占据了他们太多时间。[69] 这不仅仅是简单的懒惰问题。当地黑人中存在着事实上的厌恶那些"举止模仿白人"的行为。根据对这些黑人学生的调查,研究者认为,"最受批评的'白人言行'是'谈吐得体'"[70]。换句话说,讲标准英语被当作种族背叛。

这位研究者说:"最让我震惊的是,这些来自医生和律师家庭的小孩,思考方式不像他们的父母。他们不知道父母是如何成功的。"相反,他们"把贫民区的说唱歌手当作模仿的偶像,他们学的都是娱乐明星"[71]。年轻人面临的正常激励大大减少了,因为不论学生是否学到了应该学到的知识,学校都会让学生升级。这样一来,年轻人会因短视而把教育丢在一旁,也就丢掉了未来过上更好生活的机会。当被问到为什么不认真对待学习时,榭柯高地的许多黑人学生说,不论成绩及不及格,都不会留级。[72] 毕业以后的生活显然不在他们的视野里。

还有很多成年人,降低了黑人年轻人认真对待学校功课的激励,其中不只有学校教师和管理者,还包括许多黑人领袖和发言人。后者就像其他国家落后种族的领袖和发言人一样,将他们族群的问题归咎于他人,把反对其他族群及其他文化描述为前进的途径。除此之外，许多知识界和教育机构的人士本着帮助黑人的精神，也赞同他们的主张。马丁·路德·金是抵制这种做法的黑人领袖之一，他说："我们不能总是责备白人，为了我们自己，有些事必须我们自己去做。"[73] 但这种观点并没有压倒前面提到的观点。

不只老牌学校中的黑人年轻人的教育在退步，贫民区学校更是被其他学校甩在后面，这如今也已经是习以为常的事，但是这种情况并非一直如此。有人可能会感到吃惊，1941 年的时候，纽约黑人社区哈勒姆区小学各班的测验成绩与同年级纽约下东区工人阶层社区的白人学校差不多。

1941 年 4 月，哈勒姆区小学 6 年级的学生在某些问题上答得更好，在另一些问题上则是下东区白人学校学生答得更好。1947 年 5 月，这两个区的 3 年级学生情况也是如此。1941 年 12 月的时候，哈勒姆区小学 6 年级学生回答问题都好于下东区白人学校的 6 年级学生。而到了 1951 年 2 月，下东区初中学生的成绩要好于黑人社区的一所男校和一所女校的平均成绩。[74]

简言之，从样本的情况来看，黑人社区学校和下东区学校的测验成绩没有极大的差别。这些都是普通工人阶层社区的学校，不论是白人学校还是黑人学校，在教育结果上不存在真正的差异。

此后黑人社区的文化逐渐退步。比起遗传理论和环境理论（环境通常被定义为周遭的社会经济条件，以区别于文化价值的内在变化），这种文化上的退步更能解释为何黑人教育倒退到今天这样的地步。在同一时期，黑人社区的社会退步还表现在其他方面，比如黑人儿童由双亲家庭抚养长大转变为绝大多数由单亲家庭抚养。

还要指出的是，尽管在许多黑人社区贫穷司空见惯，但1994年以后，黑人已婚夫妇的贫穷率下降到了个位数。[75]换言之，那些避开了贫民区文化泛滥的黑人比其他黑人在更大程度上摆脱了贫穷。

文化很重要。贫民区文化并不是新东西。但直到20世纪后半叶，这种文化还仅仅局限在贫民区，没有扩散到其他黑人社区。后来这种文化却受到黑人知识阶层和白人知识阶层的推崇。

学院与大学

平权主义与人口"多样性"标准在大学中也取得了胜利，甚至连精英大学的录取政策和在实际录取中也实行这一标准。那么问题来了，这种标准究竟对黑人和西班牙裔学生在大学及职业生涯中的表现带来了怎样的影响？平权政策能确保校园里有更多的少数群体学生，但无法保证他们能顺利毕业，更不要提从很有挑战性的数学、科学与工程等专业毕业。

虽然20世纪80年代加州大学伯克利分校录取的黑人学生数量增加了，但是毕业的黑人学生数量却减少了。[76]在接下来的十年间，加州大学取消了录取上的平权措施，于是加州大学录取的黑人学生数量略有下降，但毕业的黑人学生却增加了。西班牙裔学生的毕业人数也增加了许多。[77]这是因为加州大学各校区录取的少数族裔学生，不再仅仅是因为人口多样性，这些学生能够被加州大学伯克利分校或洛杉矶分校录取，是因为他们的学业符合入学条件。

取消平权措施之后，黑人和西班牙裔学生成功毕业的人数在接下来的四年间增加了55%；并且科学、技术、工程和数学专业的毕业生数量增加了51%；毕业学分绩点不低于3.5的毕业生数量则提高了63%。这些结果都证实了学术界长久以来对平权运动的批评：那些不符合这些教育机构录取标准的学生，有的无法顺利毕业，有的虽然毕业了，学习的却是相对容易的专业，而不是科学、技术、工程和数学专业。

由前大学校长威廉·鲍恩（William Bowen）和德雷克·博克（Derek Bok）合写的《河流之形》（*The Shape of the River*）一书认为，平权运动是成功的。该书广受称赞，但有以下几个方面的重大缺陷：

1. 该研究的目标是揭示平权运动政策下，学业资格不够但被录取的黑人学生表现得很好。但是，该研究的样本是所有的学生，包括与其他学生具有相同入学条件的黑人学生和因为平权政策而被录取的差一些的黑人学生。[78]统计数据中缺乏与问题对应的那些条件差一些但仍被录取的黑人学生群体的数据，就像《哈姆雷特》中没有丹麦王子一样。

2. 鲍恩和博克发现，在他们的样本中，"学校对学生的选择越严格，黑人学生毕业率越高"[79]，看起来这是一种胜利，但这并非对错配假说的检验。错配假说是指在一个特定的学校，白人学生和黑人学生的入学资格条件差异越大，两个种族未能毕业的比例差异也应该越大。要验证错配假说，就要选定具体的某个机构［特恩斯特伦（Thernstrom）著的《黑人和白人的美国》（America in Black and White）就是这样做的］，而不是将不同 SAT 水平的学校混在一起进行验证。这两项研究都使用了组合 SAT 成绩来衡量学业水平。《黑人和白人的美国》一书的数据表明，哈佛大学的黑人学生和其他学生的组合 SAT 成绩相差 95 分（分别是 1305 分和 1400 分），莱斯大学的黑人学生和其他学生的组合 SAT 成绩分差为 271 分。相应的退学率，哈佛大学的黑人学生比白人学生高 2 个百分点，而莱斯大学两者的退学率相差 15 个百分点。[80] 在鲍恩和博克的研究中，莱斯大学与普林斯顿大学处于一个集合中[81]，实际上普林斯顿大学不同种族学生的 SAT 成绩差别远小于莱斯大学，相应的退学率差别也小，仅为 4 个百分点。并且他们的研究在筛选高 SAT 成绩学校时完全忽略了哈佛大学。当他们聚焦于不同集合的比较时，眼里就没有"用同类学校来证实错配假说"。用加总法能获得统计上令人惊叹的结果，但用个体学校来检验时，这些结论就不一定站得住脚了。其他对个体学校研究的数据得到的结果也与《黑人和白人的美国》很相似，却与《河流之形》的结果相差很大。

3. 鲍恩和博克所使用的原始数据，其他研究者无法获得。[83]

鲍恩和博克的著作获得的称赞甚多，主要是因为他们的结论在许多地方广受欢迎，与他们在书中呈现的证据或逻辑的质量无关。他们的结论恰好符合流行的观念，这就足以使他们豁免而不必遵循结论与事实相符的要求了。

天生的潜力

后天开发的智力与天生的智力潜能相比不仅更容易测量，而且显然更重要。事实的确如此，天生潜力的重要性主要表现在它是后天开发智力的源泉或极限。不论雇一个水管工或是找一个外科医生看病，我们最想知道的是他们在水管工程或手术上的技能，而不是这一技能来自遗传还是环境。

20世纪初，基因决定论盛行，提倡这种观点的人往往假定遗传潜能决定了某些种族在智力发展上的"天花板"，认为群体中某些成员的智力水平决定了他们注定只能做"劈柴挑水"的工作，因此基因决定论者支持优生学，该术语引自弗朗西斯·高尔顿（Francis Galton），他主张让"劣等民族逐步灭绝"[84]。

优生运动跨越了大西洋。更引人注目的是，赞成这一优生运动的群体涵盖了整个意识形态"谱系"，在英格兰包括从温斯顿·丘吉尔（Winston Churchill）、尼维尔·张伯伦（Neville Chamberlain）这样的保守派到约翰·梅纳德·凯恩斯（John Maynard Keynes）这样的左派，再到费边社会主义的领导者，而在美国也同样席卷了从杰克·伦敦（Jack London）这样的社会主义者到保守主义偶像亨利·L.门肯（Henry L. Mencken）。

在那个年代，美国基因决定论者的许多论著展示给大家的，是东欧人和南欧人先天在智力水平上低于北欧人。当时从欧洲向美国的大规模移民已由最初的主要来自北欧地区转变为主要来自东欧和南欧，这就引发了对智力较低文化上又无法同化的移民涌入美国的恐慌。而当时人们普遍认为黑人天生劣等，这一观念深入人心，反而没有大量的研究文献。

在基因决定论的影响力达到顶点时，出现了不支持这些结论的实证证据。我们前面已经提到，以犹太人为例，其智商测验成绩高于全美国平均水平[86]，连智商测验先驱卡尔·布里格姆都放弃了其原先的观点。[87]还有人提到，军队智商测验中一些南方州的白人士兵成绩不及一些北方州的黑人士兵高。[88]这也使得最广为接受的"基因决定论"的种族版本"坍塌"了。

这样的结果不仅不支持基于基因决定论的黑人-白人智商测验差异，而且与北欧人天生智力优于南欧人的假设也不一致，因为定居在美国南部的白人主要是来自英国等假设中更优等的北欧人，而来自东欧和南欧的大规模移民主要定居于北方[①]。

在第一次世界大战期间，研究者对黑人士兵智商测验成绩

---

① 智商测验中美国南方白人的成绩较低与这一事实是一致的。即使不是大多数，至少也有许多南方人是来自英国某些在文化上隔绝的地区，这些地区很晚才汇入英国的主流文化，曾被历史学家亨利·巴克尔（Henry Buckle）称作"贫穷且无知"的苏格兰人促使苏格兰崛起并成为工业革命前沿也是后来的事情。参见 Grady McWhiney, *Cracker Culture: Celtic Ways in the Old South*（Tuscaloosa: University of Alabama Press, 1988），p. 56。

的深入考察，引发了对黑人文化水平的探讨。正如卡尔·布里格姆在重新检视自己的研究结论——关于非英语家庭长大的白人移民时，也引发了文化相关的问题。

当时接受军队智商测验的黑人的识字率很低，这是非常重要的考虑因素之一，尽管很少有评论者将其纳入讨论。参加军队智商测验的黑人士兵的低识字率会影响测试结果：他们能够更多地回答那些难度更大但无须理解书面意思的题目，却不太容易回答那些难度不大但需要理解书面意思的题目。

第一次世界大战期间，美军阿尔法测验的多个部分，黑人士兵的中位数得分是0。测验的问题包括"是"和"否"是一对反义词、"黑夜"和"白天"是一对反义词、"苦"和"甜"是一对反义词等诸如此类非常简单的问题，任何懂得"反义词"含义的人都不会答错。考虑到黑人识字率低这样的事实，我们就能理解黑人的测验结果了。

对不识字的士兵进行军队贝塔测验，问题包括看一堆积木的图片，判断有多少个积木，有些积木直接看不到，但依据积木堆积的形状可以进行推断。这些不识字的黑人士兵在此类题目上得到0分的比例低于一半。这些题目在智力上更有挑战性，但不要求理解"反义词"这样的字眼。当时，在差一些的南方学校，许多黑人所受教育可以忽略不计。

鉴于那一代黑人接受的教育少得可怜又很差，即使从技术上看，识字的黑人也不太可能有很大的词汇量。完全不识字的黑人在更有挑战性的题目上的表现比有一定阅读能力的黑人在更简单题目上的表现更佳,这也就不难理解了。[89]

数十年后,移居新西兰的美国教授詹姆斯·R. 弗林(James R. Flynn)的一项研究指出,IQ 测验的原始成绩会在一到两代人内提高一个标准差甚至更多,并且这种现象已经发生在十几个国家中。[90] 这就不得不让人怀疑"IQ 测验的成绩度量了不变的基因禀赋"这一观念了。

随着测验的正确率不断变化,为确保 IQ 平均值保持在 100,IQ 测验的标准也在不断发生变化,这掩盖了 IQ 原始成绩大幅提高的事实。其中包括非洲裔美国人的原始成绩,尽管标准改变后他们的成绩只维持在 85 分。用 1947—1948 年的标准来衡量,2002 年非洲裔美国人平均答对的题目得分为 104 分,也就是说,略好于 1947—1948 年全美平均分。[91]

IQ 差距是否或多大程度上源于遗传,这是有待回答的问题。即使是某些方面如身高,大家都同意主要由遗传决定,但并不是说所有的身高差都是遗传决定的,更不是说在某些情形下,遗传之外的其他因素不会造成身高的变化。

例如,从 18 世纪初到 20 世纪,英国人的平均身高曾经高于法国人,1967 年以后两国的平均身高持平。[92] 从 19 世纪中期到 21 世纪初,荷兰年轻男性的平均身高从 1.62 米增高到了 1.82 米。[93]

20 世纪初流行的基因决定论不过是将人类一千年历史中的一小段推而广之得出的,因此即使没有这些实证发现,它也会受到质疑。当时在讨论美国移民法案时经常被提及的主题就有：来自南欧的移民在教育和其他方面不如北欧人，并且这种劣等是天生的、遗传的，而且是持久的。[94]

过去数百年里，北欧国家确实在经济、科技等许多方面都超过了南欧，但在古代南欧却远远领先于北欧。没有迹象表明两地人的基因发生了变化。同时，经过几百年，曾经领先于所有欧洲国家和日本的中国落后了，日本赶超了中国，这些地方的人的基因同样都不曾有过变化。

换个方式看，我们会发现相似的地理环境会产生非常相似的经济与社会模式，即使这些不同地区的人种族不同，也毫无基因上的联系，比如世界各地不同地区的山地社区。基因决定论者必须解释不同群体间的这种非基因决定的偶然相似性，他们还必须解释，落后的群体，如加那利群岛的岛民、撒哈拉以南非洲各地以及澳大利亚土著，为什么会长期与世隔绝。

有许多白人的IQ得分与非洲裔美国人一样，甚至更低。美国人平均IQ得分包含了不同种族以及不同个体间差异巨大的得分，所以将各个群体的平均值与全美国平均值比较都非常独特，但事实却并非如此。在欧洲向美国大移民的时代，来自西班牙、意大利、希腊、葡萄牙和波兰的移民的IQ得分并不比非洲裔美国人高。[95]其他还有一些白人族群的平均IQ得分也不比非洲裔美国人高，包括美国山区白人、英国运河船民、苏格兰赫布里特群岛讲盖尔语的白人。[96]

简言之，基因决定论者想要用基因来解释不同种族取得的成就背后蕴含的社会模式，既不必要也不充分。不论基因在医学或其他科学中有多重要，遗传因素和环境因素对于不同种族的智力究竟有何影响仍是有待求解的问题。

即使我们接受 IQ 测验是普遍适用的智力测验，黑人的 IQ 得分上限也高于白人的 IQ 平均得分，尽管整体上前者的 IQ 得分低于后者。20 世纪初的基因决定论者提倡的优生议程有一项隐含的假定，即特定种群的智商水平存在"天花板"，而不是单纯的智力平均水平在某时某地更低。

即使在智力潜能差不多的族群中，不同群体因环境不同而具有不同的生育率和生存率，最终造成智力平均值的差别。换言之，即使 IQ 的上下限没有变化，环境也能改变 IQ 的统计平均值。例如，有人提出，未能重新审视"当今的福利政策"助推了黑人社区低收入家庭更高的生育率，这可能是我们这个社会在对待黑人上最大的不平等。那些无法通过军队智商测验的黑人，有四分之三来自有四个或四个以上小孩的家庭。[97]

不论哪个种族，父母是专业人士的家庭，儿女数极少会超过 3 个。但对于高中辍学的未婚少女妈妈，生育 3 个以上孩子很普遍。一旦她们挥霍了教育机会，在一个没有好机会的世界中，孩子就成了他们的"餐票"。美国政府的政策人为地提高了母亲是未婚辍学黑人少女的比例，这对于黑人群体或全社会都无益处。

对基因决定论的抵制在此之后产生了一种社会哲学，这种哲学与基因决定论一样缺乏证据支撑。今天的文化多元主义者拒绝承认"一些人在某时某地的成就优于或不如他人"。尽管古代希腊人很明显领先于英国人，而到了 19 世纪，英国人领先希腊人。今天一些测验表明，在某些事情上，一些群体远远优于其他群体，但这些测验结果被当作有偏误而不被理会。显然根据此种观点，在给定的时间或地点，一些群体优于或逊于其他群体是不可能的，即便可能，我们也不能公开承认。

这种对基因决定论的反应或过度反应对于落后群体尤其有害，因为它把人们的注意力和精力从许多能提升自我和让他们前途更光明的方法上转移开了，反而将他们引入了憎恨和抨击他人的死胡同。实际上，历史上有许多落后群体是通过提升自己摆脱了落后境地，实现赶超。

第 5 章

政治因素

> 1433年，大明王朝决定终止航海探险，并销毁船只和航海记录。这大概是人类文明史上犯下的最严重的政治错误。朝中权臣党争促使他们做出了这一决定，无人为帝国的长远利益着想。各类政府，不论是民主还是独裁，都可能染上这一致命的"疾病"。
>
> ——弗里曼·戴森（Freeman Dyson）[1]

除了地理和文化这样的长期性或一般性因素，特定历史节点的个别偶然事件也会影响经济社会结果。15世纪的明宣宗决定将中国与外部世界隔绝开来，这只是那些致命的政治决策中的一个。这些决策产生了始料未及的影响，改变了一个文明的历史轨迹。偶然事件会打断地理或文化等一般性影响，抹灭地理决定论或文化决定论。

西班牙政府资助哥伦布另寻一条经大西洋到印度的航线，这一决定不仅改变了整个西半球国家的历史轨迹，而且在相当程度上改变了欧洲。倘若日本政府没有做出轰炸珍珠港的历史性决定，也就不会在第二次世界大战战败后因美国的占领而引发深远的社会与制度变迁，那么今天的日本可能完全不同。

有时改变历史的偶然事件并非有意识的决定，它们可能是一场关键战役的结果，发生在混乱的战场上，交战双方在伯仲之间，结果却出乎意料。例如1815年的滑铁卢之战，胜利一方的指挥官威灵顿公爵称之为"一场几乎失利的战斗"。但他对拿破仑的胜利决定了整个欧洲大陆尚未出生的数代人的命运。

倘若希特勒不是一个狂热的反犹分子，那么美国不可能成为第一个拥有核弹的国家。因为当时世界很多重要的核物理学家都是犹太人，正是在那些为了躲避欧洲"反犹运动"而逃到美国的犹太物理学家的推动下，美国才有了曼哈顿计划。

不论地理、文化或其他影响因素如何作用，最终都会受到权力的制约——不论是政治权力还是军事权力。野蛮人摧毁了罗马帝国，使西欧的经济、文化和技术水平倒退了数百年。有研究估计，西欧用了一千年才重新达到罗马帝国时代的生活水准。[2]

政府有没有成型的机构、政府运行有没有效率以及政府制定的政策，都会影响一国的经济水平。今天我们视国家政府为理所当然，却忽视了中世纪的群落、氏族或部落社会花了很长时间才联合起来成立更大的集团，然后才有希腊、中国和法国这样的政治实体在世界舞台上崛起。

从我们今天的视角看，尽管中国作为国家很早就已成型，但一般意义上的国家出现得很晚，在人类文明发展中只是一瞬。更重要的是，国家的崛起不论是从时点还是完整性上看，都不均衡。我们需要考察在不同地区和不同时期，国家崛起的过程、速度以及完整性上的差异带来了怎样的经济与社会影响。

国家的兴起

中国的建立比英国和法国早数个世纪之久，而欧洲国家的形成又比美国早几个世纪。并且，国家的形成并非不可逆转。罗马毁灭了迦太基，波兰和其他许多国家被更大的帝国吞并，而其中一些国家在第一次世界大战后伴随着欧洲和中东帝国的分裂又得到重组。

人类超越古代的狩猎-采集模式，在中世纪形成了更大的政治体，其中既有政治方面的动机，也有经济方面的动机。更大的治理单元通常意味着有更大的力量保护整个社会或能够增进社会利益。部落或村庄无法生产和销售大量的商品，也不能利用专业化和规模经济带来更低的单位成本和更高的收益。这通常只有大规模生产的企业与产业才能实现，前提是有足够大的市场能够吸纳他们的产品。

城市也能因专业化而受益，只要对于生产的产品而言本地市场足够大。这样一来，专业化生产的工人能集中全部精力于一种产品或一个生产环节，如印刷或织布。虽然今天还有少数国家是新加坡和摩纳哥这样"一城即一国"，但通常而言，城市只是国家兴起道路上的一个"小站"。

社会规模变大有利于经济与社会利益，但并不意味着大社会就会遍地开花。在某时某地，小集团自发聚合为大集团可能也会滞后于同时代的其他社会，于是小而脆弱的社会会被大且强的社会占领或奴役。

为什么不同社会合并为更大的政治单元的速度存在显著差异呢？一个原因是一些社会与其他社会的交往与互动不仅更频繁，范围也更大。这样他们的民众与统治者在长期中能了解其他社会，并与其他社会的民众与统治者合作，通过试错慢慢解决分歧，缔结能给双方带来更大利益的纽带，这样双方均有动力保持并加深纽带联系。

这一过程在地理上相互隔绝的地区可能很缓慢，甚至不会发生。如巴尔干山区、大洋上分散的小岛或撒哈拉以南非洲的大部分地区，这些相互隔绝的地区在沟通与交通上受限，也就很难形成古代中国或罗马帝国这样规模巨大的国家，或者类似意大利或泰国这样中等规模的国家。

信任半径在大经济单元的建立中起着核心的作用。对于小社会集团聚合成大政治单元的速度与程度来说，信任半径也很关键。小型山区团体联合成大政府组织的速度就特别缓慢。一项地理研究指出，由于"各种障碍的存在"，"政治团结在山区的'出生'艰难又缓慢"。[3]

山区分散的居民有各自不同的语言和方言，阻碍了哪怕是最简单的交流。[4]同样，不论是否属于同一文化，宗族、部落、宗教差异与地理隔绝一同造成了山区居民的相互隔绝。在非常贫穷的山区，合作带来的经济收益很有限，这也降低了联合的激励。在较富裕地区，合作与联合的回报要高得多，由于拥有不同的技能和非常不同的自然资源，贸易会使相关的交易方获益。

不论是在阿富汗，还是在美国阿巴拉契亚山脉的山区，家族、部落之间的不和由来已久。[5] 地理分隔阻碍了山区居民发展出更大范围的信任关系或更大的容忍半径。用一位著名地理学家的话说，这种社会分隔带给山区人的是"微型版山地国家"和"侏儒共和国"。[6]

严格来说，确实存在较大的山地国家，如阿富汗，但是这些国家的政府难以有效控制他们名义上的领地。大约一百年前，多山地的阿富汗被描绘成一个部落林立且不存在"统一意识"的地区，甚至有人认为"阿富汗发展国民凝聚力的希望渺茫"。[7] 一个多世纪过去了，这一评价仍然有其合理性。

偶尔，外国征服会将政治联合施加给分散的山地地区，或者这种征服的威胁会使他们建立起抵抗联盟。但这种暂时的联合极少永久化，也没有使这些分散的地区发展为独立国家。

在这一点上瑞士是个例外。尽管瑞士的阿尔卑斯山有众多山脉[8]，使得生活在山中的人们也与世隔绝，但阿尔卑斯有巨大的山谷，有利于形成较大的聚集区，也有利于山区居民相互之间的交流以及与外部世界的联系。[9] 瑞士还具有其他山区缺乏的可航行水路，如日内瓦湖和琉森湖形成的封闭水路，它们不像其他经过山区的河流那样直接冲泻而下。

山区国家通常很小，而南美安第斯山的印加帝国是另一个更让人震惊的例外。该国占地面积90.6万平方公里，是瑞士的20多倍，大约相当于法国和德国加起来那么大。[10] 这是一片狭长而幅员辽阔的山间河谷，海拔稍低一些，适合发展农业[11]，也就形成了不同于其他山区的地理环境。其他山区的居民被分隔成小社区，因为山谷中可耕种的土地数量有限，而且地理障碍妨碍了人们的交流与交通。

不像其他缺乏大型可航行水路的山区，安第斯山有一个的的喀喀湖，它有100英里长，900英尺深，湖面超过3000平方英里。[12] 环湖而居的人们可以相互沟通联系。的的喀喀湖被称作印加帝国的发源地[13]，该帝国首都库斯科城位于两条河流之间。

安第斯山的山谷中还有众多美洲驼，尽管体型小，但在欧洲人把其他负重动物带到该地区以前是当地主要的驮畜。西半球的其他山区没有这样的动物。在此环境下，印加帝国在南美洲的西部崛起，并扩张成为一个南北长4000公里的大帝国。[14]

温带气候使得人们必定要在一年四季种不同的庄稼，并且储藏食物以越冬过春。而对于印加帝国，该地区特殊的气候条件带来了另一种挑战。它位于热带的狭长而高耸的安第斯山脉，该地区气候不同于典型的热带或温带气候。虽然印加帝国首都库斯科的白天平均高温大约为20~22.3摄氏度，但一年中不同时间降雨量迥异造就了季节性气候。

降雨的季节性，以及冬天夜间温度会降到凝固点以下，庄稼无力对抗这种干旱和霜冻，而且每一年的气候也会发生变化。这些因素使得印加帝国面临的生存挑战类似于温带地区的居民。为此，他们创造了大型食物储藏设备网络，遍布广袤的帝国，并发明了储藏易腐食物的方法。[15] 印加帝国的地理环境同温带地区一样,使其有必要发展自律性和广义上的人力资本。从任何气候意义上看,印加帝国都不是一个热带国家。

瑞士和印加帝国的特殊地理环境使它们成为例外。通常山地的地理障碍会使山区居民贫穷、落后,无法建立强大而运行良好的政治组织。但是,导致隔离和阻碍国家形成的地理特征并非只有山地一种。其他在地理上与世隔绝的地区,如加纳利群岛和撒哈拉以南非洲的部分地区,在文化上也相互分隔,并且比起生活在宽广大陆上彼此容易交流的人群,这些地区存在大量不同的语言阻碍了交流。

例如西班牙人发现加那利群岛时,当地人不仅贫穷落后,而且不知道有铁和其他金属。岛上的人群尽管与另一些岛上的人群同属一个种族,但使用的语言却完全不同,相互听不懂。[16] 撒哈拉以南非洲的人们早在一千年前就学会了铸铁,但语言的多样性同样造成了交流的障碍。在地理障碍相对不严重的部分撒哈拉以南非洲地区,部落规模比地理障碍严重的地区大。就像世界其他地区发生的一样,这些更大更发达的部落经常会占领或奴役小而落后的相邻部落。

中国的汉字有一大优势,它是一种非表音的文字,即使彼此不懂对方的方言,不同地区的人仍可以用书写来交流。政治上来说,这有助于各地语言不通的人形成大一统国家。

权力是相对的,小政治单位能否存活取决于一定距离内其他政治单位的大小和势力。之前我们提到,政治统一的障碍使得小社会在面临征服和奴役时很脆弱。尽管美国存在一种广泛的误解，认为"奴隶制度是基于种族的"，事实上奴隶制在世界上存在的数千年里，大多数情况下取决于谁更易受奴役，以及谁在攻击范围内。

欧洲人会奴役其他欧洲人，就像亚洲人奴役亚洲人、非洲人奴役非洲人一样。波利尼西亚人奴役其他波利尼西亚人，西半球土著也会奴役其他土著。"奴役"从词源上讲来自"斯拉夫人"，在非洲人被欧洲人套上枷锁运到西半球之前，斯拉夫人已经被欧洲同胞奴役了数百年。[17]

欧洲人并非特意选择非洲人为奴，在世界其他地方拥有陆军和海军的国家兴起后，能够不花很大代价不需要冒很大风险掠夺奴隶的地方变少了，所以他们才会到非洲。抢夺奴隶在非洲持续了很久，主要是非洲人奴役其他非洲人，然后在西非把一部分奴隶卖给白人，最后这些奴隶被带到西半球。并且，船只航程增加和国家财富增多最终使得将大量奴隶从一个大洲运到另一个大洲在经济上变得可行。这就造就了西半球奴隶制的主导模式是奴隶和他们的主人在种族上不同。

这样一种模式不限于欧洲人占有非欧洲人。有许多相反的例子，除此之外，在地球上许多地方，奴隶和他们的主人都既非黑人也非白人。

在很长一段时间里，缺少保护的欧洲海岸居民区和海上的欧洲水手都受到来自北非巴巴里海岸的海盗的侵扰，经常被掠去做奴隶。在1500—1800年间，巴巴里海盗奴役的欧洲人超过100万。[18]这比运到美国殖民地（后来的美国）的非洲奴隶还多。[19] 在奥斯曼帝国占领的东南欧，他们会把一定比例的男孩征兵为奴，让他们改变宗教信仰，训练他们，指派他们承担帝国中的民事和军事任务。[20] 奥斯曼帝国的白人奴隶并非只有这些。奥斯曼帝国的富人喜爱来自高加索地区的切尔克斯妇女，他们纳这些妇女为嫔妃。切尔克斯人也很珍视这个机会，当地母亲会极力推荐自己的女儿。[21]

撒哈拉以南非洲的大部分地区政治联合步伐缓慢，留下了许多小且脆弱的社会。这些地方的人们被其他来自更有利地理环境的非洲人抢掠为奴隶，例如沿海地区的人奴役不发达且相互更分散的内陆地区的人。[22] 白人从西非沿海地区的人手里买奴隶运到西半球。[23] 在东非，非洲人和阿拉伯人会抢夺更脆弱的部落并奴役他们。[24]

少数群体或弱势群体的另一种命运是被征服。不论在古代还是现代，帝国主义的后果之一是，帝国能够把被征服者组合成一个更大的政体，而这样大的单元远远超过征服者本身的能力。例如，罗马帝国将古代英国的独立部落合并成了不列颠尼亚，由一个统治范围涵盖该岛大部分地区的政府管理。四个世纪后，当欧洲大陆的罗马帝国本土受到攻击时，岛上的罗马人为了保卫帝国撤走了。英国再次分裂为各个部落，经济上也倒退了。

这样的模式往往重复出现，罗马人撤退的一千多年后，第二次世界大战结束，欧洲帝国主义在亚洲和非洲纷纷瓦解，各地也重新回归到分裂状态。例如，在尼日利亚被英国接管并组成尼日利亚之前，北方的富拉尼族部落和伊博人、约鲁巴族和其他部落从未联合形成一个统一的国家。

1960年英国殖民统治结束，尼日利亚获得独立，却深陷无休止的部落暴力冲突、可怕的内战以及一系列军事政变和反政变。所有这些都反映了部落间的敌对，当地土著自己无法形成统一的国家，只能由外部的帝国统治糅合在一起。这种独立后陷入极化和暴力的模式不止发生在尼日利亚。正如唐纳德·L.霍洛维茨（Donald L. Horowitz）在他关于国际事务的著作《冲突的族群》（*Ethnic Groups in Conflict*）中指出的："在许多前殖民地国家，独立团结让位于种族暴乱。"[25]

从地理上看，尼日利亚是撒哈拉以南非洲相当幸运的地区之一。伟大的尼日尔河和它的主要支流贝努埃河灌溉了该国的土地，上天还赐予了尼日利亚丰富的自然资源，包括铁矿石和大量石油储备。公元前数百年，当地人就学会了炼铁，在英国人到来以前，当地就已经发展了自己的城市和国家，虽然规模没有英国统治下的尼日利亚那么大。而就在英国统治期间，尼日利亚部落间的敌对暂时被压制住了，但从来没有真正得到解决。根据霍洛维茨教授的论述：

> 殖民主义者对部落种族产生的真正深远且意义重大的影响，是改变了政体的规模，它如今是原来的好几倍。所有的殖民地都是人为的，它们的统治没有考虑种族构成，只是在范围上数倍于它们所取代或吞并的政治体系。[26]

就像一千多年前的罗马帝国统治英国一样，尼日利亚也是征服者人为建立的。一旦征服者退出，尼日利亚也就难以为继，更不用说繁荣兴盛。尽管尼日利亚没有四分五裂，但却是世界上最穷、最动乱的国家之一。这更多是政治的产物，而非地理障碍或尼日利亚人本身的缺陷造成的。这一点从生活在美国的尼日利亚人令人印象深刻的成功纪录可以看出来：

2010 年，美国约有 26 万尼日利亚人，占非洲裔美国人的 0.7%。在 2013 年哈佛商学院的 120 名黑人学生中，尼日利亚人占到 20%～25%。早在 1999 年，美国学院和大学的黑人学生中尼日利亚学生占比很高，是尼日利亚总人口在黑人总人口比例的 10 倍。[27]

接近四分之一的美国尼日利亚家庭收入超过 10 万美元。[28]即使考虑到移民与留在国内的人有所区别，在美国制度下，尼日利亚移民进步的方式与他们之前在母国制度下难以取得同样进步之间的反差，类似于与移民国外的印度人长期比他们母国的人们表现得更好。这就启示我们，背后的原因可能是近似的，即尼日利亚的政治结构和现状让该国居民及其地理环境的发展潜力化为乌有。

在亚洲，英属印度的国家规模更大，但情况非常相似。印度次大陆上生活的人群非常多样，出于统治的便利而被英国人一同纳入统治下，这一政体并非当地人在解决了相互差异与纷争后自发联合起来的。1947年英国人离开后，印度的杀戮更严重。随着英属印度分裂为印度教主导的印度和伊斯兰教主导的巴基斯坦，据估计有接近100万人死于印度教徒和伊斯兰教徒之间的冲突。虽然这次分割旨在减少印度教徒与伊斯兰教徒之间的冲突，此后印度和巴基斯坦仍然深陷内部各族群之间的冲突，最终东巴基斯坦独立，建立了新的国家孟加拉国。很多印度人移居他国，免受本土政治、约束、缺陷和冲突的影响，他们就像生活在美国的尼日利亚人一样，长久以来在世界各地都很成功。尽管印度普遍很穷困，但是印度裔美国人在美国统计调查局跟踪统计的各个群体中收入最高[29]（摩门教徒和犹太人这样的宗教群体没有被跟踪统计）。

其他多民族的后殖民国家在帝国瓦解获得独立后，也出现了类似的内部动荡。一部分国家，如印度、南斯拉夫和捷克斯洛伐克，发生了分裂；而另一部分国家，如尼日利亚、斯里兰卡和菲律宾仍旧保持统一，但经济和社会深陷内部冲突。

这种历史模式再次证明了与世隔绝给经济和社会发展带来的负作用，同样也告诉人们，为什么过去两个世纪发生的交通运输与通信革命无法抹去几百年甚至上千年的隔离带来的影响。即使与世隔绝的地区也发生了彻底的交通与通信革命，那里的居民也无法赶上生活在文化域更广的地区的居民，因为在文化域更广的地方，居民千百年来熟知如何与其他居民合作，而那些生活在与世隔绝地方的人则无法这样做。

与世隔绝的人通常更贫穷，也更落后，这一事实也常常意味着交通与通信的最新进步对他们来说会有延迟，应用规模也更小。比如铁路这样的科技进步足以改变人生，19世纪上半叶，西欧各国就迅速建立了铁路，此后才传到东欧和巴尔干半岛的部分地区。

直到1860年，多瑙河和萨瓦河以南还没有铺设铁轨。[30] 之前我们提到，1853年火车对日本人来说还是完全新兴的事物，当时日本又贫穷又落后。四分之一个世纪以后，塞尔维亚才有了第一条铁路。[31] 而同时期，即使在美国工业化程度较低的南部也建立了亚特兰大铁路枢纽，它是内战中威廉·T. 谢尔曼（William T. Sherman）将军的部队穿越佐治亚州的摧毁目标之一。

帝国主义占领者建立的多民族国家的历史往往都很悲剧，这让人不得不怀疑由外来者建立国家多大程度上能够实现繁荣。按照美国最高法院的说法，种族多样性是社会力量的源泉，对政府来说是生死攸关的。[32] 这一点被反复提及，但如今我们也应该重新审视一下这一观点。很少有哪个词像"多样性"这样被持续不断地重复提及，却没有证据能支持它对经济或社会带来的所谓益处。相反，大量证据却证明它对社会和经济的害处。

人口多样性的支持者很少或从来没有对人口多样性国家承担的成本与获得的收益进行对比。印度的人口根据种族、语言、种姓等进行分类，可以分成很多部分。倘若多样性是优势，那印度相对于单一民族国家如日本应有很大优势才对。但很少有证据支持这种观点，相反，却有很多反面的证据存在。如同许多撒哈拉以南非洲国家一样，印度没有哪一种语言的使用人口超过全国人口的一半，不同族群的暴力冲突司空见惯。

克服多种族社会普遍存在的问题对于一个国家来说非常重要，倘若能做到也是了不起的成就。但宣称多种族能够给一国带来净收益，则是完全不同的问题。细细观察政治上单极化的多民族社会，我们就会发现，它们有许多让人头痛的问题。在一些国家，某个民族的人比其他民族更富有，这样的事实会被政治化。这些问题在此类国家很容易出现。

极化的政治学

许多因素会造成国家内部或国与国之间在收入和财富上的不平等。但政治上流行的解释是将不那么幸运的人看作是更幸运的人的牺牲品。一般的解释因素，如地理、人口和文化，缺乏这种政治上的吸引力，不论它们对于造成这种差异的因果权重事实上有多大。

每一个社会，无论富裕还是贫穷，总有空间可以提高生产力。看起来好像是这样，但也仅仅是"好像"。对于一个国家，特别是穷国，倘若其中一部分群体比其他人有高得多的技能或经济活动的经验，并且这些群体在民族或社会特征上是不同的，就会产生重大的政治问题。

从经济视角看,这一状况呈现的是有价值的机遇,生产率更高的人能够通过提供急需的人力资本使得整个经济体变得更有生产效率,从而让所有人都受益。此外,拥有这样人力资本的人能够促使社会中的其他人去掌握这种人力资本,他们可能通过示范学习,也可能通过与这一生产率更高的群体共同工作进行学习或在观察中学习,又或者是在学校学习这些技能。知识是少数"能够转移给他人而不会让留给自己的变得更少"的事物之一。

不过,从政治视角来看,问题就完全不同了。在第3章我们谈到,当生产率更高的群体在市场经济中自由竞争,会带来显而易见的不平等的经济结果,这会引发不太成功的群体的憎恨。许多落后国家的政治领袖对这种预期结果都早已知晓并且很敏感。

例如,马来西亚的马来人有一位政治领袖直率地指出:"不论马来人做什么,华人都能做得更好更便宜。"[33] 这就为实施有利于马来人的特惠政策提供了政治上的合理性,即歧视马来西亚的华人。同样是这位政治领袖的观察:

> 有少数马来人渐渐成为富人,不是因为他们自身,而是由于政府的政策,这个政府得到了绝大多数贫穷的马来人的支持。似乎是贫穷的马来人付出的努力让他们中间少数被挑选出来的人发财致富了,他们本身没有一丁点特殊的地方。但即使这些少数马来人不富起来,马来人中的

穷人也仍然会一无所有。华人还是住大房子，认为马来人只能给他们当司机。由于这些少数富有的马来人的存在，贫穷的马来人就可以说，他们的命运不是注定要去服侍那些富有的非马来人。从种族自我意识的角度看，这一自我意识仍然很强烈，于是这些马来富人的存在也许不恰当，却非常有必要。[34]

这种反应包含的已经不只是贫穷或嫉妒那么简单，而是憎恨。如果问题仅仅是嫉妒，我们就很难解释马来人以他们富有的马来苏丹为荣。[35]这些苏丹比马来西亚的绝大多数华人更值得嫉妒，因为他们比华人更富有，他们的财富主要来自继承，而不是个人努力。但相比于继承，个人通过努力取得成就更有可能对他人的自我意识带来威胁。不只是在马来西亚如此，其他地方也如此。

比如，美国的洛克菲勒的三位继承人曾被选为三个不同州的州长，而罗斯福家族的两名后代凭借继承的财富当选美国总统。反而是后来移民美国的亚洲人触怒了美国落后群体的自负。但这些亚洲移民许多是难民，他们在抵达美国海岸时没有什么钱，英语也很蹩脚，他们凭借辛勤工作从社会底层爬到了中产阶层，他们的子女在学校里表现出色，然后又进入久负盛名的大学念书。美国那些落后族群却什么也没做，更抓不住属于他们的机遇。

亚特兰大的韩国移民当仓管员，平均每周工作63个小时，其中五分之一的人甚至每周工作长达 80 小时甚至更久。[36] 纽约的韩国裔蔬菜水果零售商凌晨 4 点就到批发市场，以便挑选最好的瓜果蔬菜，并节省送货费用。[37]

来自这些亚洲家庭的子女在学校也表现出相似的工作伦理，但是他们优异的学业成绩却同样引发了憎恨，如同世界各国成功的成年人在落后群体中引发的憎恨一样。在美国纽约和费城的公立学校中，亚洲家庭的孩子经常遭受黑人同学的暴力，这种情况持续很多年了。[38] 教育部门对此却充耳不闻，没有阻止此类学校暴力发生，媒体人也没有就此发表愤慨的社论。但是当知识界偏爱的群体受到苛待时，这些媒体人就会随意使用"种族歧视"的标签。

就像今天移民美国的亚洲人一样，过去不同时期移民到世界其他国家的犹太人、黎巴嫩人和日本人也无钱财傍身，但他们具有丰富的人力资本，最终凭借人力资本富裕起来。而在他们之前就在此生活的当地人没有像他们一样很好地把握机遇，这些移民的成功于是引发了当地人的憎恨。这样的社会现象同样存在于一国内部，如一些群体迁移到别的地方后富裕起来了，也遭到当地人的憎恨。印度各地的马尔瓦尔人和孟加拉人、奥斯曼帝国时期的亚美尼亚人、尼日利亚的伊博人以及斯里兰卡的泰米尔人都是这类社会现象的例子。[39]

许多国家在政治上优先保护大多数群体的自负，而不是让经济体中拥有最好技能和天赋的人创造经济和其他收益。1960年尼日利亚独立后，北部的富拉尼人在政治上优先考虑的是赶走来自南部的伊博人,因为这些伊博人在英国统治时期占据了尼日利亚北部的专业和技能类岗位。虽然没有足够的符合要求的富拉尼人能够替代伊博人,但后者还是被逐出了尼日利亚北部,这一过程经常伴随着威胁生命的暴力冲突。结果北部尼日利亚只能雇用欧洲移民来顶替伊博人的位置。[40]

同样的例子还有很多。第一次世界大战后,由于同盟国战败,罗马尼亚占领了同盟国的部分土地,这些地方的大学有些在文化上属于德国,有些在文化上属于匈牙利。罗马尼亚政府在政治上优先选择了将德国人和匈牙利人赶出大学,即使当时绝大多数罗马尼亚人还不识字,更无法代替这些德国人和匈牙利人。[41]类似地,20世纪70年代,乌干达驱逐了亚洲人,结果整个经济崩溃。那些来自印度次大陆的亚洲人在乌干达已经控制商业部门有好几代了,将他们赶走之后,乌干达人根本毫无能力取代他们。[42]

这些例子并不是孤立的。伦敦政治经济学院的知名发展经济学家彼特·鲍尔(Peter Bauer)长期研究第三世界国家,他发现这些国家都有一个普遍的趋势:"对生产率最高的群体施加迫害,特别是这些人属于少数群体时更是如此,有时甚至将他们驱逐。"[43]

不论生产率更高的少数群体怎样有益于穷国的经济,他们的成功伤害了落后的多数群体的自负,因此经常遭到落后群体的憎恨。在玻利维亚,当一位本土血统的恐怖主义者被问到为什么参加恐怖活动时,他是这样回答的:"这样我的女儿就可以不再当你们的女佣了。"[44]第一次世界大战后，随着哈布斯堡帝国瓦解，捷克斯洛伐克建国，这个全新的国家的领导人将优待捷克人作为最优先的政治目标——这意味着歧视德国人。他们在接下来的30多年里制造了一系列对捷克人和德国人来说都是悲剧的事件。[45]

如果根本问题是贫穷或嫉妒，那么只要提高经济体的生产率，并帮助不掌握技能的群体也掌握生产性技能就能解决问题。但对于处于难堪的低人一等地位的人，这两种做法都无法让他们停止憎恨。

对那些沉浸在憎恨情绪的人，仅仅提高他们的生活水平是不够的。从憎恨者的角度看，首要的是将处于更优越地位的人拉下来。将那些更幸运的人处死甚至还不够。要从身体上折磨他们，在人格上羞辱他们，要让他们极尽卑微。这是一种普遍的模式，不论暴力的对象是菲律宾的华人、奥斯曼帝国的亚美尼亚人、纳粹德国的犹太人，还是卢旺达的图西人。

菲律宾的华人就是这样的群体之一。他们更高的生产率在经济上取得了更大的成功，也因此招来了暴力攻击。一项国际研究指出：

> 菲律宾有数百万菲律宾人为华人工作，几乎没有华人为菲律宾人打工。在社会的每个层面，华人都主导着工商业。全球市场的发展强化了华人的主导地位：外国投资者来菲律宾做生意，他们排他性地几乎只愿意与华人打交

道。除了一部分腐败的政要和少数西班牙混血贵族家族，所有的菲律宾亿万富翁都有华人血统。相反，所有从事低贱工作的都是菲律宾人，所有农民都是菲律宾人，所有家仆、所有住在寮屋的也都是菲律宾人。[46]

这项研究同时发现："在菲律宾，每年被绑架的华人有上百人，几乎肯定是当地菲律宾人所为。即使支付赎金，许多被绑架者也被残忍撕票，其中有很多还是儿童。"[47]

一项关于奥斯曼帝国的研究描述了1894年土耳其暴徒对亚美尼亚人的大屠杀，包括"将男人刺死，强奸妇女，将他们的孩子摔死"。[48] 1915年又发生了一次针对亚美尼亚人的死亡游行，数以千计的亚美尼亚人被杀死，许多妇女被强迫剥去衣服赤身裸体在城里游街示众。[49]

20世纪后期发生在卢旺达的事件也是类似的模式。胡图族人屠杀了数万图西族人。年轻的孩子在他们父母面前被杀害，先砍掉一只胳膊，然后是另一只。一位联合国官员报告说："接下来他们会割开这个小孩的鼻子，让他慢慢流血而死，在他死去之前割下生殖器，并扔到他们惊恐万分的父母脸上。最后父母会被分尸杀死。"[50]

类似的残暴行为代表了极度的憎恨和复仇心，不可能通过提高人均GDP来平复。可怕的报复性行动背后的感情不只是嫉妒心那么简单，更多的是憎恨，痛恨那些成功的人将难堪的低人一等的地位强加给他们并让他们受到伤害。

还有一个事实令人困惑和不安，一些群体对另一些群体施加可怕的暴行之前，曾友好和睦，甚至世代和平相处。只是后来后者变成了前者暴怒的对象。例如，《印度时报》（The Times of India）曾提到，1992—1993年孟买爆发了族群暴力冲突，平日友好的邻居转眼就开始了血腥的杀戮。

这种让人不安的模式提出了一个令人警醒的问题，种族冲突表面上的缓和多大程度上表示局势趋于平稳？与此同时，这种模式也意味着恐怖活动或许需要一定的"催化剂"来触发情绪。当然没有人能提前知晓什么时候"催化剂"会出现，即使在最平和的情况下，"催化剂"也可能出现，它可以是特定事件，也可以是一个技巧娴熟的煽动者。

1948年斯里兰卡独立后，该国和国外的观察家都认为主要的种族之间关系良好，甚至称得上是"热忱"。[52] 在此之前的半个世纪中，占人口多数的僧伽罗人和占人口少数的泰米尔人之间从未发生冲突。两个族群的精英阶层都受过良好教育并且西化了，和平居住在同一块西化的飞地上。

但是，斯里兰卡脱离英国殖民统治后不到十年，一个名叫所罗门·班达拉奈克（Solomon Bandaranaike）的人通过鼓动占多数的僧伽罗人反对占少数但更富裕的泰米尔人登上了总理职位。他发动了族群极化运动，逐步升级为暴力冲突，最终引发了长达四分之一个世纪的内战，内战中双方的暴行难以言说。班达拉奈克就是斯里兰卡冲突的"催化剂"。他本身并不属于愤恨的穷人，而是来自精英家庭，但他很擅长为了自己的政治目的鼓动他人的情绪。①

许多关于第三世界国家的政策讨论，就好像这些国家的根本问题是贫困，或是缺乏提高生活水平所必要的技能和知识。为了帮助这些国家进步，提供资金、设备和能带来技能的技术专家似乎是上策。但许多第三世界国家的民众都已经拥有了发展本国经济所需的人力资本。然而这些国家存在着政治障碍，无法发挥国民的人力资本，也缺少激励，少数群体无法将他们的技能投入工作中，同时占多数的群体却缺乏这些技能，这就造成了两个群体在表现和收益上的差距。

世界各国的情况各不相同，但是不论是在第三世界国家，还是在经济上更发达的国家，抑或是在多数群体技能更高超或少数群体技能更高超的国家，无一例外，那些追求领袖地位或落后群体选票的人都会给落后群体提供四样东西：

1. 向他们保证，落后不是他们自己的错。

2. 向他们保证，落后是他们嫉妒和憎恨的更先进群体造成的。

3. 向他们保证，落后群体和其他人一样优秀，不会比其他人差。

4. 向他们保证，与人口比例相匹配的社会经济利益和其他社会福利的公平份额是落后群体所需要的，也是他们应得的。

---

① 班达拉奈克的目的达到后——成为斯里拉卡总理，他也愿意软化他鼓动的极端主义，但是他鼓动的情绪不会消去，会自发"生根发芽"。班达拉奈克在当选后缓和了反对泰米尔人的立场，但被一个佛教极端主义者暗杀了。极化运动随后升级成毁灭性的内战。

有时还会附加某种对过去不公平待遇的补偿或作为生于斯长于斯的"大地之子"的特殊回报。

市场上的经济竞争会给予那些想办法脱离现实的人经济惩罚。选举中为选票进行的竞争会给予那些主张不同于流行观念的人政治惩罚。此外，种族领袖会不惜一切代价推动他们领导的族群隔离，即使事实已然表明全世界许多不同的人群之所以贫穷落后，主要因素之一正是隔离。

当落后群体聚居于一国特定区域时，这些群体的领袖会有动力脱离该国更发达的地区。如斯洛伐克人从捷克斯洛伐克独立，东巴基斯坦人从巴基斯坦独立并成立了新的国家孟加拉国。一旦他们不再是一个更发达国家的一部分，这些更贫穷的群体会在经济上受损，而他们的政治领导人则作为独立国家的领导人而获得更多的权力。后者也会全力鼓动作为独立国家的国民自豪感，而不去管这会让民众在经济上变得更好还是更糟。从精神层面看，民众可以摆脱他人总是胜过自己所带来的公开的难堪和个人的耻辱感，从而获得精神解脱。

有些地区和国家不存在分裂的政治条件，落后族群的领袖会全力推动文化隔离。例如，即使西班牙裔儿童的父母愿意让学校用英语授课，以更有利于子女在美国经济和社会中爬升，但美国一些地方的法律或政策却要求西班牙裔子女必须用西班牙语接受教育。[53]

在美国所有族群中，文化隔离程度最严重的是土著印第安人的后代，这些人仍生活在有高度法律自治权的保留地，人均收入不仅低于黑人和西班牙裔,也低于其他搬离保留地的印第安人。自20世纪80年代以来,离开保留地的印第安人构成了全部印第安人的绝对多数,其人均收入已略高于西班牙裔美国人;而仍聚居在保留地的印第安人,人均收入低于黑人或西班牙裔美国人,甚至还不到美国平均水平的一半。[54] 但是,美国印第安保留地的领袖仍充满对外界的猜忌,捍卫他们的特权,并不断在保留地印第安人中间推动隔离文化。

族群领袖总是愿意将落后群体的落后归罪于更先进的群体。而更先进群体对待落后群体也并非总是合适的或得体的,这就给了落后群体的领袖抱怨的机会,不管这种情形是不是由更先进群体和落后群体在经济、教育或其他方面存在差距造成的。

某些情况下,一些更先进的群体的确压制了落后群体的发展。但不能由于一个群体在经济和其他方面更成功,就想当然认为一切皆如此。在全世界许多国家,更先进群体对待落后群体并不友好,即便如此,这也不能证明没有了更先进的群体,落后群体在经济上会更好。

当古罗马攻占古代英国后,罗马人对待英国人非常恶劣。但这并不能说英国人的落后就是罗马人造成的。事实上,罗马人到来之前,英国就非常落后,在罗马攻占英国以及镇压大规模起义中,罗马军团以少胜多打败了英国军队。在镇压起义时,罗马人屠杀了上千名英国人,领导起义的女王为了避免罗马人的报复也自杀了。但到了现代,即使如温斯顿·丘吉尔这样的爱国者也会赞同："我们要把伦敦城归功于罗马。"[55] 因为古代英国人没有能力建造这样一座城市。

没有人相信奴隶制下的奴隶会受到优待，世界各地的种种记录都昭示奴隶遭受非人待遇。今天的非洲裔美国人与撒哈拉以南非洲的黑人有共同的祖先，但前者的生活水平比后者高出许多，这绝不是偶然。这个结果当然不能反过来证明奴隶制的正当性，就像罗马人占领西欧留下了文化遗产让西欧人的后代因此获益同样无法证明罗马人的残酷压迫是正当的。

今天的落后个体或群体的祖先遭受了不公正待遇，但不能自动将自身的落后归罪于此，而这种不公平待遇也带来了意外后果，即引进外来文化，使后代受益。将道德责难与不公平混同起来也许在政治上很有吸引力，但道德谴责并不能作为不公平的因果解释。尽管现在有一种倾向，人们从政治上特别是意识形态上将道德因素与因果因素混在一起来解释经济不平等，但世界各地的山区居民之所以贫穷，并不是因为有人到山上将他们的财富洗劫一空，而是他们本来创造的财富就不多。西班牙大规模劫掠印加帝国的财富是一种例外，而非普遍规律。

过去无法更改，这一点毫无疑问。历史和现今世界的情形都表明，建立和维持同代人之间的良好关系是怎样一种挑战。令人吃惊的是，许多人仍想象自己能够修正已死之人犯下的过错，并且没有意识到这将在活着的人中间引发新的危险的敌意。

福利制度

我们通常关注福利制度在物质上带给个体或群体福祉的影响。然而，它同样影响一国整体的生产力水平，进而影响民众的生活水准。此外，福利制度的影响并不止于经济，还会扩展到社会行为，对福利受惠者及与之互动的群体产生重大影响。这些影响并不完全来自福利制度，也来自与福利制度相伴而生的社会愿景，这些影响会改变人们看世界方式。

福利制度愿景

西方国家先有福利制度愿景，并在政治上流行开来，然后才开始建立福利制度。因此，评估福利制度的影响，我们应当将这一愿景的影响及形成的相关制度与政策的影响纳入其中。福利制度的愿景基于许多假设，其中有两点非常重要：(1) 许多人深陷贫困"泥潭"中，繁荣的社会有能力也有责任给予救济；(2) 陷入贫困的许多人完全没有机会像其他后来富裕起来的人那样能够过上好的生活。

即使社会规则是公平的，也就是说针对每个人的评价标准和奖惩标准是相同的，出生在南布朗克斯区的人也不可能与出生在高雅的林荫大道街区的人一样成功，不论我们怎样定义成功都是如此。倘若公平被定义为"让出生在不平等社会环境中的人有同等的成功概率"，情况将完全不一样。基于这样的

"公平"定义，古往今来的所有社会都是不公平的。

尼古拉斯·克里斯托弗（Nicholas Kristof）曾在《纽约时报》上十分清晰地论证了福利制度的愿景：

> 美国成功人士常见的一个幻觉，是认为他们之所以在人生"赛跑"中获胜，是因为他们努力工作和智力过人。
>
> 事实上，将他们与其他人区分开来的是他们出生在美国的中产阶级家庭，父母爱他们，读故事给他们听，让他们参加小联赛的各类体育运动，给他们办图书馆借书卡，送他们上音乐课。通过这些活动，让他们获得培育熏陶。从受精卵开始，这些中产阶级出身的子女就开启了成功的"程序"。[56]

就像个人、群体和国家所处的地理、人口和文化条件造成了经济前景不平等一样，个体出生和成长的社会条件也是不公平的。有史以来，人类便一直如此。毫无疑问，我们中有许多人不认同这种不公平，并且跃跃欲试想采取行动改变这种情况。他们会采取何种行动也将影响深远，但可以尝试的选项之一就是福利制度。

克里斯托弗先生对于这种人生的不公平现象如何反应？他批评那些人"既不自知自身优势，又不关心他人的不幸"。他指责他们是"政界心胸狭隘的人，或说得好听点，是对那些在生活中苦苦挣扎的人缺乏同情心的人",认为"部分地解释了为什么有人会反对扩大医疗补助计划和长期失业救济金计划,或对提升最低工资以便与通胀率保持同步等抱有敌意"。[57] 简言之,为了应对这种人生的不公平,克里斯托弗的方案是由政府将资源从更富有的人手中转移给不那么富有的人。当然,他没有对此类福利政策及愿景的深远后果发出警告,同样也不懂得这些后果会让那些更不富有的人或整个社会的净收益更好还是更糟。

有一种假定认为,人们反对最低工资法纯粹是因为对穷人缺乏同情心,这种假定忽视了大量文献中提到最低工资法的负面影响。这种负面影响包括失业的年轻男性增多,在街上游荡的年轻人对任何社会都不能算好处。

1938年,美国联邦最低工资法——公平劳工标准法案（Fair Labor Standards Act）——获得通过。但此后的十年间,战时通货膨胀提高了物价和工人工资,导致该法案中确定的最低工资比非熟练工人实际挣的工资还低。直到1948年,大部分地区的经济状况跟不存在最低工资法一样。当年十六七岁的黑人失业率低于10%。为了与通货膨胀水平同步,最低工资不断提高,这一年龄段的黑人失业率自此之后从未降到20%以下,在1958年和1975年分别是27%和45%。[58] 不论是农产品还是劳动,人为导致的价格高于市场供求决定的均衡价格,都会带来供大于求的商品过剩。这与有没有同情心毫无关系,这种过剩不以人的意志为转移,是由某一经济学基本原理决定的。

克里斯托弗及其他人都提出了这样一种常见的观点："奴隶制及之后对黑人的压制,给黑人留下的遗产是家庭破裂。"[59] 但是,在奴隶制废除后的一百年里,成长于单亲家庭的黑人儿童比例从未超过 20 世纪 60 年代福利制度大规模扩张后的 30 年间的比例。即便如此,人们仍轻率地不断重复着"奴隶制遗产"的观点,而无视福利制度带来的后果。

1960 年,22% 的黑人儿童由单亲妈妈抚养长大。35 年后的 1995 年,由单亲妈妈抚养长大的黑人儿童比例是 52%,单亲爸爸抚养的比例是 4%,还有 11% 的黑人儿童没有父母抚养,加起来占全部黑人儿童的 67%。[60] 这一年,贫穷家庭中的黑人儿童缺乏父亲抚养的比例高达 85%。[61]

支持福利制度的核心理由是贫穷。但贫穷这个词是不是有特定的含义?我们需要对它进行具体的定义。一旦定义完成,"贫穷"一词就被限定住了,既不多也不少,它与过去的定义完全不同了,即便人们还是会将它与饥饿、衣衫褴褛、狭小的住所等画面联系起来。而今天的美国,贫穷是由华盛顿的那些政府统计学家定义的。他们本身就是福利制度的一部分,因此他们对贫穷的定义是不太可能挑战福利制度愿景的。

举个例子,2001 年低于美国官方贫困线的大多数人家里都有中央空调和一个微波炉。实际上,这些物品在 2001 年官方定义的穷人中间的普及率已经高于 1980 年在美国全部人口中的普及率。2001 年大多数贫困家庭都装有有线电视,并且有至少两台电视机。到了 2003 年，这些家庭中接近四分之三拥有一辆汽车，14% 的家庭拥有两辆甚至更多辆汽车。[62] 过去的低收入人群居住在过度拥挤的小房子里，与之形成鲜明对照，今天官方贫困线以下美国人的人均居住面积甚至超过欧洲人的平均水平，更不要说超过欧洲的穷人了。[63] 正如一位多年研究拉丁美洲的学者所说的："美国的贫困线是墨西哥的中产线。"[64]

这当然不是说，生活在官方贫困线下的美国人没有什么问题。这类人的社会问题很严重，甚至经常是灾难性的。但此类问题并不是由于物质匮乏，往往是社会退化的结果。如今，福利制度思潮日渐流行，并成为普遍的未经批判的意识形态，这种社会退化反映的是当今时代的社会逆流。

进步与退步

非洲裔美国人群体在 20 世纪取得了巨大的经济进步，他们也经常被标榜为美国福利制度的受益者。但这种进步大部分，倘若不是绝大部分，发生在起始于 20 世纪 60 年代的"对贫穷宣战"计划之前，该计划标志着美国大规模开展福利制度运动的开端。

对大多数黑人而言，进步可以从 1863 年的解放黑人奴隶宣言算起。黑人进步很缓慢但从未停止。到 1900 年，绝大多数黑人不再是文盲，而罗马尼亚人还要等数十年才能实现，印度人更是在半个多世纪以后才能大规模扫除文盲。到了 1910

年，大约四分之一的黑人农民不再租种土地或不再是佃农，他们变成了土地的所有者或购买者。赫伯特·古特曼（Herbert Gutman）的巨著《1750—1925年黑人家庭史：奴役和自由》(The Black Family in Slavery and Freedom, 1750—1925) 告诉我们，在1880年至1925年间，"典型的非洲裔美国家庭从社会地位看属于下层社会，并且由父母当家"。1925年，纽约黑人家庭中由不到30岁的妇女当家的仅占3%。[66] 在福利制度扩张的年代，未婚少女妈妈变得很普遍。

找寻黑人贫困——尤其是早期真正的贫困——背后的原因并不困难。直到1930年，成年黑人的平均受教育年限是6年，[67] 大多是在比较差的南方学校完成的。那时，从年龄上算应该上高中的黑人孩子只有19%进入高中读书。[68] 1924年，第一所专为黑人孩子提供教育的永久性公立高中才在亚特兰大建成[69]，它是在当地黑人社区多年推动下才建立的。

1940年，有87%的非洲裔美国人家庭生活在贫困线以下。但由于大批黑人从美国南部迁到其他地区，黑人教育得到普及，也获得了更多城市工作的经验。到了1960年，生活在贫困线以下的黑人家庭比例下降到47%，黑人贫困率下降了40个百分点。这一趋势发生在民权运动和20世纪60年代"向贫穷宣战"的社会福利项目之前。在1960年到1980年的20年间，黑人贫困率又下降了18个百分点[70]——下降也很显著，但速率变缓了。可见，新民权法案和福利制度的政策对于降低黑人贫困率的效果，并不如宣传的那样巨大。

1965年通过的投票权法案（Voting Rights Act），使得选举中产生了更多的黑人官员。但在推动黑人经济进步上，20世纪60年代的民权法案没有带来类似的效果，甚至导致某些重要的社会层面开始出现退步。

尽管还有争议，这些社会退步中影响最大的是双亲家庭的减少。在第4章，我们已经看到，黑人教育因此退步，例如纽约史岱文森高中的黑人学生比例只有原来的十分之一。除此之外，犯罪暴力活动增多，包括贫民区骚乱，甚至一系列全国性的骚乱。第一起暴乱发生在洛杉矶，就在1965年投票权法案通过后的数天之内。

这起暴乱的爆发与当时流行的政治社会观念是矛盾的，这种观念不假思索地将黑人的问题归为白人不公正地对待黑人。尽管南方的法律条文和做法含有更普遍的种族歧视，但类似的暴乱在南方却不常见。[71] 相反，最严重的一次暴乱发生在底特律，在这次暴乱中，43人被杀死，其中有33名黑人。而底特律黑人失业率仅为3.4%，黑人的房屋拥有率也高于其他主要大城市[72]，但当时流行社会观念并没有关注这一事实。

黑人政治家和社区积极分子越来越多，也就出现了越来越多的种族领袖，推广他们的愿景，就像全世界其他国家的种族领袖向他们所属的落后族群推广的愿景一样。这一愿景将落后族群的问题归因为其他族群施加的恶意行为。非洲裔美国人获得的答案在原则上也与19世纪的波希米亚捷克人、20世纪的斯里兰卡僧伽罗人、新西兰毛里人等获得的一样：加强族群团结，寻求集体政治解决方案，并抵制那些更富裕族群的文化。

与其他族群的其他处理方式相比，这种办法的真实运行轨迹究竟怎样？不论是在媒体上，还是在学术领域，这一点都没有引起黑人领袖、黑人或白人知识阶层的关注。全世界许多国家的族群——例如华人、黎巴嫩人、犹太人、日本人——从贫穷到富裕的崛起过程很少参与政治活动。他们中的一小部分成员在富裕后完全能够承担政治生涯所需的"奢侈"支出，但他们很少作为族群的政治代言人开展政治活动。

长久以来，澳大利亚、巴西和美国的德国人以其不同寻常的政治冷漠而出名。他们的兴趣在于教育，以及其他能增进其经济地位的活动，这是他们最关注的。一些德国裔美国人——18世纪的穆伦贝尔格家族、19世纪的卡尔·舒尔茨和约翰·彼得·奥尔特盖尔德以及20世纪的赫伯特·胡佛和德怀特·D.艾森豪威尔——能够成为杰出的政治人物，并不是因为他们作为德裔美国社区的代言人，而是因为他们解决了全美国人民的问题。一直到第一次世界大战期间，德国裔美国人都很少去投票。[73] 即使在19世纪的波西米亚，当地的德国人在政治上受到攻击，他们最初的反应也是捍卫世界主义的价值观，然后才作为德国人群体去捍卫他们自身的利益。[74]

东南亚和西半球华人也同样如此，他们淡漠政治，专注于工作、教育和储蓄。这也许缺乏浪漫，但非常有效，也正是靠着这一点，犹太人、日本人和黎巴嫩人在移民他国时，能够从贫穷慢慢走向富裕。在一国内部，这一做法也使得当地少数人口，如尼日利亚的伊博人、斯里兰卡的泰米尔人和奥斯曼帝国的亚美尼亚人以及其他族群崛起。

也有相反的情况，如爱尔兰人是美国政治上最成功的族群之一。但他们摆脱贫穷的崛起之路，并没有像其他不关心政治的族群那样迅速。爱尔兰政治家在19世纪中期开始占据美国一些城市的重要职位，几十年间主导了波士顿、纽约以及其他大城市的政治机器，这种状况一直延续到20世纪。少数爱尔兰人因此获得了财富、地位和权势，但绝大多数爱尔兰人在经济上仍落后于其他美国人，甚至被一些移民群体甩在后面。

20世纪初，纽约的爱尔兰人有39%是非熟练工人，这一比例在当时纽约各族群中最高，另外有25%属于半熟练工。[75] 同一时期，纽约的第一代爱尔兰妇女中有71%给别人当家庭用人或私人仆人，到了第二代这一比例仍高达25%。[76] 到1930年，能够支付得起超过100美元房租的爱尔兰人比例刚刚超过俄罗斯人（当时主要是来自俄罗斯的犹太移民）的一半，还不到德国人的一半。[77] 需要指出的是，爱尔兰人大量移民到美国的时期比犹太移民早数十年，因此爱尔兰人在美国社会向上攀升的时间也更长。

落后的少数族群需要团结在代表他们利益的政治领袖周围，以便能够赶超领先的族群。不论这种观点看起来有多可信、有多鼓舞人心，历史告诉我们的却是相反的事实，成功的模式总是来自教育、工作技能以及家庭完整等因素，而不是政治。

尽管一些人很随意地用"奴隶制遗产"来解释今天黑人社区的缺陷，却很少有人去考察他们抱怨的事实，如没有父亲的家庭、犯罪率或其他社会弊病到底在哪个时期更糟糕，是奴隶制废除后的一百年里，还是在20世纪60年代福利制度愿景胜出后。非白人中凶杀造成的死亡率——在那个年代绝大多数是黑人被其他黑人杀死——在20世纪50年代大幅下降，到20世纪60年代又开始上升。1950年，非白人男性中每10万人有45.5人是杀人犯，1960年下降到34.5人，到1970年却上升到了60.8人。[78]

双亲家庭的破裂造成了其他方面的退步，包括依赖政府福利生活的人所占比例上升[79]、失业率上升[80]、犯罪率上升[81]，以及在全国许多城镇中对白人和亚洲人的有组织暴力犯罪增多。[82]虽然黑人民权组织和黑人公众长期以来一直反对种族歧视，但在2013年的一项民意测验调查中，黑人认为黑人中的种族主义者多过白人。[83]

在20世纪上半叶，黑人从南方移居北方时，不会讲标准的英语，他们的其他言行也暴露出教育更低或思维简单，这些都受到北方黑人的嘲弄。黑人报纸和民权组织如"城市联盟"会试图帮助这些教育水平更低、阶层更低的黑人适应更大范围的社会规范[84]，就像移民时代的爱尔兰和犹太民权组织帮助他们的同胞所做的一样。[85]

文化多元主义主张所有文化在正当性上都是平等的，都同样值得赞赏。20世纪后半叶，这种未经批判的观念逐渐流行开来，拒绝贫民区文化的黑人被指责为"举止模仿白人"，并被视作种族背叛。现在，即使是受过更多教育、更适应外部文化的黑人，特别是黑人青年，也觉得有必要吸收贫民区文化中的一些模式或习俗，或对这类文化表露好感，以显示种族团结，或仅是为了避免社会摩擦。简言之，文化适应过程已经逆转，对最小规模的那部分群体有利的贫民区文化，扩散到更大的社会范围，在许多方面造成了明显的社会倒退。

在反映20世纪上半叶黑人社区的电视纪录片中，当时的黑人比今天更贫穷，这些社区没有几辆汽车，但街头涂鸦或窗户防盗栏杆也更少。在20世纪上半叶，不论是哈勒姆区的居民，还是造访该社区的白人，都不会觉得受到威胁，而在如今的哈勒姆区和其他黑人社区，这种危险的感觉却无处不在。

1920年年底，许多白人经常去哈勒姆区的娱乐场所或参加私人举办的庆祝活动直到凌晨，经常到快天亮才回到他们在下东区的家里。许多人都有私家车，音乐评论家卡尔·范·维克顿（Carl Van Vechten）经常造访哈勒姆区，喝得烂醉走到街上，随便拦下一辆出租车回到他位于西边第55大街的公寓。[86] 20世纪30年代初，米尔顿·弗里德曼还是哥伦比亚大学的研究生。他和他的未婚妻经常去哈勒姆区的萨沃伊舞厅跳舞，他晚年回忆说，当时不必担心被抢劫或被妓女搭讪。[87] 一个居住在哈勒姆区并在曼哈顿中心剧院区演出的黑人女演员说："在凌晨一点钟，我会乘上第八大道地铁，到达小山顶站下车。不论怎样，我都不会感到害怕。"[88] 难以想象如今的哈勒姆区或全美国的其他贫民区还能如此。

非洲裔美国人社会的退步主要表现在公共房屋的环境中。这些住房肮脏不堪，充斥着犯罪和暴力活动，很多依靠政府福利生活的单亲家庭就居住在这样的环境中。这种情形在20世纪后半叶的美国司空见惯，但20世纪上半叶，情况却完全不是这样。事实上，两个时期都有种族隔离，但后期与早期反差鲜明，后期的公共房屋对申请者不加判断就同意入住。正如《纽约时报》报道的，回顾早期的纽约公共房屋项目，我们会发现：

> 没有闲置的发出恶臭的电梯，也没有被帮派控制用作毒品交易的楼梯间。20世纪40年代到60年代，纽约市的大多数公共房屋有维护良好的走廊、公寓和地面，以及充斥着自豪感的社区氛围。[89]

前后对比，不是物质环境不同那么简单。在早期公共房屋中生活的人有完全不同的生活方式：

> 在下着雨的星期六，大家的房门敞开着。孩子们可以从一间公寓溜到另一间，看电视上演的劳莱和哈台的喜剧或《牛仔卡西迪》。[90]

当时并非所有人都能买得起电视机，但是住在公共房屋里的人倘若有一台电视机，即使开着房门也不会觉得不安全，这样他们孩子的朋友就可以过来同他们一起看电视了。①

当时费城的公共房屋也有类似的氛围，黑人经济学家沃尔特·威廉姆斯（Walter Williams）正是在公共房屋中长大的，他描述到：

> 回到20世纪40年代，当时我们的家并不像后来那样以毒品、谋杀和午夜枪战而闻名。与今天相比，那时最明显的区别是居住家庭的构成。不像我的姐姐和我，我们一起玩的小伙伴大多数是双亲家庭。也许有其他单亲家庭，但我没有遇见过。大部分孩子的父母都努力工作，不论是房屋还是院子，都保持得很好。[91]

当时，公共房屋的墙上也没有涂鸦。到了夏天炎热的晚上，人们还会睡在阳台上，公寓第一层的人则睡在院子里。相邻街区的老年人坐在街上，围着一个桌子下跳棋或打纸牌。在那个年代，大多数人还用不起空调。[92] 后来的公共房屋和黑人社区的情形与之前完全不同：

> 枪战越发激烈，父母会让子女睡在浴缸里或床下，

---

① 与之形成对比的是，今天生活在官方定义的贫困水平的大多数人都用上了中央空调、有线电视，每一户都有多台电视机，但没有人敢敞开他们公寓的大门。

防止他们被流弹击中。居民要进入他们自己的房子、拿邮件或是乘电梯，都必须给提着枪的青少年进贡。许多人就像自己公寓中的囚犯，他们害怕遍布毒品空瓶、用过的避孕套和粪便的走廊，走廊里的灯也被抢劫犯和毒品交易者摘掉了。被忽视和遭到故意毁坏的建筑走向衰败和崩溃。有能力逃离的人早跑了，留在那里的更多是贫穷且萎靡不振的下层阶级。这些公共房屋越来越被其他一些美国人视作与世隔离且让人害怕的地方，它们已经成为瘾君子、暴力犯罪者和问题人士的避难所。[93]

公共房屋中的居民人口结构也跟早期有了很大不同：

> 有子女的家庭中，90%户主是妈妈，81%接受未成年儿童家庭补助计划的资助。据估计，1980年的时候，失业率高达47%。尽管芝加哥有超过300万人口，其中仅有约超0.5%的人居住在罗伯特·泰勒之家。但整个城市中，"11%的谋杀案、9%的强奸案以及10%的恶性袭击案都发生在这一片公共房屋中"。[94]

非洲裔美国人在教育成绩上的退步，以及表现为家庭瓦解、吸毒以及暴力犯罪活动上升的其他方面的退步，与英格兰下层白人的情况惊人地相似。从1960年开始，大西洋两岸都在经历此类社会退步。英格兰下层白人的生活方式发生了改变,并且与非洲裔美国人贫民区的变化非常相似。英国医生西奥多·达尔林普尔（Theodore Dalrymple）曾在一家临近低收入者的公共房屋的医院和一座监狱里工作过。他写的《底层人生》（Life at the Bottom）一书是这方面的经典著作,详细记录了在英格兰发生的一切。

对于公共房屋,他的观察是"就我所知道的公共房屋所在的街区,公共空间和电梯都充斥着难以消除的尿骚味。任何能弯折的东西都变形了"。[95]这些房屋除了物理上的衰败,还有相伴随的居民结构的社会退化。在英格兰低收入的白人社区里,未婚妈妈带着多个子女生活很常见,这些孩子的爸爸经常不止一个,他们没有一个愿意在经济上或在其他方面为孩子的成长提供支持。针对这些英格兰儿童的行为,达尔林普尔医生记录了一位50岁女士所遇到的麻烦。该女士独自生活在贫民窟,是他的一个病人:

> 这些孩子在她走出屋子时不停地嘲弄她,他们把臭狗屎放到她的邮箱里,以此取乐。她早就不指望这些孩子的母亲会制止这些行为,因为她们总是站在自己孩子的那一边,将任何对他们行为的负面评价视作对她们个人的攻击。她们不去纠正孩子的错误,反而用进一步的暴力来威胁她。[96]

将臭狗屎丢进他人的信箱里,这种行为不只是孤立的越轨行为,更是在这群人中间普遍的"表达对社会不满"的方式。[97]在学校,他们会殴打那些认真学习的学生以表达不满,这也是非洲裔美国人社区的孩子对待那些被指责为"举止模仿白人"的孩子的方式。在英格兰一些低收入群体中,孩子间的暴力冲突有时候非常严重,达尔林普尔医生就曾接诊过挨揍的孩子。[98]

在20世纪后半叶,类似的犯罪活动猛增。1954年的伦敦,人人都允许购买霰弹枪,当年发生的持械抢劫总数不过是12起,其中有8起所用的枪并非真枪。长久以来,英格兰以世界上最遵纪守法的国家之一而知名。虽然所有枪支购买都受到了严格限制,但持械抢劫总数在1981上升到1400起,到1991年上升到1600起。[99]一项学术研究发现,1957年之后的10年时间里,在严重犯罪中使用枪支的比例增加了100倍。[100]

知识阶层的社会观念在英格兰和美国均取得了胜利,这种观念不光是福利制度,还包括未加批判的对罪犯更宽大的态度。于是,英格兰的犯罪率跟美国一样,在下降了好多年之后,到20世纪后半叶突然又反转上升了。[101]这也是两国严重的社会退步模式的一部分。一个不加批判的社会,普通人共有的礼仪变成了可选项,也就不再是通行的礼仪。

英格兰与美国的另一个相似之处,是低收入移民的子女在学校的表现好于低收入本土家庭的子女。2013年英国的一项研究比较了各种族和不同国家背景的孩子的测验成绩,这些孩子全部来自收入极低的家庭,他们有资格享受学校提供的免费午餐。

在此收入组中，来自非洲和孟加拉国移民家庭的孩子有接近60%的时间达到测验标准，来自加勒比海黑人移民家庭的孩子有不到50%的时间达到测验标准，而白人本土家庭的孩子仅有30%的时间达到测验标准。在诺斯利区，白人小孩的这一成绩低于伦敦区的黑人小孩。[102]

表面看来，各种族的教育成绩好坏在英格兰与美国的情况差别很大。但是在这两个国家中，来自另一种不同文化的孩子在学校中的表现都好于本土出生的下层社会的孩子，在这一点上两国惊人地相似。人们通常用基因、种族歧视或"奴隶制遗产"等因素来解释非洲裔美国人贫民区学校的教育成绩不合格，但这些都不适用于英格兰的下层白人。结果上看，两国却很相似。

英格兰下层白人和美国贫民区黑人之间的共同点，在于数代人都接受了福利制度观念的灌输，这一观念传递给他们的是受害者情结、抱怨不公以及由于重重障碍使得他们毫无成功希望的观念。福利制度观念受福利制度项目保障，这些项目却补贴了不利于经济生产性甚至具有社会破坏性的生活方式。

与此同时，移民家庭不同于那些本土出生的低收入家庭，他们没有受到这一意识形态的影响，他们的子女无此负担，因而表现更好。达尔林普尔医生在《底层人生》一书中讲道："在我所在医院附近的公共房屋中有一些16岁的白人小孩，我还未见到有谁能算出9乘以7是多少的（我这么说毫不夸张），甚至3乘以7等于多少都会难住他们。"[103] 这是一个曾培育出莎士比亚和牛顿这样的大师的民族，为何如今许多年轻人连最基本的数学计算都不会了？基因决定论难以解释这一点。"奴隶制遗产"说或种族歧视说也无法解释此现象。

在英格兰，虽然表现糟糕的白人学生来自低收入阶层，但用贫穷来解释并不充分。因为这些孩子与前几代低收入家庭的孩子相比都退步了[104]，美国也是如此。达尔林普尔医生的父亲出生在一个贫民窟。但在那个更早的年代，即使是贫民窟的学校也会维持一定的教育水准，不像后来的学校那样造就一种抱怨不公的情绪或传递一种不公阻碍了成功之路的观点，以便迎合穷人。[105] 相反，早期的学校努力使学生获得摆脱贫穷所需的人力资本。[106]

福利制度给英格兰和美国带来的后果之一，是许多人由于能依赖其他人的产出来生活，因此不必开发他们自身的生产性技能——人力资本。它对整个社会造成的损失不止包括通过福利制度项目转移给社会中非生产性成员的那些益处，还包括那些项目受助者掌握技能后能够创造的更多的产出。

除此之外，一个不加批判的世界也滋养了人们凭借补贴生活而养成的反生产性生活方式，给社会其他成员施加了非常严重的精神成本。特别是对那些由于经济成本过高无法逃离这些街区的人来说更是如此。在这些街区，福利制度项目及其相伴随的社会愿景使得人们不再受文明行为规范的束缚，行为变得有攻击性且给他人带来威胁。此外，福利制度还增加了监狱、吸毒康复机构以及被遗弃或虐待子女看护所等方面的开支。

政府统计学家将某一部分人定义为"生活在贫穷状态"中，并且在这一群体中推动一种"依赖性"的文化，这样的做法有诸多错误之处。对于政客来说，具有依赖性的投票选民很有价值，而陷入狂想症的选民——对社会上的敌人非常憎恨，假想这些敌人费尽心机要让他们一直在社会底层——对政客的价值更大，他们扮演这些假想中的被践踏者的保护神的角色，以换取他们手中的选票。

许多福利制度项目不只向官方定义的处于贫穷状态的低生产率的人提供支持，也服务于福利制度相关机构和政客的利益。美国的福利制度机构的工作岗位、预算及权力之所以存在，是因为有大批依赖性人口。这些机构不仅通过广告宣传扩大福利制度的使用者，还会分派雇员到低收入社区的超市去告诉人们可以申请政府项目为他们的食品付款。

福利制度的初衷是为了帮助那些陷入不幸的人，因为人们无法把控这些不幸，但福利制度机构本身却成了"陷阱"，它们不仅给遭遇预料之外的不幸的人提供帮助，还给那些只是陷入暂时困境的人提供帮助，比如那些面临高昂医药费的人或丢掉工作的人。在美国的许多州，多种相互间缺乏协调的福利制度补助同时存在，总金额远远超过官方贫困线划定的收入水平，也超过这些低生产率工人在劳动力市场上能挣得的收入。[107] 很多人从疾病中康复或摆脱其他暂时性不幸后，深陷福利制度依赖症，重新回归劳动力市场可能意味着生活水平的显著下降。

如果一个人能挣 1 万美元，却要损失政府提供的价值 1.5

万美元的补助，实际上是对收入所得征收了超过100%的隐性税。即使是不这么极端的情形，福利制度项目的受益人重新工作，也就丧失享受政府补助的资格，这实际上意味着他们面临的隐形所得税远远高于百万富翁。长期以来这种负激励众所周知，然而不论是受益于福利制度依赖性的政客，还是在福利制度机构工作的人，都没有动力去纠正这一问题。毕竟这只对其他人是一个问题，这些其他人包括福利国家的受益人和纳税人。

我们已经看到，在许多国家，族群领袖是如何鼓动那些对他们有利却不利于他们所领导的群体的生产率的观念。在全世界各地，有很多从贫穷走向富裕的群体，但它们很少像仍处在社会底层的族群那样，有很多或很突出的族群领袖，这也许是它们之所以能走向富裕的重要原因。任何理性且消息灵通的美国人都能说出三四位黑人领袖，但他们很难说出一位亚洲或犹太群体领袖，且还能够将这些族群在经济上摆脱贫穷的成就归功于这位领袖。

有些人主张推动广义上的收入再分配和狭义上的福利制度政策，但他们通常忽略了福利制度也是造成收入不平等的因素。在美国，处在最低的20%收入组的家庭大多数无人参加工作。[108] 转移给他们的经济资源大多是非现金的住房补贴、医疗保险和其他补助方式。因此，用货币收入来统计的不平等数据大大夸大了生活水平的不平等，特别是对那些在福利制度政策界定的贫困状况下生活的人口更是如此，从生活水平上看，差距其实没有那么大。

由于福利制度政策已经扩张到了允许更多人不必工作就能活下去的程度，因而这些人不必去挣钱或发展自身的人力资本。福利制度政策的支持者谴责不公平，却恰恰在推动收入不平等的扩大。福利制度的观念对于建立和维持福利制度非常重要，它也给人们的态度和行为带来了负面影响，正如它在英格兰和美国所表现的那样。当然，这并不是说福利制度政策在各个国家的影响都一样，也不是说每个国家的福利制度观念都相同。毕竟如同其他情形一样，各个因素相互间的作用会产生不同的结果。

福利制度虽然提供了相同的机会，但这些机会与不同社会或同一社会的不同族群的已有文化价值相互影响会产生不同的结果。亚裔美国人与非洲裔美国人和西班牙裔美国人生活在同一个福利制度环境下，但没有屈从政策诱惑而变得不思进取。美国联邦政府庇护最长时间的族群是生活在保留地的美国印第安人，他们的人均收入比其他族群都低并且低很多，这并非偶然。

福利制度在不同国家或同一国家的不同群体之间面临着不同的文化环境。在瑞典、挪威、芬兰和丹麦这些国家，出生在收入最低的20%家庭的男孩成年时仍处在该收入组的比例低于美国。这可能反映了这些斯堪的纳维亚国家的福利制度所处的文化环境不同于美国。[109] 虽然这是有待实证研究检验的问题，但这种情形至少可以作为例证之一，即如同地理、文化、人口和其他因素一样，福利制度也不是在真空中运行的，而是与其他因素相互影响。我们不必像美国一样将福利制度推而广之，也不必认为福利制度是独一无二的。

无所不在的受迫害情结、对不公的抱怨以及认为自己应该获得权利，所有这些都会造成致命的后果——对他人的攻击。《冲突的族群》这本国际性研究著作指出，这种攻击在全世界各个国家非常普遍，"其中压倒性的都是由落后族群发起，而先进族群成为种族骚乱的攻击目标"[110]。

20世纪60年代福利制度愿景取得胜利后，全美国各地就爆发了贫民区骚乱，完全符合这种模式。后来类似的骚乱又多次重复发生。最近又出现了一种新的模式——黑人有组织地在购物中心、公园和海滩等贫民区之外的公共场所攻击白人。

贫民区暴乱的导火索或多或少是对特定事件的自发反应，即便之后流氓暴徒加入蓄意破坏和洗劫的行列，或职业种族积极分子点燃暴民的情绪使得骚乱升级。而新型的有组织地攻击白人显然是早有预谋或协商好的。大量年轻黑人男性会突然聚拢在一起，形成人数上的优势，然后对随机挑选的白人拳打脚踢。

攻击者的情绪往往也是狂欢而非愤怒[111]，被攻击者则会遭受严重甚至致命的伤害。曾有受害者说："我听到他们一边打人一边在笑。他们就像在郊外野餐吃着薯条一样。"[112]然而，知识阶层中的一些人仍然用"爱惹麻烦的年轻人"这样的口头语来描述这群狂欢的年轻暴民。

类似的种族攻击已经在几十个城市和小社区发生，范围覆盖美国东海岸到西海岸的每个地区。[113] 不仅仅是攻击本身，媒体报道和政治反应也是类似的，我们可以用一个词来概括最常见的反应：死不承认。

当攻击的规模过大、过于频繁或广为人知而难以忽视时，媒体的反应必定是故意撇去种族方面的因素，[114] 虽然这是攻击者最重要的特征。这些人把受害者说成"疯子"，或借口说"这是为了特雷沃恩·马丁（Trayvon Martin）"。虽然这些年媒体报道了美国各地发生的此类攻击，但每一次攻击都被当作孤立的地方性事件，不过是非特定的"年轻人"出于不明原因攻击非特定的"受害人"。

当监控揭露了攻击者和受害者的种族身份时，美国各地的市长和一个又一个社区警官都很快出面否认种族袭击。[115] 媒体并不需要在一开始否认这些袭击遍布美国各地，因为几乎没有媒体系统分析过这些袭击。《投资者商业日报》（*Investor's Business Daily*）是唤起大众关注这类毫无缘由的有组织种族袭击的少数媒体之一："黑人年轻人中的一些暴民在社交网站上组织起来，一起去抢商店、揍白人。"[116] 其他媒体也获得了相同的信息，但很少公开发布。

媒体曾短暂地关注过另一种形式的黑人袭击白人的方式——"击晕比赛"，它指的是攻击者对毫无防备的路人头部猛打一拳，目的在于将对方击倒，可能的话打晕对方。2013年，发生在纽约地区的黑人攻击犹太人的系列袭击案突然引起了每个人的注意[117]，而在2012年出版的一本关于黑人对白人的暴力犯罪的书中已经有一章描写这类攻击，标题就是"圣路易式的击晕比赛"。[118]尽管攻击者将这类攻击看作一场游戏，受害者却轻则受伤住院，重则丧命。在拳击赛场被击倒的人落在帆布拳击台上，而在城市街道上，被击倒者会摔在水泥地上。

对于此类种族攻击，许多人的态度是不承认或轻描淡写。他们或许相信这样做可以消除白人的反击，不至于升级为真正的灾难性种族战争。但这类攻击倘若得不到制止，是不太可能会停下来的，除非更广泛、更真诚地承认攻击的危险性，并通过公众给民选官员施加压力，促使他们采取更多实质性措施和更真诚的行动，而不是继续否认这些攻击的种族性。

一些人也许相信，不论是对非洲裔美国人还是对英格兰的低收入白人，同情这些更不幸的人的方式之一，是不去批判他们的出格行为，似乎免除某个群体遵守文明行为规范的要求，就能给他们及整个社会带来净收益。可野蛮行径在哪个社会都不能算是一种赠礼，反过来用暴力对抗野蛮也不是。族群间的报复行为，如第二次世界大战后捷克斯洛伐克的捷克人报复德国平民[119]，或20世纪后半叶发生在斯里兰卡僧伽罗人与泰米尔人之间的暴力与反暴力冲突[120]，都是一部血泪史。没有人希望看到这一幕在美国重演。

听任有组织的种族袭击在美国继续下去甚或纵容其进一步升级，或许不过是延缓了一场更大、更暴力的种族反击和种族极端化，因为不论主流媒体怎样遮掩，关于此类事件的信息一定会扩散开来。但就像对待其他事情一样，政治上对此类事情的反应通常是能拖就拖，即使这意味着未来的清算规模更大，会带来更具灾难性后果。除此之外，太多人在福利制度愿景中获得了太多既得利益——物质上的、政治上的以及观念上的，他们不愿将福利制度项目带来的消极影响以及随之而来的不加批判的观念，与广泛轻率的扩张的物质利益相权衡。

今天的许多美国人都很难想象一群白人暴徒攻击黑人。但在 100 年前，特别是 20 世纪的前 20 年里，"种族骚乱"一词就是指的此类现象。[121] 直到 1935 年，黑人发起的第一起大规模种族骚乱发生在哈勒姆区，情况才发生变化。从 20 世纪 60 年代开始，黑人引发的骚乱成为常态。在此之前事情可不是这样，以后也可能并非如此。一旦预言成为现实，它所造成的经济损失可能是所有后果中最微不足道的。

第 6 章

影响与展望

> 你怎样想的是你的权力,但不影响事实本身。
>
> ——丹尼尔·帕特里克·莫伊尼汗
>
> (Daniel Patrick Moynihan)[1]

与事实有关的问题显然不同于与价值、目标或政策相关的问题。对经济差异我们可以提出各种解释,并让这些论点接受事实的检验。而准确界定术语,以便阐明我们的分歧所在,这一点同样重要。对于问题有不同的观点在所难免,但需要澄清关于问题本身的混淆。

收入与财富差异

个人、种族、国家与文明间存在的收入与财富差异原因何在?简单来说,这个问题没有单一的答案。众多因素的综合影响造成了这种不同。本书列举的影响因素并不全,相信也很难有人能将全部因素列出来。我们从已经考虑的那些因素中可以清晰地看到,不论是国家间,还是一国内部,都不可能取得均等的经济结果,因为造成这些结果的因素差别巨大。有一种关于"富裕社会中的贫穷悖论"的陈词滥调,这种悖论只是对某些人成立:(1)不顾历史事实,头脑中有一种关于公平世界的偏见;(2)没有考虑政府界定"贫穷"的随意性。

当代福利制度的鼓吹者在推动公平时,主要致力于降低甚或消除群体间在收入或财富上的"不平等"或"差距"。但正如伦敦政治经济学院的著名发展经济学家彼得·鲍尔指出的:"促进经济公平与减贫不是一回事,并且两个目标往往是冲突的。"[2] 如果每个人的收入都翻倍,也就减少了贫困,但这同时会拉大收入差距与不平等。这一道理也适用于国家间和一国内部的差距与不平等。在物质层面,福利制度能够减少甚至消除贫困,但同时也会降低对人们凭借工作获取收入的要求,尤其如果人们通过工作获得收入后反而无法领取政府提供的各种福利,而这又会扩大收入差距和不平等。

在思考国家间经济差异时,人们经常提到一个问题,正如为人熟知的《国家为什么会失败》一书问的那样:"相比于美国,为什么埃及如此贫穷?究竟是什么阻碍了埃及人变富有?"[3] 这种思考方式将美国的发展历程当作规范正常化、一般化,问题也就变成了埃及为什么没有实现这种正常化、一般化的发展。但从全世界看,过去几百年间,埃及而非美国的情形更具有典型性。

影响财富创造的因素非常多,它们有无数种排列组合,我们无法认为这些因素的相互作用在埃及和美国一样。就好像埃及与美国发生龙卷风的频率不一样,因为影响龙卷风形成的因素非常多，它们相互作用产生了不同的结果。实际上，美国发生的龙卷风比世界上其他地方都多。[4]

美国形成龙卷风的地理特征或气候因素，从单个因素看没有什么是美国独有的，这些因素在其他地方都存在。例如，广阔的平原是形成龙卷风的因素之一，但在欧洲、阿根廷以及印度的很多地方都有平原。美国独有的是这些因素组合在一起：龙卷风出现在美国中部而非沿海地区，它在一年中特定季节的午后比早晨或午夜更常见。龙卷风大都发生在美国的原因正是这些因素的组合。

倘若我们关心的是龙卷风的发源与活动情况，我们就不会去探寻为什么埃及没有那么多的龙卷风。与此相似，我们也没有什么理由去探寻埃及或其他国家贫穷的原因。贫穷尤其是绝对的贫穷是人类历史上多数人的命运。但是，在《国家为什么会失败》中，作者提出了一个更合理的问题："在过去两百多年里，西欧、美国和日本比撒哈拉以南非洲、拉丁美洲和中国更富裕，这一结果难道是由地理、文化或种族等因素而在历史上注定？"[5]

虽然没有什么能保证一些国家或民众注定比另一些国家更富有，但还有一些因素会更容易加快或阻碍某些国家的经济发展。来自与世隔离的山区、孤岛或其他地理上与人隔绝的地方的人，很难产生根本性的发展。数千年来，澳大利亚被当作一个与其他大陆隔绝的典型，而澳大利亚土著也被当作落后族群的典型。

这或许对人类来说是普遍规律。不论个体还是小社会，倘若无法接触其他人口更多的群体，也就无法接触到其他群体的发展成就，更不可能攀上人类成就的"高峰"。测距仪曾用于航船，后来又用于相机。它的发明基于古希腊人在两千多年前提出的数学定理——勾股定理。①

不懂这种古代数学思想，以及后来其他地方和时代的人取得的进步，我们就很难凭空发明测距仪，更不用说完成更复杂的发明了。爱因斯坦如果不识字，生长在一个与世隔绝的太平洋中部孤岛的原始部落里，他能提出相对论吗？即使是不那么惊天动地的科学进步，也是基于无数前人的工作，甚至最终可溯源到数字和字母的发明者。这些人都来自不同时代的不同国家。

追问"国家为什么失败"，这是把成功看作常态，没有留意到在人类历史长河中，成功只是偶然的例外。我们通常会对发生在自己身上或身边的事习以为常，人类的这种天性容易理解。但即便如此，它们就是事实。在内战爆发前的美国，奴隶制被视作一种"特别的制度"。因为它与美国南方以外地区的准则与惯例格格不入。但不幸的事实是，对于全世界的无数人而言，奴隶制在数千年里都是一种普遍存在的制度，普通人拥有自由才是一种独特的制度，它在历史上出现得非常晚。即使到了今天，这种制度还面临着风险，在一些国家甚至被压制。

---

① 中国西周数学家商高在公元前 1000 年就发现勾股定理的一个特例：勾三，股四，弦五。

讨论财富、贫穷与政治，真正的挑战在于理解究竟是哪些环境因素使日本、西欧、美国及澳大利亚这些国家实现富裕。即使在这些国家，这些因素的特定排列组合在古代也并不存在。在古代，处于人类经济和发展前沿的是其他国家。

贫穷是自发的，财富才需要创造，也需要解释。正因为如此，我们这里考察的是能够影响生产的因素，如地理、文化、人口和政治。有了生产就会有收入。这似乎理所当然，但许多人把"收入分配"看作一个独立的有自我生命力的议题。对这类人，生产消失为暗淡的背景，就好像我们可以随心所欲地改变收入模式而不抑制生产。但恰恰是生产决定了我们社会的总体生活水准。将贫穷当作一个特别的问题来对待，并认为能通过扩展福利制度来解决贫穷，就像美国在20世纪60年代发起的"向贫穷宣战"运动那样，反而会造成重大的社会影响，这一现象值得人们警醒。

考虑到与"收入分配"相关的基本统计数字被广泛误读，我们首先要澄清这些数字的含义。然后我们才能更细致地考察一国内部及国家间的收入差距背后的因素。

收入统计

显示收入趋势变动的统计数字有两类，它们在根本上不同，由此得出的结论也完全相反。

其中一类统计的对象是固定的同一组人的收入，收集的是他们在研究期内的收入数据。媒体、政界和学术界经常引用的是另一类统计，它根据当年收入将人们分为5组：最高的20%、最低的20%以及处于中间的三组，在此基础上对不同组别的收入进行统计。根据若干年的收入统计，得出每组人群的收入变动情况。

后一类统计数据经常被引用：相对于最低收入组（穷人组）或居于最低收入组与最高收入组之间的其他收入组，最高收入组（富人组）的收入都上升了。宣传"美国富人和穷人之间收入差距在扩大"的媒体比比皆是，包括《纽约时报》[6]和《华盛顿邮报》（Washington Post）。后者的专栏作家E. J. 迪翁（E. J. Dionne）将富人刻画为"近年来收入猛增的一群人"，并指出政府对他们"课税不足"[7]。斯坦福大学的彼得·科宁（Peter Corning）所著的《公平社会》（The Fair Society）以及其他类似的书都在重复一个同样的主题："我们社会最富有的人与最贫穷的人之间的收入差距在迅速扩大。"[8]

媒体上充斥着类似的言论，政界和学术界也跟着附和。他们看起来比较的是"富人"与"穷人"这两类群体的收入，但事实上他们所比较的这两个特定群体的构成人员在不断变动。因为个体在整个职业生涯中，会经历最初的入门级岗位，然后获得经验，再从事报酬更高的岗位，个体所处的收入组别会发生变化。与此类似，那些做生意的人或专业人士随着时间推移也会积累更多的客户资源，收入也会相应增加。

不同于跟踪个体职业生涯不同阶段的收入变化研究，有些研究跟踪同一个群体在不同时间的收入变动，它们得出的结论非常不同，甚至完全相反。密歇根大学的一项研究跟踪了美国工人这一特定群体在 1975 年至 1991 年间的情况，发现相比于那些开始时处在最高的 20% 的收入组的群体，处在最低的 20% 的收入组的人群在这些年间的收入增加了，不仅增加速度快于前者，而且增加的收入是前者的若干倍。[9]

基于这一情况，1975 年处于最低的 20% 的收入组的人群到 1991 年时有 95% 已经提高了收入，甚至有 29% 的人提升进入了最高的 20% 的收入组，只有 5% 的人还留在这一收入组中。同一时期内，也就是 1975 年至 1991 年间，处于最高的 20% 的收入组的人群的真实收入提高幅度最小，不论是在百分比还是在绝对值上都是最小的。开始时处于最高收入组的人群平均收入增加的幅度还不到其他四组的一半。[10]

许多人大声呼吁："随着时间推移，富人更富，穷人也更穷。"实证模式显然与此种论调不相符。人们刚工作时，只能从事入门级工作，收入也就处于最底层，但是经过不断历练，岗位提升，薪酬也就随之增加了，这一情形司空见惯。而已经人近中年的人此时生产率和收入都处于最高点，但两者的收入都难以进一步提高了。

后来的一项研究利用美国税务局的数据，发现了相似的模式。该研究跟踪了 1996 年到 2005 年十年间填报所得税申报表的个体。将这一群体分为 5 组，开始时处于最低的 20% 的收入组的人在这十年间收入增长了 91%，意味着他们的收入几乎翻一番，而处于经常被提及的"最高的1%"的收入组的人收入则下降了26%。[11] 我们再次发现，事实与我们经常听到的论调完全相反，后者基于抽象的收入组别的统计数据，在讨论中假定这些收入组别是一组特定的有血有肉的人，却忽略了这些组别的构成个体在不断变化。

最近的一项研究跟踪了1990年至2009年间加拿大特定群体的收入变动，发现了与美国相似的模式。那些开始时处于最低的20%的收入组的人收入增速和增幅都高于其他更高的收入组别。[12] 我们再一次看到，给定群体的收入变动与同一时间段内抽象组别的收入变动情况恰恰相反。同美国一样，加拿大高收入组的收入增长快于低收入组，也被当作是特定群体的收入变动趋势，人们忽略了这完全是两种不同的统计口径。[13]

简单地将抽象组别的统计数据汇总起来，得到的数据其实混合了处于生命周期不同阶段的个体。而长期跟踪特定个体的统计调查成本更高，所以美国人口普查局和其他众多统计机构发布的数据，更多是对不同时间段内的抽象群体的调查，对特定群体跟踪调查的统计数据则很少。但是，这些抽象收入组在讨论中却被当作特定群体，如"穷人"和"富人"。各个收入组包含的群体都是变动的，个体在某时处于此组别，在另一时期又处于别的组别，但这些抽象的收入组却被当作包含了连续的个体。

对人类前途命运的关注本无可厚非，也值得称赞，但着迷于某一抽象组别中的成员的命运又是另一回事。有许多类似的言论，如托马斯·皮凯蒂（Thomas Piketty）在其广受赞誉的《21世纪资本论》(Capital in the Twenty-First Century)一书中所说的："收入最高的10%的群体自成一个小世界。"[14]这种观点全然不顾这样的事实，即很大比例的美国家庭（56%）在生命的某个时点（通常是他们年老时）都能进入"收入最高的10%的群体"。[15]这样一来，嫉妒或憎恨"收入最高的10%"的人群其实是嫉妒或憎恨他们自身。这根本算不上"阶级冲突"，只是混淆了社会阶层与年龄组别。

在讨论收入差距的统计数据时，人们总是自然而然地将差异视作不同社会阶层之间的差异，而不是不同年龄的人群之间的差异。的确，几乎不会有人提到这些数字代表的究竟是不同社会阶层，还是不同年龄组的可能性。媒体在讨论中更是很少去思考他们讨论的是不同年龄群体还是不同社会阶层的收入差距。收入和财富统计数据引发了狂热的辩论，却很少有人准确定义这些数据，实际上它们完全起了误导作用。

从收入或财富看，未成年人少于他们的父母，它们的父母又少于他们的祖父母，这一点完全不同于个体在他们生命轨迹中的收入和财富变动情况。但是，人们却对后一种情况更习以为常。统计上看，未成年人具有的收入或财富能够与他们的祖父母相同，但这只是统计把戏。即使限定为成年人，年轻人在统计上也能够拥有与年长者相同的收入或财富。不同年龄群体的经济不平等与不同阶层间的经济不平等并非一回事。①

即使是媒体大肆讨论的收入"最高的1%"的人群，也有12%的美国人能在一生中的某个时点进入这一收入组。[16]保罗·克鲁格曼（Paul Krugman）教授称之为"令人着迷的1%圈子"[17]，但其魅力可能转瞬即逝。因为1996年还属于这个圈子的大多数人到2005年都已经掉出来了。[18]在皮凯蒂教授看来，收入处于最高的1%的人群不仅有自己的世界，而且"在社会中鹤立鸡群"，对社会蓝图和经济政治秩序都施加了重大影响。[19]在他划分的社会等级以及"不平等结构"中，这一群体都高高在上。[20]

然而，结构与过程有着根本的区别。皮凯蒂掩盖了收入在生命不同阶段的变化过程，即使短短10年，个体的收入也会有很大区别。1996年至2005年间，超过一半的纳税人所处的收入组别都发生了变化，在此之前的10年间情况也是如此。[21]例如，处在中间20%的收入组的人，有42%爬升到了更高的收入组，25%掉入更低的收入组，仅有33%维持不变。[22]

在最高收入群体中，成员的更替特别常见。10年间仅有不到一半的人仍能处在最高的1%的收入组。1996年处在最高的万分之一的收入组的人，到2005年仅有大约25%的人仍能

---

① 成年人中的年轻人需要若干年才能让自己的净财富变成0，因为处在这一年龄段的人通常由于大学贷款、汽车、家具等支出背负超出他们储蓄额的债务。与此同时，年过六十的老人早已跨过此阶段，积攒了数十年的积蓄，拥有房屋不动产，或许还将钱投入了养老金计划。不考虑阶层不平等，不同年龄人群间的财富差异也会很大。

留在此收入组中。[23] 超过一半的人经过 10 年时间收入会减半，甚至大幅下降。[24] 美国收入最高的 400 名纳税者——收入远高于最高的 1% 群体的整体水平——更替速度更快。从 1992 年到 2000 年，留在收入最高的 400 名所得税填报者中的时间超过 1 年的只有 25%，在这 9 年间，能留在这一超高收入组中超过两年的也仅占 13%。[25] 收入非常高的群体，不论是最高的 1%、最高的万分之一还是收入最高的 400 人，收入大部分来自投资收益，相比于工薪收入波动大得多。

简言之，虽然收入最高的 400 人的收入远远高于其他收入组的群体，但大多数只是瞬时最高收入。正如前面提到的，大多数人在 9 年中只有 1 年的收入大幅增加，也正是在这一年，他们的收入处在此水平，这或许是因为继承了一大笔财产，或许是将之前若干年积累的资产变现，又或许是其他原因。他们只在很短的时间内处于这一收入组，很难想象他们能够像一些论调传言的那样具有政治影响力。这并不是说不存在一直富有的人，这类人的生活方式的确完全不同于社会上的其他人。但他们与在特定时间跃入这一高收入组的人相同吗？那么，引用这些基于变动群体的数据，在讨论时看起来像是在讨论特定的人群，究竟意义何在呢？

皮凯蒂研究的重大过失在于，通过论述将流动的过程转化为僵硬的结构。在此结构中，收入最高的 1% 的群体与社会其他群体隔离开来，并控制和影响着整个社会。不论他的这一观察与流行的偏见是如何的一致，都脱离了显而易见的事实。

皮凯蒂的研究收集了众多国家的大量统计数据。但正如熊彼特早就说过的："有的人游历四方，但改变不了他们戴着有色眼镜看事物的习惯。"[26] 要检验皮凯蒂收集的统计资料的准确性是一个繁重的任务，或许也不值得为此花费时间和精力，因为真正的问题不是数字本身是否准确，而是对这些数字"究竟衡量了什么"的错误表述。尽管如此，我们还是要顺带指出，皮凯蒂不断重复说："在赫伯特·胡佛总统任上，最高收入者的所得税税率为25%。"但这与一份美国税务局的官方文件相矛盾，根据官方文件记录，1932年最高收入者的所得税税率为63%。[27]

在讨论人们的经济差异时，引发混乱的另一个原因是没有区分收入和财富，这两者有根本的不同，所以不能根据某一方面的统计数据，就敢信心满满地推断另一方面的情况。使用"富人"标签来描绘更高收入组的人群，是混淆收入与财富的例子之一。因为，"富有"意味着拥有累积的财富，而不是简单的在某一年有高收入。这不仅仅是术语界定的问题。从实践层面看，提高所得税率以便让富人缴纳和他们财富相符的所谓"公平份额"的税收注定徒劳无功。因为所得税不是对财富课税。它是对正在积累财富的人征税，但那些通过个人劳作或继承已经完成财富积累的人将免于税负增加。

一些亿万富翁支持更高的所得税税率并因此获得赞美，这完全是赞美错了。提高所得税税率不会触动他们的亿万财富，相反会给其他纳税人带来沉重的负担。这些承受更高税负的人正努力挣钱积累财富，以便在他们离世时将财富留给家人。

在大量关于"收入分配"的讨论中隐含着这样的观念，即某个收入组不仅在全部收入中占有更大的份额，而且是以牺牲低收入群体为代价。根据此观点，富人更富会让穷人更穷。《华盛顿邮报》专栏作家尤金·鲁宾逊（Eugene Robinson）以及其他一些人都直截了当地表达了这种观点。他说："富人正变得更富，这是以牺牲穷人和中产阶级为代价的。"这些非富人成为"上流社会"的"长期受害者"，后者正发动一场针对前者的"未宣战却具有毁灭性的战争"。[28]

鲁宾逊先生不经意间将一个无法经受事实检验的混乱观点公开化了。在他隐含的假定中，将收入组的收入趋势与"富人"和"穷人"这类由特定的人构成的群体的收入趋势并为一谈，而收入组其实是一群变动的人构成的。我们暂且撇开这一点，以便我们集中讨论其论点中的其他部分。

在某些时期，总收入中有更多份额归高收入组，但这不会阻止低收入组的真实收入在绝对值上的增加。例如，在1985年至2001年间，处于最低的20%的收入组的美国家庭所占份额从4%下降到了3.5%，但这一群体的平均真实收入增加了数千美元。这一情况还未考虑这样的事实，即初始在最低的20%的收入组的人大都在几年之内移动到更高的收入组。[29]即使这些穷人仍停留在此收入组，"富人"收入的增加及所占份额的提升也不会让他们更穷，这一点可以得到数据的验证。

近年来，最低的20%的收入组的绝对真实收入增加了，而亿万富翁的人数也增加了。根据尤金·鲁宾逊等人的说法，这些富翁的发达是以穷人为代价的，他们正在发动一场"针对穷人的战争"。鉴于大多数收入处在最低的20%的家庭无人工作[30]，富人能从这些什么都不生产的穷人那里拿走什么呢！

随机假定

不论是国家之间还是一国内部，很少有什么因素能够保证经济生产的结果达到均衡，而今天的人们却坚信收入应该平等，并且视收入不平等（或称为收入差距、收入鸿沟、收入不公平）是不可思议的，甚至是邪恶的，这一点着实令人难以理解。在世界各地，人类活动的结果——不论是经济上还是其他方面——普遍存在着不均等的现象，并且很多都无法用歧视、剥削或其他恶行来解释。这些恶行确实发生过，但它们在道德上的意义并不能等同于它们和经济后果具有显著的因果关系。这是一个重要的实证问题，但在"道德十字军"的绑架下，很少有人去追问答案。

人们总是相信，结果自然而然是均等的或随机的，并且人们普遍具有这种隐含假定，但它也带来了严重的道德、政治以及法律影响。因此，我们有必要仔细考察并用各种人类活动的事实来检验这一假设。我们在前面的章节提到，地理、人口和文化因素都是不平等的。此外，人的行为也不是随机的，而是带有目的性的。比如，从移民行为来看，这些移民不论是在移出国的来源地，还是选择移入国的定居地都不是随机的。养育子女的方式也不同，我们谈到过，在社会经济阶层不同的家庭里，子女从父母那里听到的单词量有多有少。

有目的的人类活动很少是随机的，造成的结果也是非随机的。种族、性别、宗教、出生顺序或其他因素的不同构成了不同的群体，各个群体的活动也不一样。

不论是经济活动还是其他方面，人类活动取得的成就可以有天壤之别，从最一般到最了不得。一项跨国研究考察了15世纪初到20世纪中期欧洲人文和科学史上的著名人物，发现这些人从来源地看分布很集中。"所有这些重要人物分布在一个相对封闭的区域内，这一区域不包括俄罗斯、瑞典、挪威、芬兰、西班牙、葡萄牙、巴尔干半岛、波兰、匈牙利、普鲁士东部和西部、爱尔兰、威尔士、苏格兰大部分地区、意大利四分之一的低地地区和大约三分之一的法国地区。"[31]

该研究同样发现，从美国建国到20世纪中期，美国大约一半的人文和科学领域的重要人物都集中在缅因州的波特兰到新泽西南端的弧形区域内。来自新英格兰各州、纽约州、宾夕法尼亚州和新泽西州的美国人文和科学领域的著名人物，在数量上比内战期间构成邦联政府的那些州的7倍还多。南方州大多数都没有这样的人物，只有弗吉尼亚州是个例外。[32]

不同个体在体育方面的成就也具有极大的差异。在职业高尔夫球手中，能够坚持到美国职业高尔夫协会锦标赛最后两轮而不被淘汰的选手，在每轮击球进洞数或击球距离指标上的分布接近标准钟型分布曲线。[33]但综合各种高尔夫技巧的终极测验,即赢得锦标赛冠军的分布是非常有偏的。

那些能不被淘汰进入最后两轮的选手,实力均高出平均水平,但其中有53%的选手在整个职业生涯中从未获得过一项锦标赛冠军,而其余47%获得过冠军的选手绝大部分赢得冠军的次数不超过3次。[34]然而,阿诺德·帕尔默(Arnold Palmer)、杰克·尼克劳斯(Jack Nicklaus)和泰格·伍兹(Tiger Woods)三人每人都赢得过数十次冠军,加起来有两百多次。[35]

类似地,网球大满贯冠军、棒球击球冠军以及世界国际象棋冠军赛冠军的分布也非常有偏。[36]2012年排名前100位的马拉松长跑选手,有68名是肯尼亚人。[37]2014年全美拼写大赛第一名是两位印度裔美国人,他们打成了平手,不分胜负。这已经是第七次由印度裔美国人获得冠军,在前16届比赛中,有12次的获得者是印度裔美国人。[38]整个20世纪,大联盟棒球球员有8次曾盗垒达到或超过100次,所有这些球员都是黑人。[39]

学位获得者的分布同样有偏。20世纪早期,全美国有数以千计的大学和学院,但美国最高法院大法官都出自美国东北部的8所常春藤大学。在2011—2012学年中,获得教育学学士学位的毕业生有接近80%是女性,而接近80%的工程学学士学位的获得者是男性。[40]

虽然非洲裔美国人的人口数远超过亚裔美国人,且黑人获得学士学位的人数也略高于后者,但在获得工程学学士学位的毕业生中,亚裔美国人比黑人的2倍还多。[41]在顶尖工程学院中，两者的差距更大，亚裔与黑人学士学位获得者人数比在 MIT 是 3∶1，在哈维穆德学院是 10∶1，在加州理工学院是 40∶1。[42] 然而，比起加州理工学院中亚裔和黑人群体的巨大差异，20 世纪 60 年代的马来西亚华人和马来人获得工程学学位的人数差距有过之而无不及。华人在马来西亚是少数人口，马来人作为多数人口，不仅掌管着大学，而且控制着制定大学政策的政府。即便如此，华人学生获得工程学学位的人数超过马来学生的 100 倍。[43]

即使我们排除歧视因素，人类活动仍然具有无数类似的巨大差异，比如男人在许多方面胜过女人，又或是处于从属地位的少数人口胜过占主导的多数人口。[44]

排除歧视因素的影响，各种人类活动的结果都不是均匀分布或随机分布的，但还是有人坚持这样的隐含假定：非平均的或非随机的结果看起来既奇怪又可疑。他们的这种看法并非随意的，因这类观点得出的结论在法庭上举足轻重。在这些案例中，"差别性影响"的统计显示某些群体在人口统计中"代表不足"，并且与随机结果差别很大。媒体或学术界的知识分子将之视为歧视的铁证。无数事实证据都显示，各类有目的的人类活动的结果总体上既非平均的也不是随机的，但随机性的隐含假定完全无视这些事实证据。不仅如此，不管事实如何，很多严肃的法律与政策都建立在这一假定之上。

再分配主义者很少给出原则性的标准，也就无法判断当今的不平等是否正当。如今，很少有人敢说收入或财富应当绝对平等，他们只敢随意地宣称"当今的不平等程度太严重了"。

或许他们的说法可以总结为，当今的不平等程度超过了其他时代或其他地区，但他们没有说清楚是选择哪个时代或哪个地方作为原则性的参照标准。除此之外，被忽视的生产过程随时代不同而变化，对技能与天赋不同组合的需求也在改变，也就要求工资激励模式发生变化，吸引更需要的那些人。

这种变迁的一个典型例子，是随着机器越来越多地替代人力，体力劳动的价值降低了。这就使得男性在体力上的优势不那么重要，在同工同酬的法律通过之前，这一点已经缩小了男女之间的工资差距。

近年来高收入与低收入人群之间的报酬差距不断拉大，它既可能是阶层间的，也可能是不同年龄组之间的，但两者完全不同。在美国，户主年龄为25岁的家庭只有13%处于家庭收入最高的20%的收入组，而户主年龄为60岁的家庭，这一比例是73%。[45] 既然每个人都从25岁到60岁慢慢变老，那么只要能活到美国平均预期寿命，人们就不会对不同年龄组收入差距的拉大感觉不公平。

在其他情形下，高收入与低收入群体的收入差距拉大或许只是反映了相对于非熟练工人，社会对熟练工人特定技能的需求增加了；或者是相对于人力资源部门的经验，对金融专业知识的需求大大增加了。收入差距的扩大或许同样反映了这样的事实，即由于福利制度带给穷人的补助，有更大比例的人口不必为了谋生而工作，或只需要打零工做一些兼职就能生活。收入统计并没有包括这些补助，作为实物补贴——包括房屋补贴到医疗保险——其价值远超过最低的 20% 的收入组的货币收入记录。[46]

简言之，收入统计过度夸大了不同收入组的生活水平差距，因为这些收入数据（尤其是对低收入组）都是未缴所得税之前的，也没有考虑大规模的实物补助转移。

当然，并非所有的收入差距都是由年龄或政府福利造成的。但是，不论根源何在，生产活动对要素的需求是变动的。这意味着没有理由认为某一时代或某一地区的特定收入或财富差距模式不会变化，也没有理由把这一特定模式当作判断其他时代或其他地方的收入或财富差距的基准。

同样，知识分子或政治家每发现或提出一个人生的不完美之处就觉得应该对数百万人类同胞的生活施加控制，这也是毫无理由的。从"君权神授"时代以来，就有一种隐含假定，认为一部分人有剥夺他人自主决定生活的权力，这种权力往往声称是建立在"社会正义"的基础上的。

"社会正义"

约翰·罗尔斯（John Rawls）的巨著《正义论》（*A Theory of Justice*）影响深远。在当代人中，他最好地阐述了有关收入与财富差距的道德准则。罗尔斯教授的"社会正义"概念是指，"在社会系统中无论个体初始处于何种地位，亦即不考虑出生时的收入阶层，拥有相同的天资与能力并且运用这些才能的意愿均等的人，在经济活动中具有的成功期望应当是相同的"。[47]

很少有人会反对这一理想情形，尽管每个人对现实这一理想情形的途径及可能性会有不同意见。但是，罗尔斯自己在提出这一理想情形后立刻进行了修正，加上了一个附加条件，即"自然禀赋更多的人所具备的优势应受到限制，以增进更贫穷群体的利益"[48]。因为根据罗尔斯的观点，"正义优先于效率"[49]，就像出生就继承了大量财富一样，人天生的能力差异是不公正的，因而也是非正义的。

正如罗尔斯所言，非正义的回报只有在有益于"社会中更贫穷群体"时才会被接受，但这种言论容易引发事实性和道德性问题。我们在前面已经看到，如果根据收入来界定社会更贫穷群体，那么其中很大一部分是年轻和缺乏工作经验的人，但他们的贫穷只是暂时的，没有人会一直年轻。大部分人随着经验增加，收入提高，就会跳出最低的20%的收入组，但是仍有一小部分（大约5%）停滞在此收入组中，然而我们不能随便就此认定这种不同寻常的命运与他们选择的生活方式无关。

就像罗尔斯所言，除非有助于社会底层，否则从道德角度看，一切皆不可为。[50]这等同于为了那些秉持非生产性生活方式的人而否决任何进步。一些结论或许在宿命论的世界里是合理的，但并不适合个体有选择权的世界。人们的选择受过去的社会条件影响，并不意味着不会受当前行为的回报或惩罚的影响，因此，我们社会对那些非生产性行为进行不加评判的补助最终会影响人们的选择。

在前面的章节里，我们考察了世界各地的人们——不论是国家间，还是一国内部——的收入与财富差异，探寻背后的原因，其实也是在寻找生产率差异的根源。有些人更关心收入与财富的再分配，却忽略它们的生产过程。这样一来，再分配主义者就不必面对这一问题：收入不平等的结果是否与经济生产效率上的不平等相对应？

再分配主义者努力鼓吹的观点是，鉴于个体有许多意外横财或意外损失，目前的许多回报是不公平的。其中的核心是"出身的偶然性"。简言之，根据"正义比效率更重要"的罗尔斯主义原则，再分配主义者评判行为，偏向于美德标准更甚于生产率标准，某些情形下甚至可以不考虑生产率。

我们同样能应用"社会正义"支持者的标准来进行讨论。假想一个人出生在这样的家庭：父母贫穷，而且酗酒、不负责任、不管不顾或虐待子女。这种成长环境在某种程度上会让人痛苦不堪，但这个人会努力成为一个正派、辛勤工作的人，学门手艺如木工来养活自己和家人，让家人的境遇远远好于自己童年时的环境。倘能做到，也是一件了不起的成就。

假想在另一个完全不同的环境中出生的人，有爱他和关心他的父母，家境小康或富有，所处的社会地位带给他成长优势，包括接受水平更高的私立教育和更广的文化熏陶。这样一个人如果成了脑外科医生当然值得称赞，但无论如何并不比木匠的成就更值得赞美。

在一个基于功绩给予回报的世界里，脑外科医生的收入没有理由比木匠高。但在"生产率更重要的"的世界里，关键不再是个体的相对功绩。相对于基于功绩的"社会正义"，对特定的工薪族而言，更重要的是他们生产的产品或服务带给人们的福利水平。将生产纳入讨论，结果将有很大的不同。某些人比其他人有更多选择也许看起来是非正义的，但关键问题变成了脑外科手术与木工哪个更重要，以及如何激励能力较强（不论能力高是通过何种方式实现的）的年轻人，让他们在众多选项中愿意接受时间更久也更具挑战性的脑外科医生训练。

我们不能只重视特定个体和群体在收入上的相对经济命运，我们也应该看到这些个体和群体生产的产品和服务。收入再分配主义者总是将矛头对准这些个体和群体，但是他们生产的产品和服务使社会其他成员受益。

把消费者的命运看作"效率"问题，又把那些提供产品和服务获取收入的人的命运看作"社会正义"问题。然后就像罗尔斯那样视"社会正义"在绝对意义上比"效率"更重要[51]，实质是没有区分这两个有差异的事物。倘若收入再分配的方式降低了效率，两者的区别便关联了起来，而比起"社会正义"给一些人带来的经济所得，作为消费者那一群人的损失被随意地认为不那么重要。但倘若人们遭受了不应遭受的损失都算不上非正义，那怎样才算呢？人们作为消费者遭受不应遭受的损失为何在道德上不同于人们作为收入者遭受不应遭受的损失？这一点实在匪夷所思。

"解决方案"

知识界与政府联合起来，用强力迫使数百万人撤销达成的经济交易合约，然而只有当事人才能熟知他们所处的环境及可替代的选择，身在事外的知识分子或政府官员不可能了解。这种行为的逻辑基础一定会引发疑问。此外，倘若这些数以百万计的人并不认同罗尔斯"正义比效率更重要"的观念，又当如何？事实上，如罗尔斯所言，对于任何两个有价值的事物，一个事物不可能在绝对价值上比另一个更有价值。[52] 一颗钻石或许比一便士价值更高，但只要便士够多，它们的价值一样可以超过钻石。

在挂满常春藤的大学里，无忧无虑的学术界人士会选择与他们的偏见相匹配的统计模式和收入数据。但不能就此认为深陷贫穷"陷阱"的穷人——在第三世界中属于极度贫穷——欢迎亿万富翁投资者是错误的。亿万富翁的投资使他们自己更富有，这一点也许会让身处校园和编辑办公室的人感到不适，但也正是这些投资者投资建厂，才给穷人提供了工作岗位，使他们可以给家庭提供以前负担不起的东西。①

相比更繁荣且更有能力救助穷人的社会，知识分子及其他"社会正义"论的支持者或许更偏好一个从统计上看起来更平等的社会。当然，这些人坚持这种观点是他们的权利，不过其他人包括低收入者也有权利偏好一个更繁荣的社会。倘若其他

---

① 在第三世界建厂的跨国公司付给工人的工资通常比当地的雇主高一些。

国家的穷人跟美国知识分子一样厌恶美国的不平等程度，那么就无法解释长久以来全世界各地的贫穷移民大规模移民美国。

以"社会正义"的名义宣称更道德、更平等或更有人道主义，因而主张无数的人类同胞被迫去接受安排给他们的生活，以此取悦少数知识分子或政治家。这种想法本身就很可笑，而且令人震惊。

基于人们的生产率而非功德给予他们回报，原因之一是生产率更容易测度。在市场经济中，产品价值高低由买者和使用者来评价，情况更是如此。很少有人能了解他人的价值，因为他们没有"穿着他人的鞋子走一走"。

当然，这并非意味着我们不用帮助那些出生在不幸环境中的人拓展选择机会，但这样一来，他们提升自我生产率的选项就更有限了。在美国的历史上，人们从来没有对这类人不管不顾。数百年来，美国社会中一直有大量志愿性慈善事业。很多私人慈善事业创立学校、图书馆、奖学金、大学、基金、医院和其他民间机构，在这方面，美国一直如此，并且在全世界都是独一无二的。在其他国家，这些机构通常是由政府或宗教组织建立的。

做到这些不仅需要金钱，还需要人们不断将时间投入公民事业，其中一些项目旨在增加不幸者的选择。美国内战后，数以千计的白人从北方来到南方，在慈善人士创立的私人学校里教授新解放奴隶的子女，这是一个典型例子。

这些教师通常是年轻女性，她们勇敢面对恶劣的条件。这其中既包括南方白人社会的敌意——她们经常受到排斥甚至威胁,还要面对众多完全没有做好准备的黑人学生。奴隶经历和南方那种"教育是高人一等的特权"的文化阻碍了这些学生的发展。W. E. B. 杜·波依斯（W. E. B. Du Bois）称这些北方来的白人志愿者从事的工作是"美国历史上最美好的事"[53]。

许多人不考虑一般意义上的生产率,不论是经济方面的还是社会动机方面的。他们当然也会忽视类似上述北方白人的慈善活动。但这样出自公德心的自发行为不能被认为理所应当,它既非自然而然的,也不是总会发生。经济生产活动经常被视作理所当然,实际上它们在不同地方和不同时期有巨大的差异,给人们的生活水平也带来了不同的影响。同样,公益活动的差异也很大,它们在世界各地发生的概率不一样,而且在整个西方文明中的活跃程度也不同。

19 世纪,法国人亚历西斯·德·托克维尔访问美国,美国人的自发慈善活动之广泛令他感到震惊。这一点在他的经典著作《论美国的民主》（Democracy in America）一书中有详细记录。[54] 20 世纪中期,著名的美国学者爱德华·C. 班菲尔德（Edward C. Banfield）曾在意大利山村中停留,却发现那里的人们对慈善活动并不热心,也没有开展慈善活动。在那里,许多人认为"为公众着想是不明智的",也没有人会"伸手去帮助一个正在搬运重东西到山顶孤儿院去的修女",即便当地的修道院已经破败得摇摇欲坠,"也没有哪个泥瓦工会愿意拿出一天时间去做些修补工作"。[55]

与此类似,20世纪一项对俄罗斯社会的研究发现,相比于美国,俄罗斯人极少有公民责任心,一般性的自发社会活动也不多。一项针对60个国家的"非政府组织"研究发现,"俄罗斯在体育类和娱乐类的排名最高,从倒数后几位上升到第9位"。在该类别中,"被调查的成年人中有将近4%说他们加入了一个体育俱乐部或其他体育组织"。但只有2%的人表示它们参与了帮助他人的志愿性社会福利活动。

该研究发现,美国人参加"体育类和社会福利类组织的比例比俄罗斯大约高10倍,参加环境类、宗教类和职业类组织的比例高20倍,参与文化教育类和妇女组织的比例高30倍,参与人权组织的比例大约高50倍"。[56]

人们尝试提高那些生于相对不幸环境中的人们的教育和经济水平,但这样的努力通常会受限于社会对他们的接受度。他们成长的文化没有给他们提供最大化利用潜在机会所需要的期望、习惯或纪律性。落后群体的领导者经常会阻碍该群体的发展,因为他们完全有动力推动人们形成这样的愿景,即该群体的问题主要是由其他群体犯下的罪恶造成的,倘若不是全部的话。这样一来,他们还有什么激励去努力尝试改变自我呢?

这种领导模式存在于每一个有人类居住的大陆。因此除非各地有非常例外的领导者出现,我们没有理由期待美国或其他国家会是另一个模式。18世纪伟大的哲学家大卫·休谟曾呼吁他的苏格兰同胞学英语,这是因为他并非族群领袖。当你想帮人们时,你会告诉他们事实。当你想帮自己时,你告诉人们的是他们想听的。那些族群领袖通常讲给追随者听的都是后者想听的。

一些人一直在推动这样的愿景，即黑人的落后、与白人的差距或不平等是由他人的过错造成的。并认为一旦民权法案和政策对其他人施加约束，所有这些落后、差距或不平等都会消失。他们实际上是被困在了这样的结论中。但20世纪60年代民权革命兴起，他们期望的结果并没有发生。黑人在全美或地方的政治代表人物明显地增加了，但并没有降低相应的经济不平等程度。经济进步一直有，但黑人摆脱贫困的速度还比不上20世纪60年代民权革命兴起之前的那些年。[57]

即便如此，抓着这一愿景不放的人仍然宣称即使缺乏证据支持"黑人持续的落后、差距或不平等是因为他人的所作所为造成的"，这也只不过表明"恶毒的"或"制度化的"种主义被"恶魔式"的聪明所掩盖。如果没有实际的证据来证明一个需要实际证据才能证明的命题时，这实质上就是一种专断的论证，"不管怎样，都是我赢"。但是，这些人被迫孤注一掷，在他们论争的前提条件中，基因决定论若隐若现。因此这些人的观点激烈却很勉强且缺乏说服力，只能提出别的替代性解释。

相对于流行的民权愿景，更现实的前提假设能使这些辩护者免于画地为牢，抱着这一不可靠的结论不放。东欧人和西欧人的经济差距超过非洲裔美国人和白人的差距。[58]虽然西欧人没有阻碍东欧的经济崛起，但这种状况持续了好几百年。那些期望黑人在几个世纪内就能赶上白人的人，很明显在他们的测算中漏掉了很多因素。

考虑到非洲裔美国人的历史境遇，他们过去的经历不需要深奥难懂的道歉，也不需要将责任推给他人。正如20世纪早期一位美国南方白人学者观察所言："面对更大的障碍，没有种族会前进一步。"一个"文化传承被野蛮割裂"的民族，在三代内就会变成"与西方文化中的农民阶层相似的一群人"。在那个年代，黑人停止进步"或许是源于不可避免的身体特征"造成的限制，即基于肤色的社会隔离。尽管"在文化机遇上受限，被种族偏见的火障团团包围，黑人拥有了部分土地的所有权，在一些行业取得了高级职位，在文科和理科中都取得的一些成功。这些成就对任何民族而言都是了不起的"。[59]

在他所言的年代里，大多数黑人成人只接受了小学程度的教育，并且是在比较糟糕的南方学校里接受的教育。在奴隶制废除后的第一个一百年里，黑人实现了巨大的进步，但是20世纪60年代开始，下层黑人的行为却经历了惊人的退步，这种退步随后蔓延到其他黑人阶层。人们不仅不愿意承认这种退步，更不愿意去应对。这就增加了黑人进一步缩小与白人经济差距的难度。

财富的国际差异

全世界各国的地理、文化、历史、政治体制、宗教信仰以及人口结构差异非常大,倘若所有国家有相近的收入或财富,这本身就是奇迹。当然,当前的现状也绝非是宿命的,过去那些贫穷落后的国家如今却处在人类成就与繁荣的最前沿,它们的发展史告诉我们可以做哪些事情来改变命运。18世纪的苏格兰、19世纪的日本以及20世纪的新加坡和韩国的崛起,都向我们展示了什么是可以做的,以及如何做。

这些国家在经济上的崛起确实鼓舞人心,并且无一例外,他们的崛起都不是依靠所谓的"外国援助"带来的国家间财富转移。他们的崛起也不是因为外来者——外国政府、世界银行或国际货币基金组织等国际组织的各类专家——帮助他们进行"国家建设"。虽然很多人将某些国家的贫穷归咎于其他国家或外国投资者对这些国家的剥削,但很难找到有哪些国家是通过摆脱殖民负担或没收外国投资者的财产而从贫穷走向富裕的。事实上,有很多相反的例子却反映了这样做所遭受的失败或带来的反生产性后果。[60]

凭借压迫或暴力活动驱逐各类被描绘成"剥削者"或"寄生虫"的少数群体,并因此从贫穷走向富裕的国家更少见。驱逐少数群体的例子很多,如东欧的犹太人、缅甸的印度人、东非的亚洲人和历史上各个时期各个地方的各类少数群体。

那些驱逐少数群体的国家往往经济会变得更糟糕,而接纳这些少数群体的国家则经济会变得更好。美国就受益于来自欧洲的数百万犹太人,他们的到来为各行各业提供了更多劳动力,并且这些移民中还有许多世界级科学家,在制造出第一颗原子弹的科学家中，很多都是犹太人，而美国作为超级大国的国际地位因原子弹的诞生得到了稳固。

历史上有很多征服他国的国家，如大蒙古国、西班牙、奥斯曼帝国等，他们的后代并没有从祖先的历史性功勋中获得经济上荣耀。有一些征服行动给征服者后代带来了繁荣昌盛，但发起征服的国家通常已经很富有了，例如英国征服澳大利亚和北美大部分地区，并定居于此，他们的后代在两地都替代了土著人口。西班牙在西半球进行了大规模的征服侵略，拉丁美洲各国很少能像英国前殖民地北美或澳大利亚那样繁荣，虽然拉丁美洲国家的土地更肥沃，自然资源也更丰富。

这些差异如此之大的国家如果有什么共通之处，那就是人力资本。可以通过比较不同国家或一国内部的不同族群看出这一点。

比如，阿根廷被称作"世界上资源禀赋最好的国家之一"，土壤"非常肥沃"，植物的根可以伸入土壤 15 英尺而无岩石阻碍。[61] 并且与其他一些拉丁美洲国家不同，阿根廷的人口大部分都有欧洲血统。但是，人口大多具有撒哈拉以南非洲血统的巴巴多斯——该岛人口起源于比欧洲更贫穷的地区——人均 GDP 却比阿根廷高出 40%。[62]

虽然巴巴多斯人作为奴隶抵达西半球，而西班牙人是西半球的征服者，但巴巴多斯人吸收了英国文化，他们的寿命也比他们的来源地撒哈拉以南非洲居民要长。英国文化与西班牙文化有很大区别，对于工作、教育、企业家精神和其他文化因素的价值,英国文化大力提倡,而西班牙文化则非常蔑视。阿根廷国内不同族群的文化差异更加印证了这一结论,在西半球承袭了西班牙文化的人群的经济生产率比西欧地区要低,而西班牙在整个西欧国家也属于长期相对贫穷的国家。

从西班牙以外的欧洲其他地区到阿根廷的移民,虽然在刚抵达时很穷,但经过努力在经济上也比阿根廷本地人更成功。意大利移民更是如此,在19世纪和20世纪的早期移民中,意大利移民人数最多。早在1864年,意大利移民占阿根廷全部移民的40%,半个世纪以后的1914年,这一比例仍然接近40%。[63]

阿根廷的意大利人与阿根廷本地人在两个方面差异非常明显:一是意大利移民愿意从事最苦的工作;二是意大利移民虽然收入不高却愿意储蓄。阿根廷农业对于来自意大利的季节性移民有很大需求,而19世纪该产业的大规模扩张很大程度上就归功于这些意大利农工。[64]除了这些随季节来去而被称作"燕子"和"飞燕"的农工,也有一些意大利农民定居阿根廷。后者开始只是雇工,慢慢经过多年积攒成为佃农并最终成为地主。[65]

虽然阿根廷土壤肥沃,却一直进口小麦。直到外国农民,特别是意大利农民以及来自俄罗斯的德国人到来,阿根廷才成为世界主要的小麦出口国之一。[66]"阿根廷的土壤适合种植小麦"是事实,但这一事实因为阿根廷有了能够成功种植小麦的农民群体才变得有意义。我们再次看到,地理并非是宿命的。

就像在农业中一样,阿根廷本地人在城市的表现也不如移民。1914年,占总人口30%左右的外国移民掌握阿根廷72%的商业,在首都布宜诺斯艾利斯,这一比例更是高达82%。[67]在该城市中,意大利企业家主导着除啤酒之外的酒精饮料的生产,而德国人则主导了啤酒酿造。[68]

阿根廷人以"不爱储蓄"闻名于世,被称为"世界上最挥霍无度的一群人"。[69]1887年,在布宜诺斯艾利斯省银行的储户中,意大利市民是阿根廷市民的两倍。[70]在那个年代,大多数意大利移民是劳动者,阿根廷大多数泥工、水手、贸易商、建筑师、进口商、工程师以及餐馆旅店所有者主要是意大利人。[71]

阿根廷政府自身也意识到了来自欧洲不同国家的移民的差别,努力吸引西班牙以外地区的移民。起初,他们有意识地吸引来自英国、德国和斯堪的纳维亚的移民,但很不成功。然后转向欢迎来自意大利和西班牙的移民,但更偏爱北方意大利人和西班牙的巴斯克人,两者与南方意大利人或西班牙其他地区的文化差异很大,例如巴斯克人以"节俭和勤奋工作"著称。[72]阿根廷政府也派代理人到欧洲去招揽德国人。[73]伏尔加河的德国人到阿根廷定居后,他们聚居的地区便成为阿根廷的小麦主产区。[74]

虽然阿根廷流行的是西班牙文化,但来自非西班牙文化的人们主导着该国经济,而阿根廷当地人则主导该国的政治机构。20世纪初,阿根廷是世界上最富有的国家之一,甚至超过法国和德国。[75]但到了20世纪中期,灾难性的政治决策使阿根廷不再是经济处于世界前沿的国家。虽然阿根廷拥有肥沃的土壤和其他自然资源优势，区位优势也使其没有像欧洲国家那样遭受两次世界大战的破坏，但其政治文化毁掉了曾经辉煌的经济繁荣。政治上救世主式的政治煽动和阶级斗争式的语言与政策，在胡安·贝隆（Juan Perón）及其妻子——被人称作"非白领劳动者"女保护人——贝隆夫人身上都有所体现。他们只是经济上反生产性模式的一部分，这种模式在他们之前就开始了，在此之后又延续了很长时间。它消解了自然带给阿根廷的发展优势，也消解了移民、国际投资者和企业家这些外来者提供的人力资本。

拉丁美洲的许多国家在经济发展上依赖外来者，特别是那些创始国是非西班牙或葡萄牙的国家。即使到了20世纪中叶，在巴西的大部分工业州，如圣保罗州、南里奥格兰德州、圣卡塔琳娜州，大多数实业家都是近些年的欧洲移民或移民子女。在圣保罗州，"714家企业中有521家所有者属于此类"。在南里奥格兰德州和圣卡塔琳娜州，将近80%的产业由类似特征的人开创。[76] 其中，德国人和意大利人尤其突出。在20世纪初的南里奥格兰德州，金属家具、运动短裤、炉灶、纸、帽子、领带、皮革用品、肥皂、玻璃、火柴、啤酒、糖果和四轮马车，所有这些产品都是德国人生产的。同样，铸造厂和木器商店的所有者也是德国人。[77]

不只是工业，巴西的农业移民也主要来自伊比利亚半岛之外的地方。和阿根廷政府一样，巴西政府也有意识地吸引欧洲各地的德国人[78]，因为德国移民愿意从事垦荒这样的重体力活，他们不像巴西那些来自葡萄牙文化的人群或阿根廷那些来自西班牙文化的人群那样鄙视此类工作。圣保罗州曾向移民到该州的意大利农民提供补贴。[79]智利和巴拉圭政府为了开垦野外的处女地，也有意寻找伊比利亚半岛以外的欧洲移民，这些移民既工作勤恳，也能接受野外严酷的生存条件。[80]

简言之，这些政府早就认识到不同人群在工作习惯、技能和价值等方面存在文化差异。不论是农业、工业还是商业，文化是发展国民经济所必需的。但到了今天，承认文化差异却变成了禁忌。用法国知名历史学家费尔南·布罗代尔（Fernand Braudel）的话说，正是移民"创造了现代巴西、阿根廷和智利"。[81]

并非所有移民都来自欧洲。日本移民在巴西和秘鲁经济中也扮演了重要角色。20世纪30年代初，巴西圣保罗州的日本人仅占全州人口的2%～3%，他们拥有的土地还不到2%，却生产了该州将近30%的农业产品，包括46%的棉花、57%的蚕丝和75%的茶叶，还有很大一部分的香蕉也是由日本人种植的。[82]

在南美的秘鲁，日本移民人口较少，但他们对经济的贡献却远远超出其人口比例。日本人移民秘鲁始于19世纪末和20世纪初，他们最早是当农工，工作环境恶劣，死亡率很高。[83]随后很快就搬到了城市社区，从事的职业包括家庭仆人，慢慢开始成为小企业主。[84]最终，秘鲁首都利马四分之三的理发店和200家杂货店是日本人开的。即使是做农工，日本人的工作习惯也使得他们比秘鲁农工更受欢迎，所得的报酬也更高。[85]

日本人赢得了勤恳工作、可信赖、很诚信的名声。[86]而且他们比秘鲁人更关心子女的教育。1876年，秘鲁的文盲率是79%，在几代人之后下降了许多，但到1940年，仍有58%的人口是文盲。[87]那个年代的秘鲁制造业企业通常由外国人或新移民控制。

就像其他地方其他时代的成功少数人群一样，秘鲁的日本人也遭到当地人的憎恨。秘鲁人通过社论批评和抵制日本人的企业来表达憎恨。由于日本人的商品价格更低，这些抵制活动失败了。[88]但通过政治手段反对日本人则达到了效果。这些手段包括通过法律要求企业雇员中秘鲁人比例不低于80%[89]，并在20世纪30年代中期严格限制日本向秘鲁移民。[90]

在智利，外来者总体上在该国经济发展中起着远超人口比例的作用。晚至20世纪中期，智利首都圣地亚哥市的大部分工业企业由移民或移民的子女所有。[91]这种模式在拉丁美洲司空见惯，在各国商业和工业巨头中，非西班牙裔、非葡萄牙裔的移民及其子女所占比例非常高，有时甚至是绝对优势比例。[92]

不论是在欧洲还是西半球，西班牙人和葡萄牙人的上层社会有一种对工商业的蔑视，与此并行的是底层社会对体力活和繁重工作的厌恶。这种态度并不仅仅是懒惰。一位学者在一本书里写到17世纪的西班牙，就曾描述西班牙人的这种特征，即"以懒惰为荣"，反映出这种文化在骨子里将体力活贴上"耻辱"的标签，人人都很厌恶这种工作。[93]

数百年后，巴拉圭的日本农民在聚居地不停歇地辛勤工作，巴拉圭本地人对日本人的这种干劲很困惑。[94]同样，洪都拉斯的农民抱怨说，让他们跟德国农民竞争是不公平的，后者被认为工作太过努力了。[95]

在世界舞台上，有许多国家的人不仅无法达到别国的生产率标准，而且断然拒绝、憎恨并且限制那些生产率高的人，用谴责国内外其他人的剥削来解释他们自身的落后。这不只发生在拉丁美洲。拉丁美洲的学者引领并发展了所谓的"依附理论"，用南美的落后谴责北美以及其他国家。然而亚洲国家向国际贸易、投资者和技术开放取得了惊人的经济成功，也销蚀了拉丁美洲"依附理论"的基础。但拉丁美洲已经为此付出了代价：数代人自我放纵、不愿奋进。

当我们考虑文化或其他因素可能造成了特定结果时，不能忽视时间。放弃"依附理论"会使得更大的经济进步成为可能，但该理论多年来带给经济增长的障碍已无法消除。同样，当某一个国家的人口大多仍是文盲，而其他国家已经在数代人或数百年里普及了教育时，教育在该国的普及当然会使该国受益，但并不会使之立刻追赶上那些教育普及成为常态的国家。

在另一个意义上，时间也很重要。长久以来人们观察到，相对于原产国，一种文化移植到其他国家很大程度上会保持原样。因此，魁北克的法语和墨西哥的西班牙语中有许多单词和语句在法国和西班牙都属于古老的语言。据说，拉丁美洲传承自西班牙的反生产观念在西班牙本国已经开始转变，但这种转变却鲜见于拉丁美洲。[96]

英国的前殖民地，即那些由英国移民创立的国家，总体上比西班牙或葡萄牙的前殖民地在经济上更繁荣，这一事实无可辩驳。这并非因为大英帝国在选择定居点上做出了更好的选择，因为西班牙帝国创立更早，他们在殖民地的选择上也领先一步。早在16世纪，西班牙人已经在北美和南美攻占了领土并攻击当地人。直到17世纪，英国才在詹姆斯敦建立了美洲的第一块永久殖民地。

直面事实及未来

财富、贫穷与政治涉及很多社会和经济问题，在处理这些问题时，最紧要的不一定是开出特定的政策"处方"。人们也已经提出许多蓝图用来建立乌托邦，相比之下，我们缺少的是对当前问题及未来选择进行理性思考的前提条件。这些前提条件中最重要的是真正的事实。无论我们找寻的目的地是什么——可以是直白的，也可以是描绘出来的——出发的起点总是当下。这意味着为了向我们的目的地前进，我们首先要了解的必定是与我们当前相关的事实。

如果我们的目的地是夏威夷，那么首先要知道我们在夏威夷的东南西北哪个方向。否则，我们可能会一直沿着错误的方向前行。如果我们的目的地不是地理位置上的，而是比喻性或社会性的目标，也仍要遵从同样的原则。例如，如果我们期望加快非洲裔美国人在经济和其他方面的进步，就应当知晓今天这一群体的现状如何，而不是我们期待他们是什么样，也不是部分黑人自己认为的或使其他人相信的他们当前的状况。前提如果错了，结论也很少会正确。

那么，阻碍我们知晓事实的障碍有哪些呢？

不幸的是，障碍太多，太明显。它们包括铁证如山却不能言说的东西，可以公之于众却没有证据支持的东西，以及无视任何相反的证据。在大学校园里，这些障碍最明显不过。老师或学生倘若公开谈论关于少数族群那些令人不快的真相，他就会遭到反对，被认为是社会渣滓，受到校园言论规则的惩罚，甚至遭受暴力攻击和威胁。

与此同时，有些事情不论多么虚假，都是可言说的。而谈论这些虚伪的东西不会受到批判，也不会因此名声败坏。

不幸的是，在太多场合，不论是学术界、媒体还是政府，我们听到的大多是虚假且具有误导性的武断假定。其中最流行的一种是前面我们提到过的——其他人的恶毒行为造成了国家间或一国内部不同群体间的经济差距。这一论断隐含的假定就是，如果不是他人的恶毒，各个群体的经济结果将是平等的。但全世界各地的地理、人口和文化以及其他因素都会影响经济结果，平等是不可能的。更不必说，在个人努力可以被客观度量的领域，如体育、国际象棋、拼写大赛等，个人的成绩在分布上也是高度有偏的。

影响个体经济效率的因素众多，人们具备这些因素的可能性也有很大的不同，一般意义上的机会均等与实现某项目标的机遇同等也是非常不同的。但这一差异经常被忽视或混为一谈。

即使是约瑟夫·斯蒂格利茨（Joseph Stiglitz）这样的诺贝尔经济学奖获得者也曾说过："考察机会均等的方式之一，是看儿童的人生际遇多大程度上取决于父母的教育和收入。"更具体地说，他问道："一个出生在父母教育程度不高的家庭的儿童，能够接受良好教育并成为中产阶级的可能性，是否同出生在中产阶级家庭，父母有大学文凭的孩子一样高？"他说，"拉美裔美国人和非洲裔美国人的工作报酬仍低于白人，妇女的报酬也低于男人"，并以此作为机会不均等的证据。根据斯蒂格利茨教授的说法，"美国人正逐渐意识到，他们所珍视的关于社会和经济流动性的故事成了一个神话"。[97]

混淆"机会均等"与"成功可能性均等"会造成什么后果？此时人们不会考虑"是否某些人比其他人能更好地利用机会"的问题，这种处理很巧妙。当纽约三所老牌公立高中——史岱文森高中、布朗克斯科学高中以及布鲁克林工程高中——的亚洲学生与白人学生的比例超过 2∶1 时[98]，我们能说白人没有获得同等机会吗？

我们知晓来自福建省的华人的收入和教育水平都很低，这样我们还能说亚洲人的收入和教育水平超过白人吗？当我们知晓富人区榭柯高地的黑人医生和律师的子女忽视学习功课，我们还能将"机会均等"与"同等的可能性"等同起来吗？[99]

语言很重要。有时运用诡辩式的语言，能够将缺乏证据的事讲得有理有据。失败群体之所以失败，多大程度上是由于外部障碍——机会更少？又有多大程度是因为他们内在的知识、纪律性、价值观和其他能够影响他们人生机会的因素不足呢？对于探寻真相的人而言，这一问题十分关键，但对于只想在意识形态上取胜的人而言，这一问题完全不在他们的考虑范围之内。

如果约瑟夫·斯蒂格利茨偏爱制造"人生机会"的话题，那是他的权力。但宣称他已经驳倒了其他人关于社会流动性的信念，并宣称这种信念只是一种"神话"，实质上是将他自己的社会流动性观念强加给他人。而且把黑人与白人或男性女性之间的收入差距视为证据，这就更让人困惑。在许多美国人看来，这种差距背后的根源是外部的种族歧视或性别歧视。

然而，已有的众多实证研究发现，黑人的工作能力逊于白人。同样，男性和女性在经济发展中的作用也不同。除了其他有重要影响的差别外，最简单的事实是，女性年工作小时数和持续工作年限都更短。[100]

早在1971年，虽然女性群体的收入少于男性，但倘若单身女性从高中毕业一直工作到30岁，她们挣的还要略多于工作年限相同的男性。[101] 在1972—1973学年，当时黑人学者的收入整体上低于白人，但从高水平大学获得博士学位且发表相同数量文章的黑人收入却高于同等条件的白人学者。[102]

斯蒂格利茨教授的论证方式并非个案。不论是讨论不那么成功的社会成员，还是讨论成功的社会成员，重新界定概念是从意识形态角度讨论收入再分配的重要武器。当人们讨论较成功的群体时，"成就"概念被偷换成"特权"。例如，有人指出，收入统计数据显示，"根据年收入、教育水平和职业声望判断，爱尔兰天主教徒族群在美国属于第二大特权族群，这一点毫无争议"，而犹太人是"最具有特权的种族"。[103]

我们要看到，19世纪爱尔兰和犹太移民抵达美国时，他们在移民中属于极端贫穷的一群人，生活环境之恶劣是我们今天无法想象的。由此可见，这些判断是如何可笑。

一个世纪后，爱尔兰人和犹太人在困苦中逐渐富裕。这是一种成就，而不是什么特权。在第二次世界大战之前，他们的境遇非常糟糕，曾有雇主在招工时发出告示"此岗位不招爱尔兰人"，哈佛大学和其他老牌学府招录的犹太学生也有名额限制，而且任命的犹太人教授更少，甚至没有，这些限制却反衬出他们的非凡成就。但如今一些人想玩弄文字游戏，称他们是"有特权的人"[104]，否定他们的成就。同样，黑人中产阶级的祖先来到美国时，也不可能是医生、律师或教师，但他们也被描述为"有特权的人"。

不只是政治家或记者，严肃学术刊物上的文章在讨论其他国家或地区的族群差异时，也同样喜欢玩弄文字游戏。例如，由于政府命令，马来西亚公共机构和私人组织普遍更偏向马来人，但马来人依然被称作"没有特权的人"[105]，而非马来人被视作"有特权"的人[106]。类似地，在多伦多，日本裔加拿大人由于收入更高，于是被描述成"有特权的人"[107]。这种说法忽略了历史上加拿大曾经有过反日本人的歧视运动。在第二次世界大战期间，加拿大设立了日裔集中营，反日运动达到顶点，而日裔加拿大人比日裔美国人遭受的拘役更久。[108]

总之，在讨论某些族群取得的成就时，用"特权"替换"成就"磨灭了他们长久艰辛的奋斗。尽管我们都知道，特权指的是一种事先的条件，而成就指的是一种事后状态。更重要的是，在讨论族群间的经济不平等时，这样的技巧避开了对行为和生产效率的讨论。其他技巧包括将任何关于特定群体的负面信息归为"陈词滥调"而不予考虑。这种语言诡辩让一些词汇"面目全非"，进而无法传递再分配主义者要极力规避的不受他们欢迎的事实，也就成了探寻真相的障碍。

除此之外，这些观点聚焦于随成就而来的回报，却无视他们生产的产品和服务带给他人的福利，也无视了人们愿意花钱购买这些福利。正如在其他情形中一样，当再分配主义者讨论"生产效率决定收入分配"时，他们运用文字游戏对生产效率问题避而不谈。看起来就像重要的只是 A 和 B 之间的收入差距，而不必考虑 A 和 B 各自成就带给 C、D、E 以及其他人的福利。

仅仅关注成就不同的人在福利上的差异，就会看不到这些人的成就带给整个社会的福利。在史前时代，不论是谁发明了轮子或第一个想出生火的办法，他就比其他人领先一步，但最重要的是，这些事物极大地增进了尚处于"婴儿期"的人类的人力资本。或许全世界每个人都在同一时间取得同样的进步会更棒，但这只是理论上的可能性，而且更重要的是，人类只有真实地取得了这些根本性的进步，才能迈向文明社会。

今天，一些父母养育子女的方式容易培养出医生、科学家或工程师，而另一些儿童成长的方式使得他们更容易成为领取政府福利的人或罪犯。两者的差别不仅限于这两类儿童在未来的发展优势，还会影响整个社会的福利。一些学者谴责学校的录取政策过于看重申请者的学业成绩，在他们看来，这简直就是奖励那些"拥有特权的人"。就像尼日利亚的种族活跃分子谴责的"技能的专横"[109]，不同录取政策对社会的影响在人们的讨论中消失得毫无踪影。

从某种意义上说，"技能的专横"是存在的，但它的存在与任何一个特定的组织或社会都不相关，因为它内在的根源不受人控制。例如，医疗技术影响着数百万人的生死，这就是我们无可逃避的现实或者说"专横"。一个特定的组织或社会所能做的不过是要么承认这一技能的价值，要么使技能屈从于人们的社会偏见或政治权宜之计。技能带来的福利，不止局限于技能拥有者，还包括缺乏这些技能的人。纽约精英高中和精英学院培养的毕业生发明的骨髓灰质炎疫苗，对全世界不同收入阶层、种族、肤色、宗教信仰和国家的民众都是福音。

人们总是惊讶于不同个体、族群或国家所获得回报的巨大差距，但很少追问获得丰厚回报的人所生产的商品或提供的服务是不是也有很大的不同。再分配主义者对这一问题的回答并无多少建树。因为很少有人提出这样的问题，而试图回答这一问题的人就更少了。这再次说明，生产问题被遗落在模糊的背景里，就像不管怎样都会如此一样。

有些研究针对的是那些超级富豪，如约翰·D.罗斯柴尔德，这类研究或许会充满对他们"贪婪"的指责。但使用"贪婪"这种词汇来描述罗斯柴尔德人格的人很少会提到一个最基本的问题：罗斯柴尔德究竟给他人提供了什么，以至于让那么多人将他们微薄的钱财付给他，使他能够积累巨额财富？

在此类情形中，"贪婪"一词经常被提到，但它什么也解释不了，除非你相信只要对金钱贪得无厌，别人就会付钱给你。"贪婪"虽然在因果关系上毫无解释力，但却流行于知识界，一句老话传递了根本的事实："如果愿望都能实现，乞丐早就发财了。"无论一个人是否真的具有"贪婪"的品性，如果他仅仅只有愿望，就无法解释为什么他人会给这些贪婪者钱财来满足他们的愿望。

而且财富多寡并非贪婪的"气压计"。一个小混混为了一丁点儿钱抢劫一间小店，并杀人灭口，他抢的钱还比不上一名工程师或外科医生诚实工作一个月的收入。在这个案例中，贪婪的是那个小混混。

就约翰·D.洛克菲勒而言，其财富积累开始于19世纪，通过在生产和运输煤油上的创新发明，极大地降低了生产和运输成本。[110] 即便到今天，我们仍用桶（barrel）作为度量石油的单位，而正是洛克菲勒通过铁路罐车取代了原来的用桶装运石油的方式，节省了运输成本。

这一变革发生之时，电灯泡尚未问世，有一句古老的谚语是这样讲的："黑夜将到，就没有人能做工了。"许多劳动阶层的人晚上用不起蜡烛或燃油，在夜幕降临后别无选择只能上床睡觉。洛克菲勒改进生产和运输方式后，煤油成本极大地降低了，普通民众也能在黑夜中点起煤油灯，多享受几个小时的光明生活。

他们购买的是每年数百小时的额外光明，成百上千万人愿意为延长他们的生命而购买煤油，这毫不稀奇。

我们视今天世界的许多便利为理所当然，很难想象过去的人曾经是怎样生活的，也就很难体会那些里程碑式的进步如何让人们突破了时代的种种限制。

据估计，19世纪早期的大多数美国人在其一生中，活动范围不超过出生地为圆心的半径50英里内的区域。[111] 铁路和汽车的出现大大扩展了人们的活动范围，特别是20世纪初亨利·福特批量生产汽车，显著降低了汽车的生产成本。从此汽车从富人才能拥有的奢侈品变成了大众也可以使用的代步工具。

亨利·福特的发明提升了生产效率，进而扩展了数百万人的生活边界。而他由此积累的财富只是意外的副产品。为什么有人觉得有权干预这一过程，尽管他们对此毫无贡献？为什么他们认为有权替他人做决策却不需要承担决策错误的代价？这是我们时代众多迷思之一。

从历史角度看，发明了一种新产品或使旧产品功能更好或价格更便宜，甚至有时仅是让旧产品既廉价又更好用，这些都能带来财富。不论是医生的医术，还是飞行员将数百人送到千里之外的驾驶技术，他们因技术获得的回报源于这些技术会改进人们的生活。掌握这些有价值的技艺，以便有能力从事这些工作或做其他事情，是一种有益他人的成就，而不是损人利己的"特权"。无论在语言上如何模糊它们之间的差异，两者在根本上是有区别的。

再分配主义者或许要求提供证据，证明所有的财富或所有高收入都是通过这种方式获得的，但这是将举证责任推给他人。他们应该让那些限制别人根据自己意愿自由生活，限制别人随心所欲地自由做出经济决策的人提供证据。说今天的知识阶层或政治家应当承继早先时代的那种"君权神授"，是毫无道理的。

市场经济没有不完美之处吗？当然有！所有事物都有缺陷，包括市场经济的替代物。正如一位著名学者指出的："对人类制度的研究总是在探寻最能忍受的不完美。"[112]

我们说这一切当然不是说应维持现状，我们无法做到这一点，也不应维持现状。即使是保守主义领袖，从18世纪的埃德蒙·伯克（Edmund Burke）到20世纪的米尔顿·弗里德曼，都在推动重大的社会变迁。[①]他们反对其中一些变革并不代表他们反对社会变迁的其他方面。但是，"变迁"这个词不是"自我放纵"的空头支票，更不是在一种观念下允许所有放纵行为。这一观念认为不平等是邪恶的，因此应站在天使的一边，对邪恶势力进行一场正义之战。他们没有考虑这种世界观是如何自我鼓吹的。

还有一种更危险的观念，认为人生的机遇是绝对不平等的，因此我们有理由给予政治家更多的对国家资源的控制权和更多的对我们个体生活的干预权。这种观点造成的历史令人警醒。英格兰和美国实施的扩张性福利政策带来了物质福利，也伴随着痛苦的社会退步，进而给整个社会带来了危害。

最重要的是，无论要推动何种变革，首先必须了解我们今天所处的环境，了解事实，不论事实是悦耳的还是刺耳的，因为"变迁"意味着进步。本书目标是至少让我们了解现状和事实。有的是人想要绘制政治蓝图，我们唯有期待政策是以现实世界的"硬事实"为基础，而不是用华丽的辞藻或偏见伪饰。

---

① 伯克经常弹劾英国印度总督压迫当地人。除此之外，在废奴思想还是西方文明中少数人认可的观点时，伯克就推动了废奴运动，甚至还起草了让奴隶为自由做好准备以及为他们作为自由人开始新生活提供财产的计划。米尔顿·弗里德曼提议全面改革公立学校和美国联邦储备委员会，并提出对穷人征收负的所得税进行转移支付。伯克曾说过："没有变革手段的国家，也就没有保存自己的手段。"米尔顿·弗里德曼曾著有《现状的暴政》(The Tyranny of the Status Quo)一书。

致　谢

致谢总有些陈词滥调，比如我们都站在巨人的肩膀上。但对于那些投入大量时间和精力撰写不朽巨著的研究者，我始终心存敬畏和感谢。这些著作包括维克托·珀赛尔（Victor Purcell）的《华人在东南亚》(*The Chinese in Southeast Asia*)、查尔斯·穆雷（Charle Murray）的《人类的成就》(*Human Accomplishment*)、斯蒂芬·特恩斯特伦（Stephan Thernstrom）和阿比盖尔·特恩斯特伦（Abigail Thernstrom）的《黑人和白人的美国》、艾伦·丘吉尔·萨普尔（Ellen Churchill Semple）的《地理环境之影响》(*Influences of Geographic Environment*)、唐纳德·L. 霍洛维茨的《冲突的族群》，还有 N. J. G. 庞兹关于欧洲历史与地理的一系列博学并富有洞察力的著作。

其他一些著作或许篇幅不长，却以其极高的品质闻名于世。其中包括西奥多·达林普尔的《底层人的生活》、查尔斯·A. 普莱斯（Charles A. Price）的《澳大利亚的南欧人》(*Southern Europeans in Australia*)，以及大卫·S. 兰德斯著《国富国穷》(*The Wealth and Poverty of Nations*)。另外，我在写作中参考或引用过的数以百计的其他论文和著作同样值得一阅，可作为参考读物。

如果我们只是站在巨人及前人的肩膀上，不过是重复他们所看到并已完美阐述的事情，那将毫无意义。不过，我们仍然是站在他们提供的有利位置上，从不同的视角去观察世界。

我们也会发现，还有许多执迷不悟的出版物，包括"徒有其表"的美国最高法院的判决书。这些读物激发我去思考以前从未关注的议题。我在文中也提到这些执迷于错误观念而不悔改的作者，不过他们或许并不会感激我在书中提到他们的名字。

言归正传，我要感谢我的研究助理刘娜（Na Liu）和伊丽莎白·科斯塔（Elizabeth Costa）。毫不夸张，她们对我的恩情难以言表。她们不仅为我找到了要求的研究资料，而且还搜寻和评估了大量其他研究资料，积极地参与研究。除此之外，科斯塔女士承担了编辑和校对工作，而刘女士建立了精准的电脑文件，以使文稿达到可以直接印刷出版的程度。

当然，所有这些都离不开胡佛研究所的支持和赞助。在此过程中，我还利用了斯坦福大学丰富的图书馆藏。我的妻子玛丽以及老友约瑟夫·查尼（Joseph Charney）评论了第一章初稿，根据他们的意见，我对该章做了较大修改并有了改进。

所有的结论以及任何错误，我个人愿意承担责任。

托马斯·索维尔
斯坦福大学胡佛研究所

参考资料

第 1 章 重要问题

1. 比如见 N. J. G. Pounds, *An Historical Geography of Europe*（Cambridge：Cambridge University Press, 1990）, p.21。
2. Ibid., p.27. 很多作者已经写过大量文章和著作，介绍埃及和中国的古代先进文明。包括 Margaret Oliphant, *The Atlas of the Ancient World: Charting the Great Civilizations of the Past*（New York：Simon & Schuster, 1992）, pp.38—41, 162—165。
3. Charles O. Hucker, *China's Imperial Past: An Introduction to Chinese History and Culture*（Stanford：Stanford University Press, 1975）, p.65；Jacques Gernet, *A History of Chinese Civilization*, second edition, translated by J. R. Foster and Charles Hartman（New York：Cambridge University Press, 1996）, pp.69, 138, 140.
4. David S. Landes, *The Wealth and Poverty of Nations: Why Some Are So Rich and Some So Poor*（New York：W. W. Norton & Company, 1998）, pp.93—95.
5. Charles Murray, *Human Accomplishment: The Pursuit of Excellence in the Arts and Sciences, 800 B. C. to 1950*（New York：Harper Collins, 2003）, pp.355—361.
6. Ellen Churchill Semple, *Influences of Geographic Environment*（New York：Henry Holt and Company, 1911）, p.20.
7. Fernand Braudel, *The Mediterranean and the Mediterranean World in the Age of Philip II*, translated by Siân Reynolds（Berkeley：University of California Press, 1995）, Vol. I, p.35.
8. *The World Almanac and Book of Facts: 2014*（New York：World

Almanac Books, 2014), pp.748, 771, 779—780, 821, 831, 839, 846.
9 Ibid., pp.764, 786, 793.
10 The Economist, *Pocket World in Figures: 2013 edition*(London: Profile Books, 2012), p.25.
11 Herbert Heaton, *Economic History of Europe*(New York: Harper & Brothers, 1936), p.246; Saskia Sassen, *Territory, Authority, Rights: From Medieval to Global Assemblages*(Princeton: Princeton University Press, 2006), p.83.
12 Jaime Vicens Vives, "The Decline of Spain in the Seventeenth Century", *The Economic Decline of Empires*, edited by Carlo M. Cipolla (London: Methuen & Co., 1970), p.147; Carlo M. Cipolla, *Before the Industrial Revolution: European Society and Economy, 1000—1700*, second edition(New York: W. W. Norton, 1980), p.252.
13 David S. Landes, *The Wealth and Poverty of Nations*, p.250.
14 U. S. Bureau of the Census, *Historical Statistics of the United States: Colonial Times to 1970*(Washington: Government Printing Office, 1975), Part 1, p.382.
15 The Economist, *Pocket World in Figures: 2003 edition*(London: Profile Books, 2002), p.26; U. S. Census Bureau, "Money Income in the United States: 2000", *Current Population Reports*, pp.60—213 (Washington: U. S. Bureau of the Census, 2001), p.2.
16 "收入分配"一词使有些人在思考的时候好像早就有一块一块的收入或财富（虽然不知道是怎么存在的），就等着分给个人或群体。实际上，只有创造财富的过程才能给个人带来收入，才能用来交换个人的生产力。这些个人收入随后会被宣称加总到"国民收入"中，而"国民收入"又宣称会"分配"给个人或群体。这样的观点有时也会用在国际经济中，于是有人哀叹美国人不公平地享有远超于合理份额的"世界产出"。但是，没有一个叫作"世界"的人生产了所有的"产出"，这个叫"世界"的人没有生产任何产出。美国人消费的正是美国人自己的产出，他们用其中的一部分进口别国的产出。从纯粹的比喻统计意义上看，收入分配和身高分配是一个道理，可是没有人会想象身高总合在一起，然后分配给个人。认为收入和财富应该总合在一起然后分享给个人的人当然可以自由地宣扬这样的经济制度，但是他们不应该用含糊的语言来暗示这一过程。

17　Henry Hazlitt, *The Wisdom of Henry Hazlitt*（Irvington-on-Hudson, New York: The Foundation for Economic Education, 1993）, p.224.

18　Darrel Hess, *McKnight's Physical Geography: A Landscap.Appreciation*, eleventh edition（Upper Saddle River, New Jersey: Pearson Education, 2014）, pp.100—101; E. A. Pearce and C. G. Smith, *The Times Books World Weather Guide*（New York: Times Books, 1984）, pp.129, 130, 131, 132, 142, 376.

19　E. A. Pearce and C. G. Smith, *The Times Books World Weather Guide*, pp.132, 376.

20　Daron Acemoglu and James A. Robinson, *Why Nations Fail: The Origins of Power, Prosperity, and Poverty*（New York: Crown Business, 2012）, p.62.

21　Richard Lynn, *The Global Bell Curve: Race, IQ, and Inequality Worldwide*（Augusta, Georgia: Washington Summit Publishers, 2008）.

22　这一抱怨出自 Richard Lynn, *The Global Bell Curve*, p.5。

23　出自约翰·梅纳德·凯恩斯，非精确引用。相似的言论还有 Carveth Read, *Logic: Deductive and Inductive*, third edition（London: Alexander Moring, Limited, The De La More Press 1909）, p.320。

第2章　地理因素

1　David S. Landes, *The Wealth and Poverty of Nations: Why Some Are So Rich and Some So Poor*（New York: W. W. Norton & Company, 1998）, p.6.

2　Darrell Hess, *McKnight's Physical Geography: A Landscap. Appreciation*, eleventh edition（Upper Saddle River, New Jersey: Pearson Education, Inc., 2014）, p.200.

3　T. Scott Bryan, *The Geysers of Yellowstone*, fourth edition（Boulder: University of Colorado Press, 2008）, pp.9—10.

4　Alan H. Strahler, *Introducing Physical Geography*, sixth edition（Hoboken, New Jersey: Wiley, 2013）, pp.402—403.

5　Frederick R. Troeh and Louis M. Thompson, *Soils and Soil Fertility*, sixth edition（Ames, Iowa: Blackwell, 2005）, p.330; Xiaobing Liu, et al., "Overview of Mollisols in the World: Distribution, Land Use and Management", *Canadian Journal of Soil Science*, Vol. 92（2012），

pp.383—402.
6　Ellen Churchill Semple, *Influences of Geographic Environment*（New York: Henry Holt and Company, 1911）, p.69.
7　William S. Maltby, *The Rise and Fall of the Spanish Empire*（New York: Palgrave Macmillan, 2009）, p.18; Peter Pierson, *The History of Spain*（Westport, Connecticut: Greenwood Press, 1999）, pp.7—8.
8　John H. Chambers, *A Traveller's History of Australia*（New York: Interlink Books, 1999）, p.35.
9　Ellen Churchill Semple, *Influences of Geographic Environment*, pp.442—443; Don Funnell and Romola Parish, *Mountain Environments and Communities*（London: Routledge, 2001）, p.115.
10　全部50个州的面积为3678190平方英里（1平方英里=2.59平方千米）。减掉阿拉斯加（590693平方英里）和夏威夷（6468平方英里）后，剩下48个州的面积为3081029平方英里。撒哈拉沙漠的面积为3320000平方英里，大约比这48个本土州还要大8%。*Time Almanac: 2013*（Chicago: Encyclopedia Britannica, 2012）, pp.173, 466, 582—583, 587。
11　Fernand Braudel, *A History of Civilizations*, 由Richard Mayne翻译（New York: The Penguin Group.1994）, p.124。同样，一位地理学家说："启蒙渗透进来，但是在传播的过程中逐渐暗淡。" Ellen Churchill Semple, *Influences of Geographic Environment*, p.392。
12　William H. McNeill, *History of Western Civilization: A Handbook*, sixth edition（Chicago: University of Chicago Press, 1986）, p.247.
13　Charles Murray, *Human Accomplishment: The Pursuit of Excellence in the Arts and Sciences, 800 B.C. to 1950*（New York: Harper Collins, 2003）, pp.355—361.
14　N. J. G. Pounds, *An Historical Geography of Europe*（Cambridge: Cambridge University Press, 1990）, p.1.
15　Ellen Churchill Semple, *Influences of Geographic Environment*, pp.29, 131.
16　Ibid., p.25.
17　Oscar Handlin, "Introduction", *The Positive Contributions by Immigrants*, edited by Oscar Handlin（Paris: United Nations Educational, Scientific and Cultural Organization, 1955）, p.13.
18　Ulrich Bonnell Phillips, *The Slave Economy of the Old South: Selected*

Essays in Economic and Social History（Baton Rouge：Louisiana State University Press, 1968）, p.269.
19 Ellen Churchill Semple, *Influences of Geographic Environment*, p.84.
20 Jeffry A. Frieden, *Global Capitalism: Its Fall and Rise in the Twentieth Century*（New York：W. W. Norton, 2006）, p.5.
21 Daniel Yergin, *The Prize: The Epic Quest for Oil, Money, and Power*（New York：Simon & Schuster, 1991）, p.60.
22 Jack Chen, *The Chinese of America*（San Francisco：Harper & Row, Publishers, 1980）, pp.65—66.
23 William A. Hance, *The Geography of Modern Africa*（New York：Columbia University Press, 1964）, p.5.
24 Jocelyn Murray editor, *Cultural Atlas of Africa*（New York：Facts on File Publications, 1981）, p.10.
25 Robert Stock, *Africa South of the Sahara: A Geographical Interpretation*, third edition（New York：The Guilford Press, 2013）, p.29; Robert O. Collins and James M. Burns, *A History of Sub-Saharan Africa*, second edition（New York：Cambridge University Press, 2014）, p.17.
26 Robert Stock, *Africa South of the Sahara*, third edition, p.129.
27 Jacques Gernet, *A History of Chinese Civilization*, second edition, translated by J. R. Foster and Charles Hartman（New York：Cambridge University Press, 1996）, p.321.
28 Ellen Churchill Semple, *Influences of Geographic Environment,* p.260.
29 William Howarth, "The St. Lawrence：A River of Boundaries", National Geographic Society, *Great Rivers of the World,* edited by Margaret Sedeen（Washington：National Geographic Society, 1984）, pp.415—416, 420; Ronald Stagg, *The Golden Dream: A History of the St. Lawrence Seaway*（Toronto：Dundurn Press, 2010）, p.233.
30 U. S. Navy Hydrographic Office, *Africa Pilot*, Vol. II：*South and East Coasts of Africa from Cap.of Good Hop.to Ras Hafun*（Washington：Government Printing Office, 1916）, p.248.
31 William A. Hance, *The Geography of Modern Africa*, second edition（New York：Columbia University Press, 1975）, pp.497—498.
32 Virginia Thompson and Richard Adloff, *French West Africa*（Stanford：Stanford University Press, 1957）, p.305.

33 Edwin O. Reischauer and John K. Fairbank, *A History of East Asian Civilization*, Volume I: *East Asia: The Great Tradition* (London: George Allen & Unwin, Ltd., 1960), pp.20—21.
34 Ellen Churchill Semple, *Influences of Geographic Environment*, p.341.
35 William H. McNeill, *History of Western Civilization*, sixth edition, p.247.
36 Jocelyn Murray, editor, *Cultural Atlas of Africa*, p.13.
37 F. J. Pedler, *Economic Geography of West Africa* (London: Longmans, Green and Co., 1955), p.118.
38 Jean W. Sedlar, *East Central Europ.in the Middle Ages, 1000—1500* (Seattle: University of Washington Press, 1994), p.335.
39 David S. Landes, *The Wealth and Poverty of Nations*, p.295.
40 Nicholas Wollaston, "The Zaire", *Great Rivers of the World*, edited by Alexander Frater (Boston: Little, Brown and Company, 1984), p.80.
41 Rupert B. Vance, *Human Geography of the South: A Study in Regional Resources and Human Adequacy* (Chapel Hill: University of North Carolina Press, 1932), p.261.
42 Robert E. Gabler, et al., *Physical Geography,* ninth edition (Belmont, California: Brooks/Cole Cengage Learning, 2009), p.470.
43 Ellen Churchill Semple, *Influences of Geographic Environment*, p.343.
44 Ellen Churchill Semple, *The Geography of the Mediterranean Region: Its Relation to Ancient History* (New York: Henry Holt and Company, 1931), p.579.
45 Ellen Churchill Semple, *Influences of Geographic Environment*, p.330.
46 Ibid., p.331.
47 Ibid.
48 Fernand Braudel, *The Mediterranean and the Mediterranean World in the Age of Philip II*, translated by Siân Reynolds (Berkeley: University of California Press, 1995), Vol. I, pp.95, 144.
49 William H. McNeill, *History of Western Civilization*, sixth edition, p.246.
50 Don Hinrichsen, *Coastal Waters of the World: Trends, Threats, and Strategies* (Washington: Island Press, 1998), p.75.
51 Fernand Braudel, *The Mediterranean and the Mediterranean World in the Age of Philip II*, translated by Siân Reynolds, Vol. I, p.138.
52 Ibid.
53 Ibid.

54 Darrell Hess, *McKnight's Physical Geography,* eleventh edition, p.271.
55 James S. Gardner, et al., "People in the Mountains", *Mountain Geography: Physical and Human Dimensions*, edited by Martin F. Price, et al (Berkeley: University of California Press, 2013), pp.268, 269.
56 比如见 J. R. McNeill, *The Mountains of the Mediterranean World: An Environmental History* (New York: Cambridge University Press, 1992), pp.27, 44—46, 104, 142—143; Ellen Churchill Semple, *Influences of Geographic Environment,* pp.530, 531, 599, 600; Fernand Braudel, *The Mediterranean and the Mediterranean World in the Age of Philip II,* 由 Siân Reynolds 翻译, Vol. I, pp.38, 57, 97; Rupert B. Vance, *Human Geography of the South*, pp.242, 246—247。
57 Rupert B. Vance, *Human Geography of the South*, p.242.
58 "Each settlement... constitutes a world within itself, for it is insulated from its neighbors by one or two thousand feet of steep wooded ridge." Rupert B. Vance, *Human Geography of the South*, p.242. See also Ibid., pp.243, 246.
59 Jean W. Sedlar, *East Central Europ.in the Middle Ages, 1000—1500*, p.335.
60 Fernand Braudel, *The Mediterranean and the Mediterranean World in the Age of Philip II*, translated by Siân Reynolds, Vol. I, p.283.
61 J.R. McNeill, *The Mountains of the Mediterranean World*, p.44.
62 James S. Gardner, et al., "People in the Mountains", *Mountain Geography*, edited by Martin F. Price, et al., p.269.
63 Douglas W. Freshfield, "The Great Passes of the Western and Central Alps", *The Geographical Journal*, Vol. 49, No. 1 (Jan. 1917), pp.2—22; James S. Gardner, et al., "People in the Mountains", *Mountain Geography*, edited by Martin F. Price, et al., p.288.
64 J. R. McNeill, *The Mountains of the Mediterranean World*, p.143.
65 Ibid., pp.27, 54.
66 Ibid., p.27.
67 Alton C. Byers, et al., "An Introduction to Mountains", *Mountain Geography*, edited by Martin F. Price, et al., p.6.
68 James S. Gardner, et al., "People in the Mountains", Ibid., p.267.
69 Martin F. Price and Thomas Kohler, "Sustainable Mountain

Development", Ibid., p.336.
70　Edward C. Banfield, *The Moral Basis of a Backward Society* (New York: The Free Press, 1958) , pp.10, 17, 35, 46.
71　Ibid., pp.46—47.
72　J. R. McNeill, *The Mountains of the Mediterranean World*, p.47.
73　Ibid., p.29.
74　Alton C. Byers, et al., "An Introduction to Mountains", *Mountain Geography*, edited by Martin F. Price, et al., p.2.
75　比如见 Don Funnell and Romola Parish, *Mountain Environments and Communities*, p.99; James S. Gardner, et al., "People in the Mountains", *Mountain Geography*, edited by Martin F. Price, et al., pp.276, 306; Ellen Churchill Semple, *Influences of Geographic Environment*, pp.595—596。
76　J. R. McNeill, *The Mountains of the Mediterranean World*, p.206; William H. McNeill, *The Age of Gunpowder Empires: 1450—1800* (Washington: The American Historical Association, 1989) , p.38.
77　Ellen Churchill Semple, *Influences of Geographic Environment*, pp.586—588; J.R. McNeill, *The Mountains of the Mediterranean World*, pp.118—119, 228—229, 268.
78　Edward C. Banfield, *The Moral Basis of a Backward Society*, p.35.
79　Peter Levi, *Atlas of the Greek World* (New York: Facts on File, Inc., 1980) , p.13.
80　J.R. McNeill, *The Mountains of the Mediterranean World*, pp.126, 127, 129.
81　Ibid., p.133.
82　Fernand Braudel, *The Mediterranean and the Mediterranean World in the Age of Philip II*, 由 Siân Reynolds 翻译, Vol. I, p.42。
83　Don Funnell and Romola Parish, *Mountain Environments and Communities*, p.206.
84　Rupert B. Vance, *Human Geography of the South*, p.247.
85　Amy Chua and Jed Rubenfeld, *The Triple Package: How Three Unlikely Traits Explain the Rise and Fall of Cultural Group.in America* (New York: The Penguin Press, 2014) , p.169.
86　Kevin D. Williamson, "Left Behind", *National Review,* December 16, 2013, p.26.

87　Martin F. Price and Thomas Kohler, "Sustainable Mountain Development", *Mountain Geography*, edited by Martin F. Price, et al., p.339.
88　J.R. McNeill, *The Mountains of the Mediterranean World*, pp.116, 117, 139.
89　比如见 Ibid., p.144。
90　Josip Roglič, "The Geographical Setting of Medieval Dubrovnik", *Geographical Essays on Eastern Europe,* edited by Norman J.G. Pounds（Bloomington：Indiana University Press, 1961）, p.150.
91　Fernand Braudel, *The Mediterranean and the Mediterranean World in the Age of Philip II*, 由 Siân Reynolds 翻译, Vol. I, p.46；Don Funnell and Romola Parish, *Mountain Environments and Communities*, pp.225, 227；J.R. McNeill, *The Mountains of the Mediterranean World*, p.110。
92　James N. Gregory, *The Southern Diaspora: How The Great Migrations of Black and White Southerners Transformed America*（Chapel Hill：University of North Carolina Press, 2005）, p.76.
93　Mandel Sherman and Cora B. Key, "The Intelligence of Isolated Mountain Children", *Child Development*, Vol. 3, No. 4（1932）, pp.279—290。黑人青年中也具有同样的模式，参见 Otto Klineberg, "Mental Testing of Racial and National Groups", *Scientific Aspects of the Race Problem,* edited by H.S. Jennings, et al（Washington：Catholic University Press, 1941）, p.280。
94　Lester R. Wheeler, "A Comparative Study of the Intelligence of East Tennessee Mountain Children", *Journal of Educational Psychology*, Vol. XXXIII, No. 5（May 1942）, pp.322, 324.
95　Rupert B. Vance, *Human Geography of the South*, p.256.
96　Ibid., p.243.
97　Fernand Braudel, *The Mediterranean and the Mediterranean World in the Age of Philip II,* 由 Siân Reynolds 翻译, Vol. I, p.44。
98　Martin F. Price and Thomas Kohler, "Sustainable Mountain Development", *Mountain Geography*, edited by Martin F. Price, et al., p.340；Don Funnell and Romola Parish, *Mountain Environments and Communities*, pp.111, 217；James N. Gregory, *The Southern Diaspora*, p.36.
99　James S. Gardner, et al., "People in the Mountains", *Mountain Geography*, edited by Martin F. Price, et al., pp.272, 273；Stephen F.

Cunha and Larry W. Price, "Agricultural Settlement and Land Use in Mountains", Ibid., pp.304—305; Don Funnell and Romola Parish, *Mountain Environments and Communities*, p.213; Ellen Churchill Semple, *Influences of Geographic Environment*, pp.579—580.

100 比如参见 Don Funnell and Romola Parish, *Mountain Environments and Communities*, p.215; James S. Gardner, et al., "People in the Mountains", *Mountain Geography*, edited by Martin F. Price, et al., p.268; Stephen F. Cunha and Larry W. Price, "Agricultural Settlement and Land Use in Mountains", Ibid., p.304; J. R. McNeill, *The Mountains of the Mediterranean World*, pp.54, 107, 134, 175, 213。

101 Don Funnell and Romola Parish, *Mountain Environments and Communities*, pp.223—224; J. R. McNeill, *The Mountains of the Mediterranean World* pp.119, 213; James S. Gardner, et al., "People in the Mountains", *Mountain Geography*, edited by Martin F. Price, et al., p.272.

102 J. R. McNeill, *The Mountains of the Mediterranean World*, p.213; N. J. G. Pounds, *An Historical Geography of Europe*, p.264.

103 Alton C. Byers, et al., "An Introduction to Mountains", *Mountain Geography*, edited by Martin F. Price, et al., p.1.

104 J. R. McNeill, *The Mountains of the Mediterranean World*, pp.20, 35, 41.

105 Monica and Robert Beckinsale, *Southern Europe: The Mediterranean and Alpine Lands*（London：University of London Press, 1975）, pp.42, 43, 228.

106 John K. Fairbank and Edwin O. Reischauer, *China: Tradition & Transformation*（Boston：Houghton Mifflin, 1978）, p.17.

107 Frederick R. Troeh and Louis M. Thompson, *Soils and Soil Fertility*, sixth edition, p.330; Xiaobing Liu, et al., "Overview of Mollisols in the World: Distribution, Land Use and Management", *Canadian Journal of Soil Science*, Vol. 92（2012）, pp.383—402.

108 Uzo Mokwunye, "Do African Soils Only Sustain Subsistence Agriculture?" *Villages in the Future: Crops, Jobs and Livelihood*, edited by Detlef Virchow and Joachim von Braun（New York：Springer, 2001）, p.175.

109 World Bank Independent Evaluation Group.*World Bank Assistance to

Agriculture in Sub-Saharan Africa（Washington：The World Bank, 2007），p.14.
110 Rattan Lal, "Managing the Soils of Sub-Saharan Africa", *Science*, May 29, 1987, p.1069.
111 *The World Almanac and Book of Facts: 2013*（New York：World Almanac Books, 2013），p.335.
112 E. A. Pearce and C. G. Smith, *The Times Books World Weather Guide*（New York：Times Books, 1984），p.19.
113 Ibid., pp.149, 188, 279, 380, 413.
114 Ibid., pp.26, 41, 47, 54, 57.
115 Ibid., pp.130, 199, 357.
116 George W. Hoffman, "Changes in the Agricultural Geography of Yugoslavia", *Geographical Essays on Eastern Europe*, edited by Norman J. G. Pounds, p.114.
117 Andrew J. Bach and Larry W. Price, "Mountain Climate", *Mountain Geography*, edited by Martin F. Price, et al., p.41.
118 Ellen Churchill Semple, *Influences of Geographic Environment*, p.27.
119 E. A. Pearce and C. G. Smith, *The Times Books World Weather Guide*, p.199.
120 Don Funnell and Romola Parish, *Mountain Environments and Communities*, pp.145—146.
121 *The World Almanac and Book of Facts: 2014*（New York：World Almanac Books, 2014），p.733；Barbara F. Grimes, editor, *Ethnologue: Languages of the World*（Dallas：SIL International, 2000），Volume I, p.846.
122 Gordon F. McEwan, *The Incas: New Perspectives*（Santa Barbara, California：ABC-CLIO, 2006），p.89.
123 National Geographic Society, *Great Rivers of the World*, edited by Margaret Sedeen, p.278.
124 Ellen Churchill Semple, *Influences of Geographic Environment*, p.434.
125 Ibid.
126 William S. Maltby, *The Rise and Fall of the Spanish Empire*, p.18.
127 Ellen Churchill Semple, *Influences of Geographic Environment*, p.144.
128 Ibid.
129 "The Indigenous People", *The Australian People: An Encyclopedia*

of the Nation, Its People and Their Origins, edited by James Jupp（Cambridge：Cambridge University Press, 2001）, p.4.
130　Darrell Hess, *McKnight's Physical Geography*, eleventh edition, p.324.
131　Nicholas Wade, *A Troublesome Inheritance: Genes, Race and Human History*（New York：The Penguin Press, 2014）, p.93.
132　Alfred W. Crosby, "An Ecohistory of the Canary Islands：A Precursor of European Colonialization in the New World and Australasia", *Environmental Review*, Vol. 8, No. 3（Autumn 1984）, p.217.
133　Donald P. Whitaker, et al., *Area Handbook for Australia*（Washington：Government Printing Office, 1974）, pp.46, 361—362.
134　J.M. Roberts, *A History of Europe*（New York：The Penguin Press, 1997）, p.139.
135　Burr Cartwright Brundage, *Empire of the Inca*（Norman：University of Oklahoma Press, 1963）, pp.261—262.
136　Francis Jennings, *The Invasion of America: Indians, Colonialism, and the Cant of Conquest*（Chapel Hill：University of North Carolina Press, 1976）, p.22.
137　Caroline Golab, *Immigrant Destinations*（Philadelphia：Temple University Press, 1977）, p.102.
138　Donald L. Horowitz, *Ethnic Group.in Conflict*（Berkeley：University of California Press, 1985）, p.663.

第3章　文化因素

1　David S. Landes, "Culture Makes Almost All the Difference", *Culture Matters: How Values Shap.Human Progress*, edited by Lawrence E. Harrison and Samuel P. Huntington（New York：Basic Books, 2000）, p.2.
2　"Africa's Testing Ground", *The Economist*, August 23, 2014, p.59.
3　比如参见 Richard Lynn and Tatu Vanhanen, *IQ and Global Inequality*（Augusta, Georgia：Washington Summit Publishers, 2006）。
4　Victor Wolfgang von Hagen, *The Germanic People in America*（Norman：University of Oklahoma Press, 1976）, p.326; Alfred Dolge, *Pianos and Their Makers*（Covina, California：Covina Publishing Company, 1911）, pp.172, 264; Edwin M. Good, *Giraffes, Black Dragons, and Other Pianos: A Technological History from Cristofori*

to the Modern Concert Grand (Stanford: Stanford University Press, 1982), p.137n; W. D. Borrie, "Australia", *The Positive Contribution by Immigrants*, edited by Oscar Handlin (Paris: United Nations Educational, Scientific and Cultural Organization, 1955), p.94.

5　Adam Giesinger, *From Catherine to Khrushchev: The Story of Russia's Germans* (Lincoln, Nebraska: American Historical Society of Germans from Russia, 1974), pp.143—144.

6　Larry V. Thompson, Book Review, *Journal of Latin American Studies*, Vol. 8, No. 1 (May 1976), p.159。同时可参见 Victor Wolfgang von Hagen, *The Germanic People in America*, pp.242—243; Ronald C. Newton, *German Buenos Aires, 1900—1933: Social Change and Cultural Crisis* (Austin: University of Texas Press, 1977), pp.7—8, 22。

7　T. N. Dupuy, *A Genius for War: The German Army and General Staff, 1807—1945* (Englewood Cliffs, New Jersey: Prentice-Hall, Inc., 1977), p.4

8　Carlo M. Cipolla, *Literacy and Development in the West* (Baltimore: Penguin Books, 1969), pp.24, 28, 30—31, 70.

9　Richard Sallet, *Russian-German Settlements in the United States*, translated by Lavern J. Rippley and Armand Bauer (Fargo: North Dakota Institute for Regional Studies, 1974), p.14.

10　T. Lynn Smith, *Brazil: People and Institutions*, revised edition (Baton Rouge: Louisiana State University Press, 1963), p.134.

11　Thomas W. Merrick and Douglas H. Graham, *Population and Economic Development in Brazil: 1800 to the Present* (Baltimore: The Johns Hopkins University Press, 1979), p.111.

12　Carlo M. Cipolla, *Literacy and Development in the West*, p.17.

13　Irina Livezeanu, *Cultural Politics in Greater Romania: Regionalism, Nation Building, & Ethnic Struggle, 1918—1930* (Ithaca: Cornell University Press, 1995), pp.230, 231.

14　Hain Tankler and Algo Rämmer, *Tartu University and Latvia: With an Emphasis on Relations in the 1920s and 1930s* (Tartu: Tartu Ülikool, 2004), pp.23—24; F. W. Pick, "Tartu: The History of an Estonian University", *American Slavic and East European Review*, Vol. 5, No. 3/4 (November 1946), p.159.

15 Anders Henriksson, *The Tsar's Loyal Germans: The Riga German Community: Social Change and the Nationality Question, 1855—1905* (New York: Columbia University Press, 1983) , pp.6—7; Ingeborg Fleischhauer and Benjamin Pinkus, *The Soviet Germans: Past and Present* (London: C. Hurst & Company, 1986) , p.16.

16 Victor Purcell, *The Chinese in Southeast Asia*, second edition (London: Oxford University Press, 1965); Jack Chen, *The Chinese of America* (San Francisco: Harper & Row, Publishers, 1980); Duvon Clough Corbitt, *A Study of the Chinese in Cuba, 1847—1947* (Wilmore, Kentucky: Asbury College, 1971); Watt Stewart, *Chinese Bondage in Peru: A History of the Chinese Coolie in Peru, 1849—1874* (Durham: Duke University Press, 1951); Cecil Clementi, *The Chinese in British Guiana* (Georgetown, British Guiana: " The Argosy" Company, Ltd., 1915); David Lowenthal, *West Indian Societies* (New York: Oxford University Press, 1972) , pp.202—208.

17 *The Lebanese in the World: A Century of Emigration*, edited by Albert Hourani and Nadim Shehadi (London: The Centre for Lebanese Studies, 1992) .

18 Paul Johnson, *A History of the Jews* (New York: Harper & Row, 1987); Jonathan I. Israel, *European Jewry in the Age of Mercantilism: 1550—1750* (Oxford: Clarendon Press, 1985); Ezra Mendelsohn, *The Jews of East Central Europ.between the World Wars* (Bloomington: Indiana University Press, 1983); Bernard Lewis, *The Jews of Islam* (Princeton: Princeton University Press, 1984); Moses Rischin, *The Promised City: New York's Jews, 1870—1914* (Cambridge, Massachusetts: Harvard University Press, 1962); Louis Wirth, *The Ghetto* (Chicago: University of Chicago Press, 1956); Irving Howe, *World of Our Fathers* (New York: Harcourt Brace Jovanovich, 1976); Hilary L. Rubinstein, *Chosen: The Jews in Australia* (Sydney: Allen & Unwin, 1987); Daniel J. Elazar and Peter Medding, *Jewish Communities in Frontier Societies: Argentina, Australia, and South Africa* (New York: Holmes & Meier, 1983) .

19 Hugh Tinker, *The Banyan Tree: Overseas Emigrants from India, Pakistan, and Bangladesh* (Oxford: Oxford University Press, 1977) .

20 Victor Purcell, *The Chinese in Southeast Asia,* second edition,

pp.277—279.
21 Stanford M. Lyman, *Chinese Americans* (New York: Random House, 1974), Chapter 4; Betty Lee Sung, *The Chinese in America* (New York: Macmillan Publishing, 1972), Chapter 3.
22 Watt Stewart, *Chinese Bondage in Peru*, p.98.
23 Duvon Clough Corbitt, *A Study of the Chinese in Cuba, 1847—1947*, pp.79—80; United States House of Representatives, "Coolie Trade", Report No. 443, 36th Congress, 1st Session, April 16, 1860, p.10.
24 Duvon Clough Corbitt, *A Study of the Chinese in Cuba, 1847—1947*, p.80.
25 Ibid.
26 Stanford M. Lyman, *Chinese Americans*, p.152.
27 Kay S. Hymowitz, "Brooklyn's Chinese Pioneers", *City Journal*, Spring 2014, pp.21, 23.
28 Ibid., pp.26, 27.
29 Jacob Riis, *How the Other Half Lives: Studies Among the Tenements of New York* (New York: Charles Scribner's Sons, 1914), p.125.
30 Simon Kuznets, "Immigration of Russian Jews to the United States: Background and Structure", *Perspectives in American History*, Vol. IX (1975), pp.115—116.
31 Reports of the Immigration Commission, *The Children of Immigrants in Schools* (Washington: Government Printing Office, 1911), Vol. I, p.110.
32 Carl C. Brigham, *A Study of American Intelligence* (Princeton: Princeton University Press, 1923), p.190.
33 Charles Murray, *Human Accomplishment: The Pursuit of Excellence in the Arts and Sciences, 800 B.C. to 1950* (New York: Harper Collins, 2003), pp.291—292.
34 Carl C. Brigham, "Intelligence Tests of Immigrant Groups", *Psychological Review*, Vol. 37, Issue 2 (March 1930), p.165.
35 Clark S. Knowlton, "The Social and Spatial Mobility of the Syrian and Lebanese Community in Sao Paulo, Brazil", *The Lebanese in the World*, edited by Albert Hourani and Nadim Shehadi, p.298.
36 Luz Maria Martinez Montiel, "The Lebanese Community in Mexico: Its Meaning, Importance and the History of Its Communities", Ibid.,

pp.380, 385.
37 Trevor Batrouney, "The Lebanese in Australia, 1880—1989", Ibid., p.419.
38 H. Laurens van der Laan, "A Bibliography on the Lebanese in West Africa, and an Appraisal of the Literature Consulted," *Kroniek van Afrika,* 1975/3, No. 6, p.285.
39 H. L. van der Laan, *The Lebanese Traders in Sierra Leone* (The Hague: Mouton & Co, 1975) , p.249.
40 Ibid., p.236.
41 Ibid., pp.237—240.
42 Ibid., pp.41, 105; Albert Hourani, "Introduction", *The Lebanese in the World*, edited by Albert Hourani and Nadim Shehadi, p.7 Charles Issawi, "The Historical Background of Lebanese Emigration, 1800—1914", Ibid., p.31; Alixa Naff, "Lebanese Immigration into the United States: 1880 to the Present", Ibid., p.145; Trevor Batrouney, "The Lebanese in Australia, 1880—1989, Ibid., p.421.
43 Albert Hourani, "Introduction", *The Lebanese in the World*, edited by Albert Hourani and Nadim Shehadi, p.7.
44 Alixa Naff, "Lebanese Immigration into the United States: 1880 to the Present", Ibid., pp.144, 145, 147.
45 Ibid., p.148.
46 H. L. van der Laan, *The Lebanese Traders in Sierra Leone*, p.112.
47 Milton & Rose D. Friedman, *Two Lucky People: Memoirs* (Chicago: University of Chicago Press, 1998) , pp.20—21.
48 Alixa Naff, "Lebanese Immigration into the United States: 1880 to the Present", *The Lebanese in the World*, edited by Albert Hourani and Nadim Shehadi, p.157
49 Ignacio Klich, "Criollos and Arabic Speakers in Argentina: An Uneasy Pas de Deux, 1888—1914", Ibid., p.265.
50 Trevor Batrouney, "The Lebanese in Australia, 1880—1989", Ibid., p.421.
51 H. L. van der Laan, *The Lebanese Traders in Sierra Leone*, pp.106—109.
52 David Nicholls, "Lebanese of the Antilles: Haiti, Dominican Republic, Jamaica, and Trinidad", *The Lebanese in the World*, edited by Albert

Hourani and Nadim Shehadi, pp.345, 351, 352, 355.
53 Alixa Naff, "Lebanese Immigration into the United States: 1880 to the Present", Ibid., pp.141—165.
54 H.L. van der Laan, *The Lebanese Traders in Sierra Leone*, pp.210, 240, 276; Albert Hourani, "Introduction", *The Lebanese in the World*, edited by Albert Hourani and Nadim Shehadi, p.4; Clark S. Knowlton, "The Social and Spatial Mobility of the Syrian and Lebanese Community in Sao Paulo, Brazil", Ibid., pp.300, 304, 305; Boutros Labaki, "Lebanese Emigration During the War (1975—1989) ", Ibid., p.625; Marwan Maaouia, "Lebanese Emigration to the Gulf and Saudi Arabia", Ibid., p.655.
55 Amy Chua and Jed Rubenfeld, *The Triple Package: How Three Unlikely Traits Explain the Rise and Fall of Cultural Group.in America* (New York: The Penguin Press, 2014) , p.6.
56 Ibid., pp.38—39.
57 Ibid., pp.39, 40.
58 Andrew Tanzer, "The Bamboo Network", *Forbes*, July 8, 1994, pp.138—144; "China: Seeds of Subversion", *The Economist*, May 28, 1994, p.32.
59 Robert Bartlett, *The Making of Europe: Conquest, Colonization and Cultural Change, 950—1350* (New York: The Penguin Press, 1993) , pp.60, 70—84, 281, 283; Paul Robert Magocsi, *Historical Atlas of Central Europe*, revised and expanded edition (Seattle: University of Washington Press, 2002) , pp.54—55; Jean W. Sedlar, *East Central Europ.in the Middle Ages, 1000—1500* (Seattle: University of Washington Press, 1994) , p.116; N. J. G. Pounds, *An Historical Geography of Europe: 1800—1914* (Cambridge: Cambridge University Press, 1985) , pp.75, 449—458: Walter Nugent, *Crossings: The Great Transatlantic Migrations, 1870—1914* (Bloomington: Indiana University Press, 1992) , p.84; Roy E. H. Mellor and E. Alistair Smith, *Europe: A Geographical Survey of the Continent* (New York: Columbia University Press, 1979) , p.92; *The Oxford Encyclopedia of Economic History*, edited by Joel Mokyr (Oxford: Oxford University Press, 2003) , Vol. 2, pp.247—248.
60 Glenn T. Trewartha, *Japan: A Geography* (Madison: University of

Wisconsin Press, 1965), pp.78—79.
61 Edwin O. Reischauer, *The Japanese* (Cambridge, Massachusetts: Harvard University Press, 1980), p.5.
62 Ibid., p.8.
63 Ibid., p.9.
64 Tetsuro Nakaoka, "The Transfer of Cotton Manufacturing Technology from Britain to Japan", *International Technology Transfer: Europe, Japan and the USA, 1700—1914*, edited by David J. Jeremy (Aldershot, Hants, England: Edward Elgar, 1991), p.184.
65 John K. Fairbank, Edwin O. Reischauer and Albert M. Craig, *East Asia: Tradition & Transformation*, revised edition (Boston: Houghton-Mifflin Company, 1989), p.410.
66 Irokawa Daikichi, *The Culture of the Meiji Period*, translated and edited by Marius B. Jansen (Princeton: Princeton University Press, 1985), p.7.
67 Yasuo Wakatsuki, "Japanese Emigration to the United States, 1866—1924: A Monograph", *Perspectives in American History*, Vol. XII (1979), p.431, p.434.
68 Ibid., pp.414, 415.
69 John K. Fairbank, Edwin O. Reischauer and Albert M. Craig, *East Asia*, revised edition, p.532.
70 Ibid., p.530.
71 Sydney and Olive Checkland, *Industry and Ethos: Scotland 1832—1914* (Edinburgh: Edinburgh University Press, 1989), p.147; William R. Brock, *Scotus Americanus: A Survey of the Sources for Links between Scotland and America in the Eighteenth Century* (Edinburgh: Edinburgh University Press, 1982), p.114.
72 T. C. Smout, *A History of the Scottish People, 1560—1830* (New York: Charles Scribner's Sons, 1969), pp.480—489; Alexander Bain, *James Mill: A Biography* (London: Longmans, Green, and Co., 1882), Chapter 1; Michael St. John Packe, *The Life of John Stuart Mill* (London: Secker and Warburg, 1954), p.9n.
73 Henry Thomas Buckle, *On Scotland and the Scotch Intellect* (Chicago: University of Chicago Press, 1970), p.154.
74 "The Tragedy of the Arabs", *The Economist,* July 5, 2014, p.9.

75 Freeman Dyson, "The Case for Blunders", *New York Review of Books*, March 6, 2014, p.6.
76 Niall Ferguson, *Civilization: The West and the Rest*（New York：The Penguin Press, 2011）, p.47.
77 Jürgen Osterhammel, *The Transformation of the World: A Global History of the Nineteenth Century*, translated by Patrick Camiller（Princeton：Princeton University Press, 2014）, p.786.
78 Toivo U. Raun, *Estonia and the Estonians*, second edition（Stanford：Hoover Institution Press, 1991）, pp.55, 56.
79 Derek Sayer, *The Coasts of Bohemia: A Czech History*（Princeton：Princeton University Press, 1998）, p.77.
80 Ibid., p.90.
81 Paul Robert Magocsi, *Historical Atlas of Central Europe*, revised and expanded edition, pp.37—41; Sidney Pollard, *Marginal Europe: The Contribution of Marginal Lands Since the Middle Ages*（Oxford：Oxford University Press, 1997）, p.153; Robert Bartlett, *The Making of Europe*, pp.128—132; Péter Gunst, "Agrarian Systems of Central and Eastern Europe", *The Origins of Backwardness in Eastern Europe: Economics and Politics from the Middle Ages Until the Early Twentieth Century*, edited by Daniel Chirot（Berkeley：University of California Press, 1989）, p.64.
82 Anders Henriksson, *The Tsar's Loyal Germans*, p.15.
83 Thomas Sowell, *Migrations and Cultures: A World View*（New York：Basic Books, 1996）, pp.181—213.
84 Myron Weiner, *Sons of the Soil: Migration and Ethnic Conflict in India*（Princeton：Princeton University Press, 1978）, p.250.
85. A.A. Ayoade, "Ethnic Management in the 1979 Nigerian Constitution", *Canadian Review of Studies in Nationalism*, Spring 1987, p.127.
86 *Encyclopedia of Human Rights*, edited by David P. Forsythe（Oxford：Oxford University Press, 2009）, Volume 1, p.58.
87 Cacilie Rohwedder, "Germans, Czechs Are Hobbled by History as Europ.Moves Toward United Future", *Wall Street Journal,* November 25, 1996, p.A15.
88 J. H. Elliott, *Spain and Its World, 1500—1700: Selected Essays*（New Haven：Yale University Press, 1989）, pp.225—226.

89 Solomon Grayzel, *A History of the Jews: From the Babylonian Exile to the End of World War II* (Philadelphia: The Jewish Publication Society of America, 1947), pp.355—356, 386—393; Jonathan I. Israel, *European Jewry in the Age of Mercantilism*, pp.5, 6.
90 W. Cunningham, *Alien Immigrants to England* (London: Frank Cass & Co., Ltd., 1969), Chapter 6.
91 Simon Kuznets, "Immigration of Russian Jews to the United States: Background and Structure", *Perspectives in American History*, Vol. IX (1975), p.39.
92 Donald L. Horowitz, *Ethnic Group.in Conflict* (Berkeley: University of California Press, 1985), pp.176—177.
93 Hugh LeCaine Agnew, *Origins of the Czech National Renascence* (Pittsburgh: University of Pittsburgh Press, 1993), p.51.
94 Derek Sayer, *The Coasts of Bohemia*, p.50
95 Gary B. Cohen, *The Politics of Ethnic Survival: Germans in Prague, 1861—1914*, second edition (West Lafayette: Purdue University Press, 2006), pp.87, 91.
96 Donald L. Horowitz, *Ethnic Group.in Conflict*, p.176.
97 Camille Laurin, "Principles for a Language Policy", *Cultural Diversity and Canadian Education: Issues and Innovations*, edited by John R. Mallea and Jonathan C. Young (Ottawa: Carleton University Press, 1990), pp.186, 189.
98 Donald L. Horowitz, *Ethnic Group.in Conflict*, pp.176—177.
99 Will Pavia, "French Zealots Just Don't Fancy an Italian", *The Times* (London), February 22, 2013, p.28; Jeremy King, *Budweisers Into Czechs and Germans: A Local History of Bohemian Politics, 1848—1948* (Princeton: Princeton University Press, 2002), pp.4, 128.
100 例如见 Stuart Buck, *Acting White: The Ironic Legacy of Desegregation* (New Haven: Yale University Press, 2010)。
101 Donald L. Horowitz, *Ethnic Group.in Conflict*, p.153.
102 Archie Brown, Michael Kaser, and Gerald S. Smith, *The Cambridge Encyclopedia of Russia and the Former Soviet Union*, second edition (Cambridge: Cambridge University Press, 1994), p.5.
103 Ibid., pp.17—18.
104 Jonathan P. Stern, "Soviet Natural Gas in the World Economy", *Soviet*

Natural Resources in the World Economy, edited by Robert G. Jensen, et al（Chicago: University of Chicago Press, 1983）, p.372.
105 Russell B. Adams, "Nickel and Platinum in the Soviet Union", Ibid., p.536.
106 Theodore Shabad, "The Soviet Potential in Natural Resources: An Overview", Ibid., p.269.
107 Nikolai Shmelev and Vladimir Popov, *The Turning Point: Revitalizing the Soviet Economy*（New York: Doubleday, 1989）, pp.128—129.
108 John Stuart Mill, *The Collected Works of John Stuart Mill*, Volume III: *Principles of Political Economy with Some of Their Applications to Social Philosophy*（Toronto: University of Toronto Press, 1965）, p.882.
109 John P. McKay, *Pioneers for Profit: Foreign Entrepreneurship and Russian Industrialization 1885—1913*（Chicago: University of Chicago Press, 1970）, pp.176, 187.
110 Karl Stumpp.*The German-Russians: Two Centuries of Pioneering*（Bonn: Edition Atlantic-Forum, 1971）, p.68.
111 Alec Nove, *The Soviet Economic System*（London: George Allen & Unwin, Ltd., 1977）, pp.100—101; Linda M. Randall, *Reluctant Capitalists: Russia's Journey Through Market Transition*（New York: Routledge, 2001）, pp.56—57.
112 Raghuram G. Rajan and Luigi Zingales, *Saving Capitalism from the Capitalists*（New York: Crown Business, 2003）, p.57.
113 Bryon MacWilliams, "Reports of Bribe-Taking at Russian Universities Have Increased", Authorities Say, *The Chronicle of Higher Education*, April 18, 2002（online）.
114 Renée Rose Shield, *Diamond Stories: Enduring Change on 47th Street*（Ithaca: Cornell University Press, 2002）, p.94.
115 Susan Wolcott, "An Examination of the Supply of Financial Credit to Entrepreneurs in Colonial India", *The Invention of Enterprise: Entrepreneurship from Ancient Mesopotamia to Modern Times*, edited by David S. Landes, et al（Princeton: Princeton University Press, 2010）, p.458.
116 S. Gordon Redding, *The Spirit of Chinese Capitalism*（Berlin: Walter de Gruyter, 1990）, p.213.

117 H. L. van der Laan, *The Lebanese Traders in Sierra Leone*, pp.42—43, 190, 191—192.
118 "The World's Least Honest Cities", *The Telegraph.UK*, September 25, 2013.
119 "Scandinavians Prove Their Honesty in European Lost-Wallet Experiment", *Deseret News*, June 20, 1996; Eric Felten, "Finders Keepers?" *Reader's Digest*, April 2001, pp.102—107; " The World's Least Honest Cities", *The Telegraph.UK*, September 25, 2013; " So Whom Can You Trust?" *The Economist,* June 22, 1996, p.51.
120 Raymond Fisman and Edward Miguel, "Cultures of Corruption: Evidence from Diplomatic Parking Tickets", Working Paper 12312, National Bureau of Economic Research, June 2006, Table 1.
121 Transparency International, *Transparency International Corruption Perceptions Index 2013* (Berlin: Transparency International Secretariat, 2013).
122 Nicholas Eberstadt, *Russia's Peacetime Demographic Crisis: Dimensions, Causes, Implications* (Seattle: National Bureau of Asian Research, 2010), p.282.
123 Ibid., pp.232, 233.
124 Donald L. Horowitz, *Ethnic Group.in Conflict*, p.663.
125 Feroz Ahmad, "Unionist Relations with the Greek, Armenian, and Jewish Communities of the Ottoman Empire, 1908—1914", *Christians and Jews in the Ottoman Empire: The Functioning of a Plural Society*, Volume I: *The Central Lands*, edited by Benjamin Braude and Bernard Lewis(New York: Holmes & Meier, 1982), pp.411, 412.
126 Mohamed Suffian bin Hashim, "Problems and Issues of Higher Education Development in Malaysia", *Development of Higher Education in Southeast Asia: Problems and Issues*, edited by Yip Yat Hoong (Singapore: Regional Institute of Higher Education and Development, 1973), Table 8, pp.70—71.
127 Sarah Gordon, *Hitler, Germans and the "Jewish Question"* (Princeton: Princeton University Press, 1984), p.13; Peter Pulzer, *The Rise of Political Anti-Semitism in Germany & Austria*, revised edition (Cambridge, Massachusetts: Harvard University Press, 1988), pp.10—13.

128 Leon Volovici, *Nationalist Ideology and Antisemitism: The Case of Romanian Intellectuals in the 1930s*, 由 Charles Kormos 翻译（Oxford：Pergamon Press, 1991）, p.60; Irina Livezeanu, *Cultural Politics in Greater Romania*, pp.63, 115; Howard M. Sachar, *Diaspora: An Inquiry into the Contemporary Jewish World*（New York：Harper & Row, 1985）, pp.297, 299; Australian Government Commission of Inquiry into Poverty, *Welfare of Migrants*（Canberra：Australian Government Publishing Service, 1975）, p.107。

129 Jason L. Riley, *Please Stop Helping Us: How Liberals Make It Harder for Blacks to Succeed*（New York：Encounter Books, 2014）, p.49.

130 Gary B. Cohen, *The Politics of Ethnic Survival*, p.28.

131 例如见 Gunnar Myrdal, *Asian Drama: An Inquiry Into the Poverty of Nations*（New York：Pantheon, 1968）, Vol. III, p.1642; Myron Weiner and Mary Fainsod Katzenstein, *India's Preferential Policies: Migrants, the Middle Classes, and Ethnic Equality*（Chicago：University of Chicago Press, 1981）, p.99。

132 Leon Volovici, *Nationalist Ideology and Antisemitism*, 由 Charles Kormos 翻译, p.60。

133 Mary Fainsod Katzenstein, *Ethnicity and Equality: The Shiv Sena Party and Preferential Policies in Bombay*（Ithaca：Cornell University Press, 1979）, pp.48—49; Myron Weiner and Mary Fainsod Katzenstein, *India's Preferential Policies*, pp.10—11, 44—46.

134 Ezra Mendelsohn, *The Jews of East Central Europ.between the World Wars*, pp.98—99, 106.

135 Larry Diamond, "Class, Ethnicity, and the Democratic State：Nigeria, 1950—1966", *Comparative Studies in Society and History*, Vol. 25, No. 3（July 1983）, pp.462, 473; Donald L. Horowitz, *Ethnic Group.in Conflict*, p.225.

136 Anatoly M. Khazanov, "The Ethnic Problems of Contemporary Kazakhstan", *Central Asian Survey*, Vol. 14, No. 2（1995）, pp.244, 257.

137 Leon Volovici, *Nationalist Ideology and Antisemitism*, 由 Charles Kormos 翻译, *passim*; Josep.Rothschild, *East Central Europ.between the Two World Wars*（Seattle：University of Washington Press, 1992）, p.293; Irina Livezeanu, *Cultural Politics in Greater Romania*, passim。

138 Gunnar Myrdal, *Asian Drama*, Vol. I, p.348; Donald L. Horowitz,

Ethnic Group.in Conflict, p.133; Donald L. Horowitz, *The Deadly Ethnic Riot*（Berkeley: University of California Press, 2001）, pp.144—145.
138 Conrad Black, "Canada's Continuing Identity Crisis", *Foreign Affairs*, March/April 1995, p.100.
140 例如见 Gary B. Cohen, *The Politics of Ethnic Survival*, pp.26—28, 32, 133, 236—237; Ezra Mendelsohn, *The Jews of East Central Europ. between the World Wars*, p.167; Hugh LeCaine Agnew, *Origins of the Czech National Renascence, passim*。
141 其他地方也可以见到类似的例子，如 John H. Bunzel, *Race Relations on Campus: Stanford Students Speak*（Stanford: Stanford Alumni Association, 1992）。
142 Philip Nobile, "Uncovering *Roots*", *Village Voice*, February 23, 1993, p.34. 还有一些批评来自 Gary B. and Elizabeth Shown Mills, "*Roots*' and the New 'Faction': A Legitimate Tool for Clio?" *The Virginia Magazine of History and Biography*, Vol. 89, No. 1（January 1981）, pp.3—26。
143 Donald L. Horowitz, *Ethnic Group.in Conflict*, p.72; 以及 Keith Windschuttle, "The Fabrication of Aboriginal History", *The New Criterion*, Vol. 20, No. 1（September 2001）, pp.41—49。
144 Nathan Glazer and Daniel Patrick Moynihan, *Beyond the Melting Pot: The Negroes, Puerto Ricans, Jews, Italians, and Irish of New York City*, second edition（Cambridge, Massachusetts: MIT Press, 1970）, p.241.
145 Josep.Rothschild, *East Central Europ.between the Two World Wars*, p.385.
146 Chandra Richard de Silva, "Sinhala-Tamil Relations and Education in Sri Lanka: The University Admissions Issue— The First Phase, 1971—1977", *From Independence to Statehood: Managing Ethnic Conflict in Five African and Asian States*, edited by Robert B. Goldmann and A. Jeyaratnam Wilson（London: Frances Pinter, Ltd. 1984）, p.126.
147 Donald L. Horowitz, *Ethnic Group.in Conflict*, p.225.
148 Robert A. Kann and Zdeněk V. David, *The Peoples of the Eastern Habsburg Lands, 1526—1918*（Seattle: University of Washington Press, 1984）, p.201.
149 Gary B. Cohen, *The Politics of Ethnic Survival*, p.148. 同时见 Derek

Sayer, *The Coasts of Bohemia*, p.101。
150 Jeremy King, *Budweisers Into Czechs and Germans*, p.4.
151 Philip Authier, "Camille Laurin, Father of Bill 101, Dies", *The Gazette*（Montreal, Quebec）, March 12, 1999, p.A1; Guy Dumas, "Quebec's Language Policy: Perceptions and Realities", *Language and Governance*, edited by Colin Williams（Cardiff: University of Wales Press, 2007）, pp.250—262.
152 Robert Bothwell, et al., *Canada Since 1945: Power, Politics, and Provincialism*, revised edition（Toronto: University of Toronto Press, 1989）, pp.375—376; Graham Fraser, *Sorry, I Don't Speak French: Confronting the Canadian Crisis That Won't Go Away*（Toronto: McClelland & Stewart, 2006）, pp.121—122.
153 Grady McWhiney, *Cracker Culture: Celtic Ways in the Old South*（Tuscaloosa: University of Alabama Press, 1988）, pp.45—47, 49; David Hackett Fischer, *Albion's Seed: Four British Folkways in America*（New York: Oxford University Press, 1989）, pp.365—366, 740—743; Lewis Cecil Gray, *History of Agriculture in the Southern United States to 1860*（Washington: Carnegie Institution of Washington, 1933）, Vol. I, p.484; Frederick Law Olmsted, *The Cotton Kingdom: A Traveller's Observations on Cotton and Slavery in the American Slave States*（New York: Alfred A. Knopf, 1953）, pp.12, 65, 147, 527; Alexis de Tocqueville, *Democracy in America*（New York: Alfred A. Knopf, 1989）, Vol.I, pp.363, 369; Forrest McDonald, "Cultural Continuity and the Shaping of the American South", *Geographic Perspectives in History*, edited by Eugene D. Genovese and Leonard Hochberg（London: Basil Blackwell, Ltd., 1989）, pp.231—232; Lewis M. Killian, *White Southerners*, revised edition（Amherst: University of Massachusetts Press, 1985）, pp.108—109.
154 Robert E. Lee, *Lee's Dispatches: Unpublished Letters of General Robert E. Lee, C.S.A. to Jefferson Davis and the War Department of the Confederate States of America, 1862—65*, edited by Douglas Southall Freeman, New Edition（New York: G. P. Putnam's Sons, 1957）, p.8.
155 Ulrich Bonnell Phillips, *The Slave Economy of the Old South: Selected Essays in Economic and Social History*, edited by Eugene D. Genovese（Baton Rouge: Louisiana State University Press, 1968）, p.107.

156 Grady McWhiney, *Cracker Culture*, p.19; Virginia Brainard Kunz, *The Germans in America*（Minneapolis: Lerner Publications Co., 1966）, pp.11—12.
157 Lewis Cecil Gray, *History of Agriculture in the Southern United States to 1860*, Vol. II, p.831.
158 Rupert B. Vance, *Human Geography of the South: A Study in Regional Resources and Human Adequacy*（Chapel Hill: University of North Carolina Press, 1932）, p.168。同时见 Grady McWhiney, *Cracker Culture*, p.83。
159 P. T. Bauer, *Reality and Rhetoric: Studies in the Economics of Development*（London: Weidenfeld and Nicolson, 1984）, p.7.
160 G. M. Trevelyan, *English Social History: A Survey of Six Centuries, Chaucer to Queen Victoria*（Middlesex, England: Penguin Books, 1986）, pp.140—141.
161 William H. McNeill, *History of Western Civilization: A Handbook*, sixth edition（Chicago: University of Chicago Press, 1986）, p.252.
162 W. A. Armstrong, "The Countryside", *The Cambridge Social History of Britain: 1750—1950*, Vol. 1: *Regions and Communities*, edited by F. M. L. Thompson（Cambridge: Cambridge University Press, 1993）, p.87.
163 G. M. Trevelyan, *English Social History*, pp.243, 271—272, 315, 325, 335, 386—387, 393n, 409, 414, 419—420, 492—493.
164 Carl K. Eicher, "Facing Up to Africa's Food Crisis", *Foreign Affairs*, Fall 1982, p.166.
165 Ibid., p.170.
166 Gunnar Myrdal, *Asian Drama: An Inquiry Into the Poverty of Nations*, abridged edition（New York: Pantheon, 1972）, p.296.
167 Daniel J. Boorstin, *The Americans*, Vol. II: *The National Experience*（New York: Random House, 1965）, p.176.
168 Grady McWhiney, *Cracker Culture*, p.253。1860年时，南方人口占全美总人口的39%。奴隶占南方人口的三分之一，他们是没有办法做发明的，因此剩下的能够进行发明的南方白人占全美总人口的26%，占全部白人人口的三分之一。相关的人口统计数据可见 Lewis Cecil Gray, *History of Agriculture in the Southern United States to 1860*, pp.656, 811。
169 Paul Johnson, *A History of the American People*（New York: Harper

Collins, 1998）, p.462.
170 Rupert B. Vance, *Human Geography of the South*, pp.301—303.
171 Ibid., pp.304—305.
172 Ibid., pp.112—116, 127—128.
173 Ibid., p.292.
174 David S. Landes, *The Wealth and Poverty of Nations: Why Some Are So Rich And Some So Poor*（New York：W. W. Norton, 1998）, pp.516—517.

第 4 章　社会因素

1　Thomas Robert Malthus, *An Essay on the Principle of Population*（London：J. Johnson, 1798）, p.14；Thomas Robert Malthus, *Population: The First Essay*（Ann Arbor：University of Michigan Press, 1959）, p.5；Thomas Robert Malthus, "An Essay on the Principle of Population, As It Affects the Future Improvement of Society with Remarks on the Speculations of Mr. Godwin, M. Condorcet and Other Writers", *On Population*, edited by Gertrude Himmelfarb（New York：The Modern Library, 1960）, p.9.
2　Eduardo Porter, "Old Forecast of Famine May Yet Come True", *New York Times*, April 2, 2014, p.B1.
3　American Petroleum Institute, *Basic Petroleum Data Book*, Volume XX, No. 2（Washington：American Petroleum Institute, 2000）, Section II, Table 1.
4　见我的另一本书 *Basic Economics: A Common Sense Guide to the Economy*, fifth edition（New York：Basic Books, 2014）, pp.294—301。
5　见我的另一本书 *On Classical Economics*（New Haven：Yale University Press, 2006）, pp.57—63, 120—122。
6　*Geography of Sub-Saharan Africa*, third edition, edited by Samuel Aryeetey Attoh（New York：Prentice Hall, 2010）, p.182；*The World Almanac and Book of Facts: 2013*（New York：World Almanac Books, 2013）, p.793.
7　P. T. Bauer, *Equality, the Third World and Economic Delusion*（Cambridge, Massachusetts：Harvard University Press, 1981）, p.43.
8　Paul Robert Magosci, *A History of Ukraine*（Seattle：University of

Washington Press, 1996）, p.6; Norman Davies, *Europ.at War, 1939—1945: No Simple Victory*（London: Macmillan, 2006）, p.32; Tony Judt, *Postwar: A History of Europ.Since 1945*（New York: Penguin Books, 2006）, p.648.
9 Shirley S. Wang, "Obesity in China Becoming More Common", *Wall Street Journal*, July 8, 2008, p.A18.
10 The Economist, *Pocket World in Figures: 2014 edition*（London: Profile Books, 2013）, p.18.
11

族群 / 群体	中位数年龄
黑人	32.9
柬埔寨裔	31.0
华裔	38.0
古巴裔	39.8
日裔	49.5
墨西哥裔	26
波多黎各裔	28.4
白人	40.2
总人口	37.4

资料来源：美国人口调查局 2012 年美国社区调查。

12 W. Michael Cox and Richard Alm, "By Our Own Bootstraps: Economic Opportunity & the Dynamics of Income Distribution", *Annual Report 1995*, Federal Reserve Bank of Dallas, p.16.
13 "Choose Your Parents Wisely", *The Economist*, July 26, 2014, p.22.
14 Ibid.
15 Ibid.
16 Charles A. Price, *Southern Europeans in Australia*（Melbourne: Oxford University Press, 1963）, p.276; Charles A. Price, *The Methods and Statistics of 'Southern Europeans in Australia'*（Canberra: The Australian National University, 1963）, p.21.
17 Charles A. Price, *Southern Europeans in Australia*, p.162.
18 Philip Taylor, *The Distant Magnet: European Emigration to the USA*（New York: Harper & Row, 1971）, pp.210, 211; Jonathan Gill, *Harlem: The Four Hundred Year History from Dutch Village to Capital of Black America*（New York: Grove Press, 2011）, p.139; Robert

F. Foerster, *The Italian Emigration of Our Times*（New York：Arno Press, 1969）, p.393；Dino Cinel, *From Italy to San Francisco: The Immigrant Experience*（Stanford：Stanford University Press, 1982）, p.28.

19　Samuel L. Baily, "The Adjustment of Italian Immigrants in Buenos Aires and New York, 1870—1914", *American Historical Review*, April 1983, p.291；John E. Zucchi, *Italians in Toronto: Development of a National Identity, 1875—1935*（Kingston, Ontario：McGill-Queen's University Press, 1988）, pp.41, 53—55, 58.

20　Louise L'Estrange Fawcett, "Lebanese, Palestinians and Syrians in Colombia", *The Lebanese in the World: A Century of Emigration*, edited by Albert Hourani and Nadim Shehadi（London：The Centre for Lebanese Studies, 1992）, p.368.

21　Kay S. Hymowitz, "Brooklyn's Chinese Pioneers", *City Journal*, Spring 2014, pp.20—29.

22　Theodore Huebener, *The Germans in America*（Philadelphia：Chilton Company, 1962）, p.84.

23　Hildegard Binder Johnson, "The Location of German Immigrants in the Middle West", *Annals of the Association of American Geographers*, edited by Henry Madison Kendall, Volume XLI（1951）, pp.24—25.

24　LaVern J. Rippley, "Germans from Russia", *Harvard Encyclopedia of American Ethnic Groups*, edited by Stephan Thernstrom, et al（Cambridge, Massachusetts：Harvard University Press, 1980）, p.427.

25　Edward C. Banfield, *The Unheavenly City Revisited*（Boston：Little, Brown and Company, 1974）, p.91.

26　E. Franklin Frazier, "The Impact of Urban Civilization Upon Negro Family Life", *American Sociological Review*, Vol. 2, No. 5（October 1937）, p.615.

27　Jonathan Gill, *Harlem*, p.284；E. Franklin Frazier, *The Negro in the United States*, revised edition（New York：The Macmillan Company, 1957）, pp.239, 257—258；Willard B. Gatewood, *Aristocrats of Color: The Black Elite, 1880—1920*（Bloomington：Indiana University Press, 1990）, pp.194—195；Stephen Birmingham, *Certain People: America's Black Elite*（Boston：Little, Brown and Company, 1977）, pp.196—197；" Sugar Hill: All Harlem Looks Up to 'Folks on the

Hill'", *Ebony*, November 1946, pp.5—11.
28 Carlo M. Cipolla, *Clocks and Culture: 1300—1700*（New York：Walker and Company, 1967）, pp.66—69.
29 在推动罗斯福总统发起曼哈顿计划和研制原子弹的过程中，犹太科学家所起的作用可见 Richard Rhodes, *The Making of the Atomic Bomb*（New York：Simon & Schuster, 1986）, pp.305—314。As for the scientists being Jewish and playing major roles in that project, 见同书, pp.13, 106, 188—189; Silvan S. Schweber, *Einstein and Oppenheimer: The Meaning of Genius*（Cambridge, Massachusetts：Harvard University Press, 2008）, p.138; Michio Kaku, *Einstein's Cosmos: How Albert Einstein's Vision Transformed Our Understanding of Space and Time*（New York：W. W. Norton, 2004）, pp.187—188; Howard M. Sachar, *A History of the Jews in America*（New York：Alfred A. Knopf, 1992）, p.527; American Jewish Historical Society, *American Jewish Desk Reference*（New York：Random House, 1999）, p.591。
30 Fernand Braudel, *A History of Civilizations*, translated by Richard Mayne（New York：Penguin Books, 1993）, p.440.
31 W. Michael Cox and Richard Alm, "By Our Own Bootstraps: Economic Opportunity & the Dynamics of Income Distribution", *Annual Report 1995*, Federal Reserve Bank of Dallas, p.8; "Movin' On Up", *Wall Street Journal*, November 13, 2007, p.A24。加拿大也存在类似的模式, 见 Niels Veldhuis, et al., "The 'Poor' Are Getting Richer", *Fraser Forum*, January/February 2013, pp.24, 25。
32 Thomas A. Hirschl and Mark R. Rank, "The Social Dynamics of Economic Polarization: Exploring the Life Course Probabilities of Top-Level Income Attainment", Paper presented at the 2014 Annual Meetings of the Population Association of America, Boston May 1-4, 2014, p.13.
33 The Pew Charitable Trusts, *Pursuing the American Dream: Economic Mobility Across Generations*（Washington：Economic Mobility Project, an initiative of The Pew Charitable Trusts, 2012）, p.1。在皮尤基金会 2008 和 2012 年的研究中，这项指标被称为"绝对流动性"; Isabel V. Sawhill, "Overview", Julia B. Isaacs, Isabel V. Sawhill and Ron Haskins, *Getting Ahead or Losing Ground: Economic Mobility*

in America（Washington：Economic Mobility Project, an initiative of The Pew Charitable Trusts, 2008）, p.2。

34　The Pew Charitable Trusts, *Pursuing the American Dream*, p.2.
35　Ibid., p.1. 在这两项研究中，这项指标均被称为"相对流动性"；Isabel V. Sawhill, "Overview", Julia B. Isaacs, Isabel V. Sawhill and Ron Haskins, *Getting Ahead or Losing Ground*, p.2。
36　The Pew Charitable Trusts, *Pursuing the American Dream*, p.2.
37　Ibid., p.28. A similar caveat appears in the 2008 study on page 105.
38　Isabel V. Sawhill, "Overview", Julia B. Isaacs, Isabel V. Sawhill and Ron Haskins, *Getting Ahead or Losing Ground*, p.6.
39　Eligio R. Padilla and Gail E. Wyatt, "The Effects of Intelligence and Achievement Testing on Minority Group Children", *The Psychosocial Development of Minority Group Children*, edited by Gloria Johnson Powell, et al（New York：Brunner/Mazel, Publishers, 1983）, p.418.
40　Mandel Sherman and Cora B. Key, "The Intelligence of Isolated Mountain Children", *Child Development*, Vol. 3, No. 4（December 1932）, p.283；Lester R. Wheeler, "A Comparative Study of the Intelligence of East Tennessee Mountain Children", *Journal of Educational Psychology*, Vol. XXXIII, No. 5（May 1942）, pp.322, 324.
41　Otto Klineberg, *Race Differences*（New York：Harper & Brothers, 1935）, p.182.
42　*Griggs et al. v. Duke Power Co.*, 401 U.S. 424（1971）, at 432.
43　Heather Mac Donald, "How Gotham's Elite High Schools Escaped the Leveller's Ax", *City Journal*, Spring 1999, p.74.
44　Jason L. Riley, *Please Stop Helping Us: How Liberals Make It Harder for Blacks to Succeed*（New York：Encounter Books, 2014）, p.49.
45　Susan Jacoby, "Elite School Battle", *Washington Post*, May 28, 1972, p.B4.
46　Dennis Saffran, "The Plot Against Merit", *City Journal*, Summer 2014, pp.81—82.
47　Reginald G. Damerell, *Education's Smoking Gun: How Teachers Colleges Have Destroyed Education in America*（New York：Freundlich Books, 1985）, p.164.
48　Maria Newman, "Cortines Has Plan to Coach Minorities into Top

Schools", *New York Times*, March 18, 1995, p.1.
49　Fernanda Santos, "Black at Stuy", *New York Times*, February 26, 2012, Metropolitan Desk, p.6.
50　见我的另一本书 *Black Rednecks and White Liberals*（San Francisco：Encounter Books, 2005）, 以及 *Cracker Culture: Celtic Ways in the Old South*（Tuscaloosa：University of Alabama Press, 1988）by Grady McWhiney and *Albion's Seed: Four British Folkways in America*（New York：Oxford University Press, 1989）by David Hackett Fischer。
51　H.J. Butcher, *Human Intelligence: Its Nature and Assessment*（New York：Harper & Row, 1968）, p.252.
52　President Wm. W. Patton, "Change of Environment", *The American Missionary*, Vol. XXXVI, No. 8（August 1882）, p.229；James D. Anderson, *The Education of Blacks in the South, 1860—1935*（Chapel Hill：University of North Carolina Press, 1988）, p.46.
53　见我的另一本书 *Black Rednecks and White Liberals*, pp.38—40。
54　Henry S. Robinson, "The M Street High School, 1891—1916", *Records of the Columbia Historical Society, Washington, D. C.*, Vol. 51（1984）, p.122.
55　见我的文章 "Assumptions versus History in Ethnic Education", *Teachers College Record*, Volume 83, No. 1（Fall 1981）, p.47, 表 4, 学校代码 0508/0598。
56　Mary Gibson Hundley, *The Dunbar Story: 1870—1955*（New York：Vantage Press, 1965）, p.25.
57　Ibid., p.75.
58　Ibid., p.78. Mary Church Terrell, "History of the High School for Negroes in Washington", *Journal of Negro History*, Vol. 2, No. 3（July 1917）, p.262.
59　Department of Defense, *Black Americans in Defense of Our Nation*（Washington：U.S. Department of Defense, 1985）, p.153.
60　Mary Church Terrell, "History of the High School for Negroes in Washington", *Journal of Negro History*, Vol. 2, No. 3（July 1917）, p.264.
61　Louise Daniel Hutchison, *Anna J. Cooper: A Voice from the South*（Washington：The Smithsonian Institution Press, 1981）, p.62.
62　第一名黑人联邦法官是 William H. Hastie, 第一名黑人将军是 O.

Davis，第一名黑人内阁成员是 Robert C.Weaver。
63　Mary Gibson Hundley, *The Dunbar Story*, p.57.
64　Alison Stewart, *First Class: The Legacy of Dunbar, America's First Black Public High School*（Chicago：Lawrence Hill Books, 2013）, pp.91—93.
65　Jervis Anderson, "A Very Special Monument", *The New Yorker*, March 20, 1978, p.93.
66　Ibid., p.113.
67　见我的另一本书 *Black Rednecks and White Liberals*。
68　Jason L. Riley, *Please Stop Helping Us*, p.43.
69　John U. Ogbu, *Black American Students in an Affluent Suburb: A Study of Academic Disengagement*（Mahwah, New Jersey：Lawrence Erlbaum Associates, 2003）, Chapters 1, 2.
70　Ibid., p.179.
71　Jason L. Riley, *Please Stop Helping Us*, p.45.
72　Ibid., p.46.
73　Ibid., p.47.
74　数据见我的文章 "Assumptions versus History in Ethnic Education", *Teachers College Record*, Volume 83, No. 1（Fall 1981）。
75　U.S. Census Bureau, "Table 4. Poverty Status of Families, by Typ.of Family, Presence of Related Children, Race, and Hispanic Origin：1959 to 2013", downloaded on October 23, 2014：http：//www.census.gov/hhes/www/poverty/data/historical/families.html。
76　John H. Bunzel, "Affirmative-Action Admissions：How It 'Works'at UC Berkeley", *The Public Interest*, Fall 1988, pp.124, 125.
77　Richard Sander and Stuart Taylor, Jr., *Mismatch: How Affirmative Action Hurts Students It's Intended to Help.and Why Universities Won't Admit It*（New York：Basic Books, 2012）, p.154.
78　这本书中有许多表格，但是没有一张表格区分了正常录取的黑人学生和在平权运动中降格录取的黑人学生。见 William G. Bowen and Derek Bok, *The Shap.of the River: Long-Term Consequences of Considering Race in College and University Admissions*（Princeton：Princeton University Press, 1998）, pp.ix—xix。
79　Ibid., p.61, 259.
80　Stephan Thernstrom and Abigail Thernstrom, *America in Black and*

White: One Nation, Indivisible (New York: Simon & Schuster, 1997), p.408.
81　William G. Bowen and Derek Bok, *The Shap.of the River*, p.60n.
82　其他实证研究和相关批评可见我的另一本书 *Affirmative Action Around the World: An Emperical Study* (New Haven: Yale University Press, 2004), pp.152—159。
83　Stephan Therstrom and Abigail Thernstrom, "Reflections on *The Shap. of the River*", *UCLA Law Review*, Vol. 46, No. 5 (June 1999), p.1589.
84　Mark H. Haller, *Eugenics: Hereditarian Attitudes in American Thought* (New Brunswick: Rutgers University Press, 1963), p.11.
85　比如见 Edward Alsworth Ross, *The Old World in the New: The Significance of Past and Present Immigration to the American People* (New York: The Century Company, 1914); Francis A. Walker, "Methods of Restricting Immigration", *Discussions in Economics and Statistics*, Volume II: *Statistics, National Growth, Social Economics*, edited by Davis R. Dewey (New York: Henry Holt and Company, 1899); Kenneth L. Roberts, *Why Europ.Leaves Home* (Bobbs-Merrill Company, 1922); George Creel, "Melting Pot or Dumping Ground?" *Collier's*, September 3, 1921, pp.9 ff。
86　Rudolp.Pintner, *Intelligence Testing: Methods and Results*, new edition (New York: Henry Holt and Co., 1939), p.453.
87　Carl C. Brigham, "Intelligence Tests of Immigrant Groups", *Psychological Review*, Vol. 37, Issue 2 (March 1930), p.165.
88　H.J. Butcher, *Human Intelligence*, p.252.
89　For details, compare Carl C. Brigham, *A Study of American Intelligence* (Princeton: Princeton University Press, 1923), pp.16—19, 36—38; [Robert M.Yerkes], National Academy of Sciences, *Psychological Examining in the United States Army* (Washington: Government Printing Office, 1921), Vol. XV, Part III, pp.874, 875; Thomas Sowell, "Race and IQ Reconsidered", *Essays and Data on American Ethnic Groups*, edited by Thomas Sowell and Lynn D. Collins (Washington: The Urban Institute, 1978), pp.226—227.
90　James R. Flynn, "The Mean IQ of Americans: Massive Gains 1932 to 1978", *Psychological Bulletin*, Vol. 95, No. 1 (1984), pp.29—51; James R. Flynn, "Massive IQ Gains in 14 Nations: What IQ Tests

Really Measure", *Psychological Bulletin*, Vol. 101, No. 2（1987），pp.171—191.
91. James R. Flynn, *Where Have All the Liberals Gone? Race, Class, and Ideals in America*（Cambridge：Cambridge University Press, 2008）, pp.72—74, 87.
92. Robert William Fogel, *The Escap.from Hunger and Premature Death, 1700—2100*（Cambridge：Cambridge University Press, 2004）, pp.55—57.
93. Robert William Fogel, *The Escap.from Hunger and Premature Death*, p.41.
94. Kenneth L. Roberts, "Lest We Forget", *Saturday Evening Post*, April 28, 1923, pp.3 ff; Kenneth L. Roberts, *Why Europ.Leaves Home*; Kenneth L. Roberts, "Slow Poison", *Saturday Evening Post*, February 2, 1924, pp.8 ff; George Creel, "Melting Pot or Dumping Ground?" *Collier's*, September 3, 1921, pp.9 ff; George Creel, "Close the Gates!" *Collier's*, May 6, 1922, pp.9 ff.
95. Clifford Kirkpatrick, *Intelligence and Immigration*（Baltimore：The Williams & Wilkins Company, 1926）, pp.24, 31, 34.
96. Philip E. Vernon, *Intelligence and Cultural Environment*（London：Methuen & Co., Ltd., 1970）, p.155; Lester R. Wheeler, "A Comparative Study of the Intelligence of East Tennessee Mountain Children", *Journal of Educational Psychology*, Vol. XXXIII, No. 5（May 1942）, pp.322, 324; Hugh Gordon, *Mental and Scholastic Tests Among Retarded Children*（London：His Majesty'sStationery Office, 1923）, p.38.
97. Arthur R. Jensen, "How Much Can We Boost IQ and Scholastic Achievement?", *Harvard Educational Review*, Winter 1969, p.95.

第5章　政治因素

1. Freeman Dyson, "The Case for Blunders", *New York Review of Books*, March 6, 2014, p.6.
2. Karl Polanyi, *The Great Transformation: The Political and Economic Origins of Our Time*（Boston：Beacon, 1957）, p.45. 罗马帝国没落后的数个世纪里，有一些具体的衰退案例，可见 Bryan Ward-Perkins, *The Fall of Rome and the End of Civilization*（New York：

Oxford University Press, 2005）, Chapters V, VI; N.J.G. Pounds, *An Historical Geography of Europe*（Cambridge: Cambridge University Press, 1990）, pp.70, 71, 86, 165, 373—374; N.J.G. Pounds, *An Historical Geography of Europe: 1800—1914*（Cambridge: Cambridge University Press, 1985）, p.146; James Campbell, "The End of Roman Britain", *The Anglo-Saxons*, edited by James Campbell（Oxford: Phaidon Press, 1982）, p.9。

3　Ellen Churchill Semple, *Influences of Geographic Environment*（New York: Henry Holt and Company, 1911）, p.523.

4　Ibid., pp.595, 596. Alton C. Byers, et al., "Introduction to Mountains", *Mountain Geography: Physical and Human Dimensions*, edited by Martin F. Price, et al（Berkeley: University of California Press, 2013）, p.2; James S. Gardner, et al., "People in the Mountains", Ibid., p.276.

5　比如见 Ellen Churchill Semple, *Influences of Geographic Environment*, pp.237, 591, 593, 599; J. R. McNeill, *The Mountains of the Mediterranean World: An Environmental History*（New York: Cambridge University Press, 1992）, p.48。

6　Ellen Churchill Semple, *Influences of Geographic Environment*, pp.592, 593.

7　Ibid., p.597.

8　James S. Gardner, et al., "People in the Mountains", *Mountain Geography*, edited by Martin F. Price, et al., p.288; Ellen Churchill Semple, *Influences of Geographic Environment*, p.535; Fernand Braudel, *The Mediterranean and the Mediterranean World in the Age of Philip II*, 由 Siân Reynolds 翻译（New York: Harper & Row, 1972）, Vol. I, pp.41, 207。

9　Ellen Churchill Semple, *Influences of Geographic Environment*, pp.535, 548.

10　Gordon F. McEwan, *The Incas: New Perspectives*（Santa Barbara: ABCCLIO, 2006）, p.3; The Economist, *Pocket World in Figures: 2014 edition*（London: Profile Books, Ltd., 2013）, pp.148, 150, 222.

11　Gordon F. McEwan, *The Incas*, p.23; Jeffrey Quilter, *The Ancient Central Andes*（New York: Routledge, 2014）, p.32; Thomas E. Weil, et al., *Area Handbook for Peru*（Washington: Government Printing

Office, 1972）, p.36.
12　*The World Almanac and Book of Facts: 2014*（New York: World Almanac Books, 2014）, p.696.
13　Ellen Churchill Semple, *Influences of Geographic Environment*, p.374.
14　Gordon F. McEwan, *The Incas*, p.3.
15　Alan L. Kolata, *Ancient Inca*（Cambridge: Cambridge University Press, 2013）, pp.128, 129—130; Gordon F. McEwan, *The Incas*, pp.84—85, 121—122; John H. Bodley, *Cultural Anthropology: Tribes, States, and the Global System*（Mountain View, California: Mayfield Publishing Company, 1997）, pp.215—216.
16　Ellen Churchill Semple, *Influences of Geographic Environment*, p.419.
17　Orlando Patterson, *Slavery and Social Death: A Comparative Study*（Cambridge, Massachusetts: Harvard University Press, 1982）, pp.406—407, note 172; W. Montgomery Watt, *The Influence of Islam on Medieval Europe*（Edinburgh: Edinburgh University Press, 1972）, p.19; Bernard Lewis, *Race and Slavery in the Middle East: An Historical Enquiry*（New York: Oxford University Press, 1990）, p.11; Daniel Evans, "Slave Coast of Europe", *Slavery & Abolition*, Vol. 6, Number 1（May 1985）, p.53, note 3.
18　Robert C. Davis, *Christian Slaves, Muslim Masters: White Slavery in the Mediterranean, the Barbary Coast, and Italy, 1500—1800*（New York: Palgrave Macmillan, 2003）, p.23.
19　Philip D. Curtin, *The Atlantic Slave Trade: A Census*（Madison: University of Wisconsin Press, 1969）, pp.72, 75, 87.
20　Jean W. Sedlar, *East Central Europ.in the Middle Ages, 1000—1500*（Seattle: University of Washington Press, 1994）, p.97.
21　Ehud R. Toledano, *The Ottoman Slave Trade and Its Suppression: 1840—1890*（Princeton: Princeton University Press, 1982）, pp.18, 59, 168, 171, 188, 189.
22　R.W. Beachey, *The Slave Trade of Eastern Africa*（New York: Barnes & NobleBooks, 1976）, p.182; Robert Stock, *Africa South of the Sahara: A Geographical Interpretation*, third edition（New York: The Guilford Press, 2013）, pp.179, 180; Ellen Churchill Semple, *Influences of Geographic Environment*, p.275; Harold D. Nelson, et al., *Nigeria: A Country Study*（Washington: U.S. Government Printing

Office, 1982）, p.16.
23 Martin A. Klein, "Introduction", *Breaking the Chains: Slavery, Bondage, and Emancipation in Modern Africa and Asia*, edited by Martin A. Klein（Madison: University of Wisconsin Press, 1993）, p.10; James F. Searing, *West African Slavery and Atlantic Commerce: The Senegal River Valley, 1700—1860*（Cambridge: Cambridge University Press, 1993）, p.69.
24 R. W. Beachey, *The Slave Trade of Eastern Africa*, pp.182, 183, 189.
25 Donald L. Horowitz, *Ethnic Group.in Conflict*（Berkeley: University of California Press, 1985）, p.5.
26 Ibid., p.76.
27 Amy Chua and Jed Rubenfeld, *The Triple Package: How Three Unlikely Traits Explain the Rise and Fall of Cultural Group.in America*（New York: The Penguin Press, 2014）, p.42.
28 Ibid., p.43.
29 Ibid., p.7.
30 N. J. G. Pounds, *An Historical Geography of Europe: 1800—1914*, pp.457—458.
31 Walter Nugent, *Crossings: The Great Transatlantic Migrations, 1870—1914*（Bloomington: Indiana University Press, 1992）, p.84.
32 *Grutter v. Bollinger*, 539 U.S. 306（2003）, at 328, 329.
33 Mahathir bin Mohamad, *The Malay Dilemma*（Singapore: Asia Pacific Press, 1970）, p.25.
34 Ibid., p.44.
35 Donald L. Horowitz, *Ethnic Group.in Conflict*, p.226.
36 Pyong Gap Min, *Ethnic Business Enterprise: Korean Small Business in Atlanta*（New York: Center for Migration Studies, 1988）, p.104.
37 Illsoo Kim, *New Urban Immigrants: The Korean Community in New York*（Princeton: Princeton University Press, 1981）, p.114.
38 Elissa Gootman, "City to Help Curb Harassment of Asian Students at High School", *New York Times*, June 2, 2004, p.B9; Joe Williams, "New Attack at Horror HS: Top Senior Jumped at Brooklyn's Troubled Lafayette", *New York Daily News*, December 7, 2002, p.7; Maki Becker, "Asian Students Hit in Rash of HS Attacks", *New York Daily News*, December 8, 2002, p.7; Samuel G. Freedman, "Students and

Teachers Expect a Battle in Their Visits to the Principal's Office", *New York Times*, November 22, 2006, p.B7; Kristen A. Graham and Jeff Gammage, "Two Immigrant Students Attacked at Bok", *Philadelphia Inquirer*, September 21, 2010, p.B1; Jeff Gammage and Kristen A. Graham, "Feds Find Merit in Asian Students' Claims Against Philly School", *Philadelphia Inquirer*, August 28, 2010, p.A1; Kristen A. Graham and Jeff Gammage, "Report Released on Racial Violence at S. Phila. High", *Philadelphia Inquirer*, February 24, 2010, p.A1; Kristen A. Graham, "Other Phila. Schools Handle Racial, Ethnic Tensions", *Philadelphia Inquirer*, February 4, 2010, p.A1; Kristen A. Graham and Jeff Gammage, "Attacking Immigrant Students Not New, Say Those Involved", *Philadelphia Inquirer*, December 18, 2009, p.B1; Kristen A. Graham, "Asian Students Describe Violence at South Philadelphia High", *Philadelphia Inquirer*, December 10, 2009, p.A1; Colin Flaherty, *'White Girl Bleed A Lot': The Return of Racial Violence to America and How the Media Ignore It* (Washington: WND Books, 2013), Chapter 5.

39 Myron Weiner, *Sons of the Soil: Migration and Ethnic Conflict in India* (Princeton: Princeton University Press, 1978), pp.45—46, 102—136; Mary Fainsod Katzenstein, *Ethnicity and Equality: The Shiv Sena Party and Preferential Policies in Bombay* (Ithaca: Cornell University Press, 1979), pp.28—29; Myron Weiner and Mary Fainsod Katzenstein, *India's Preferential Policies: Migrants, The Middle Classes, and Ethnic Equality* (Chicago: University of Chicago Press, 1981), pp.114—115; David Marshall Lang, *The Armenians: A People in Exile* (London: George Allen and Unwin, 1981), pp.3, 10, 37; David Lamb, *The Africans* (New York: Vintage Books, 1987), pp.307—308; Donald L. Horowitz, *Ethnic Group.in Conflict*, pp.46, 153, 155—156, 212—213; Donald L. Horowitz, *The Deadly Ethnic Riot* (Berkeley: University of California Press, 2001), pp.4—5, 195, 198.

40 Larry Diamond, *Class, Ethnicity and Democracy in Nigeria: The Failure of the First Republic* (Syracuse: Syracuse University Press, 1988), p.50.

41 Irina Livezeanu, *Cultural Politics in Greater Romania: Regionalism, Nation Building, & Ethnic Struggle, 1918—1930* (Ithaca: Cornell

University Press, 1995）, pp.218—231.
42 Martin Meredith, *The First Dance of Freedom: Black Africa in the Postwar Era*（New York: Harper & Row, 1984）, pp.229—230.
43 P.T. Bauer, *Reality and Rhetoric: Studies in the Economics of Development*（London: Weidenfeld and Nicolson, 1984）, p.46.
44 Amy Chua, *World on Fire: How Exporting Free Market Democracy Breeds Ethnic Hatred and Global Instability*（New York: Doubleday, 2003）, p.50.
45 Derek Sayer, *The Coasts of Bohemia: A Czech History*（Princeton: Princeton University Press, 1998）, pp.168—169, 221—248.
46 Amy Chua, *World on Fire*, p.4.
47 Ibid., p.2.
48 Lord Kinross, *The Ottoman Centuries: The Rise and Fall of the Turkish Empire*（New York: William Morrow, 1977）, p.558.
49 David Marshall Lang, *The Armenians*, pp.31, 34. 想要完整地了解这些暴行，可见 Ambassador Morgenthau, *Ambassador Morgenthau's Story*（Detroit: Wayne State University Press, 2003）, pp.202—223。
50 "To Hell and Back", *The Economist*, April 5, 2014, p.53.
51 "Devils and Enemies", *Far Eastern Economic Review*, July 7, 1994, p.53.
52 正如一位斯里兰卡学者描述的："与南亚其他地方（包括缅甸）形成鲜明对比，1948年的斯里兰卡是一片安定有秩序的绿洲。权力的交接和平顺利，反映了这个国家的民族运动温和的主线。更重要的是，斯里兰卡没有出现南亚其他国家在独立过程中遇到的分裂和痛苦。总体来看，斯里兰卡的和平独立似乎给这个国家的建设和革新奠定了坚实的基础。" K. M. de Silva, "Historical Survey", *Sri Lanka: A Survey*, ed. K. M. de Silva（Honolulu: The University Press of Hawaii, 1977）, p.84。"1948年斯里兰卡独立的时候，她的前景远比大部分新成立的国家都好。" Donald L. Horowitz, "A Splitting Headache", *The New Republic*, February 23, 1987, p.33。"大体来看，锡兰的主要社区都很友好，印度的印度教徒和伊斯兰之间的冲突没有影响锡兰。除了1915年发生的一场悲惨的小插曲，锡兰并没有出现种族动乱的预兆。" D.S. Weerawardana, "Minority Problems in Ceylon", *Pacific Affairs*, Vol. 25, No. 3（September 1, 1952）, p.279。同时见 Robert N. Kearney, *Communalism and*

Language in the Politics of Ceylon（Durham：Duke University Press, 1967），p.27。
53 Linda Chavez, *Out of the Barrio: Toward a New Politics of Hispanic Assimilation*（New York：Basic Books, 1991），p.29；Rosalie Pedalino Porter, *Forked Tongue: The Politics of Bilingual Education*, second edition（New Brunswick：Transaction Publishers, 1996），pp.33, 35.
54 Randall K. Q . Akee and Jonathan B. Taylor, *Social and Economic Change on American Indian Reservations: A Databook of the U.S. Censuses and the American Community Survey, 1990—2010*（Sarasota, Florida：Taylor Policy Group.Inc., 2014），pp.6, 7, 16.
55 Winston S. Churchill, *A History of the English-Speaking Peoples*（London：Cassell and Company, Ltd., 1956），Vol. I, p.31.
56 Nicholas Kristof, "Is a Hard Life Inherited?", *New York Times*, August 10, 2014, Sunday Review section, p.1.
57 Ibid.
58 Walter E. Williams, *Race and Economics: How Much Can Be Blamed on Discrimination?*（Stanford：Hoover Institution Press, 2011），Table 3.2.
59 Nicholas Kristof, "When Whites Just Don't Get It", Part 2, *New York Times*, September 7, 2014, Sunday Review section, p.11.
60 Stephan Thernstrom and Abigail Thernstrom, *America in Black and White: One Nation, Indivisible*（New York：Simon & Schuster, 1997），p.238.
61 Ibid., p.237.
62 Nicholas Eberstadt, *The Poverty of "The Poverty Rate": Measure and Mismeasure of Want in Modern America*（Washington：AEI Press, 2008），Chapter 6.
63 Robert Rector and Rachel Sheffield, "Air Conditioning, Cable TV, and an Xbox：What Is Poverty in the United States Today?", *Backgrounder*, No. 2575, Heritage Foundation, July 18, 2011, p.10.
64 Lawrence E. Harrison, *The Pan-American Dream: Do Latin America's Cultural Values Discourage True Partnership with the United States and Canada?*（New York：Basic Books, 1997），p.207.
65 E. Franklin Frazier, *The Negro in the United States*, revised edition（New York：The Macmillan Company, 1957），p.166.

66 Herbert G. Gutman, *The Black Family in Slavery and Freedom, 1750—1925* (New York: Pantheon Books, 1976), pp.455—456.
67 James P. Smith and Finis Welch, *Race Differences in Earnings: A Survey and New Evidence* (Santa Monica: Rand, 1978), p.10.
68 Gunnar Myrdal, *An American Dilemma: The Negro Problem and Modern Democracy* (New York: Pantheon Books, 1975), Volume II, p.950.
69 Henry Reid Hunter, *The Development of the Public Secondary Schools of Atlanta, Georgia 1845—1937* (Atlanta: Office of School System Historian, Atlanta Public Schools, 1974), pp.51—54.
70 Stephan Thernstrom and Abigail Thernstrom, *America in Black and White*, pp.233—234.
71 Ibid., pp.159, 164—165.
72 Ibid., pp.160, 162.
73 Frederick C. Luebke, *Germans in Brazil: A Comparative History of Cultural Conflict During World War I* (Baton Rouge: Louisiana State University Press, 1987), pp.64, 66.
74 Gary B. Cohen, *The Politics of Ethnic Survival: Germans in Prague, 1861—1914*, second edition (West Lafayette: Purdue University Press, 2006), Chapters 1 and 2.
75 Lawrence J. McCaffrey, "Forging Forward and Looking Back", *The New York Irish*, edited by Ronald H. Baylor and Timothy J. Meagher (Baltimore: Johns Hopkins University Press, 1996), p.229.
76 Stephen Steinberg, *The Ethnic Myth: Race, Ethnicity and Class in America* (Boston: Beacon Press, 1989), pp.154, 165.
77 *The New York Irish*, edited by Ronald H. Baylor and Timothy J. Meagher, p.562.
78 Charles Murray, *Losing Ground: American Social Policy, 1950—1980* (New York: Basic Books, 1984), pp.116, 256.
79 Kay S. Hymowitz, "The Black Family: 40 Years of Lies", *City Journal*, Summer 2005, p.21.
80 U. S. Bureau of the Census, *Historical Statistics of the United States: Colonial Times to 1970* (Washington: Government Printing Office, 1975), Part I, p.135; *Economic Report of the President, 2014* (Washington: U. S. Government Printing Office, 2014), p.380; Walter

E. Williams, *Race and Economics*, pp.42—43.

81　Jason L. Riley, *Please Stop Helping Us: How Liberals Make It Harder for Blacks to Succeed*（New York: Encounter Books, 2014）, pp.67—73.

82　比如见 Katie DeLong, "He Thought It Was a Flash Mob: Man Caught up in Attack Outside Kroger Says He Feels Lucky He Wasn't Hurt", *Fox 6 Now*（Memphis）, September 8, 2014; Therese Apel, "FBI to Assist in Allegedly Racially-Motivated West Point Beating", *The Clarion-Ledger*（Mississippi）, August 27, 2014; "Family Thinks Otterbein Assault May Have Been Hate Crime", *CBS Baltimore*, August 25, 2014; Danielle Schlanger, et al., "Woman Hit in Head with Pellet Gun in Alleged Hate Crime While Walking Through Central Park", *New York Daily News*, August 23, 2014; Steve Fogarty, "North Ridgeville Police Seek 3 Males in Assault of Teenager", *ChronicleTelegram*（Elyria, Ohio）, August 14, 2014; "Indiana Man Charged in Shooting Death of Gary Police Officer", *5 NBC Chicago*, July 24, 2014; Julie Turkewitz and Jeffrey E. Singer, "Family Mourns at Site of a Fatal Beating", *New York Times*, May 13, 2014, p.A14; Mark Morales, "68-Year-Old Man Dies a Day After He Was Beaten in E. Village; Video Captured Assault as Cop.Hunt Suspect", *New York Daily News*, May 11, 2014; Paris Achen, "Two Men Held in Rose Village Gun Assault", *The Columbian*（Vancouver, Washington）, April 10, 2014; "White Man Beaten by Mob in Detroit After Hitting Boy with Truck: Was It a Hate Crime?", *CBS Detroit*, April 4, 2014; "Police: Man Punches People in Face, Runs to Getaway Car", *KCCI 8 News.com*（Iowa）, February 24, 2014; Ed Gallek, "Mob of Teens Attack Man in Downtown Cleveland", *19 Action News*（Cleveland, Ohio）, February 11, 2014; Wayne Crenshaw, "Victim Recounts Snow Day Attack at Warner Robins High; 2 Arrests Made", *The Telegraph*（Macon, Georgia）, February 5, 2014; Carlie Kollath Wells, "NOPD Makes Arrest in Connection with French Quarter Beating of Musician", *The Times-Picayune*（New Orleans）, January 23, 2014; "Knock It Off", *New York Post*, December 10, 2013, p.32; Thomas Tracy, et al., "Wild Bunch: Brooklyn Punks Pummel Couple, Scream out Slurs", *New York Daily News*, October 20, 2013, p.13; Kaitlin Gillespie, "Police Seek Teens in Death of World War II Veteran", *The Spokesman-Review*, August 23, 2013; "Father of Teen Charged in Florida School Bus Beating Says Son Is 'Sorry'", *Fox News*, August 13, 2013; Peter Bernard, "3 Teens Charged in Pinellas School Bus Beating", *WFLA.com*, August 8, 2013; Jennifer Mann, "Man Convicted of Second-Degree Murder in St. Louis 'Knockout Game'Killing", *St. Louis Post-Dispatch*, April 10, 2013; Crimesider Staff, "Antonio Santiago Shooting: Suspects in Georgia Baby's Murder Face First Court Appearances", *CBSNews.com*, March 25, 2013; "Sauk Rapids Teen Charged as Adult in One-Punch Killing", *CBS Minnesota*, January 7, 2013; Michelle Pekarsky, "Stone Murder: Metro Squad Will Disband", *Fox 4 News Kansas City*, May 15, 2012; Laura McCallister and Betsy Webster, "Men Beat and Rob World War II Vet", *KCTV 5 News*, May 11, 2012; Michelle Washington, "A Beating at Church and Brambleton", *The Virginia Pilot*, May 1, 2012, p.B7; WKRG Staff, "Mobile Police Expect to Make Arrests in the Matthew Owens Beating Case Today", *WKRG* (Mobile-Pensacola), April 23—24, 2012; Michael Lansu, "Officials: Trayvon Case Cited in Racial Beating", *Chicago Sun-Times*, April 21, 2012, p.2; Chad Smith, "Gainesville Beating Case Drawing National Attention", *Gainesville Sun*, April 10, 2012; Suzanne Ulbrich, "Father Searching for Answers in Son's Attack", *Daily New* (Jacksonville, North Carolina), April 7, 2012; Justin Fenton, "Viewers of Shock Video Shed Light on Baltimore Assault; Tip.From Social Media Users Lead Police to Victim, Possible Suspect" *Baltimore Sun*, April 5, 2012, p.1A; Ray Chandler, "Seneca Police Referring Assault Case to Federal Authorities", *Anderson Independent Mail* (South Carolina), March 28, 2012; Jerry Wofford, "Killing Ends 65-Year Romance", *Tulsa World*, March 20, 2012, p.A1; Stephanie Farr, " 'Geezer'Won't Let Thugs Ruin His Walks", *Philadelphia Daily News*, October 20, 2011, p.26; "Concealing Black Hate Crimes", *Investor's Business Daily*, August 15, 2011, p.A16; Barry Paddock and John Lauinger, "Subway Gang Attack", *New York Daily News*, July 18, 2011, News, p.3; Meg Jones, "Flynn Calls Looting, Beatings in Riverwest Barbaric", *Milwaukee Journal Sentinel*, July 6, 2011, pp.A1 ff; Josep.A. Slobodzian, "West Philly Man Pleads Guilty to 'Flash Mob'Assault", *Philadelphia Inquirer*, June 21, 2011, p.B1;

Mareesa Nicosia, "Four Skidmore College Students Charged in Assault; One Charged with Felony Hate Crime", *The Saratogian*, December 22, 2010; Kristen A. Graham and Jeff Gammage, "Two Immigrant Students Attacked at Bok", *Philadelphia Inquirer*, September 21, 2010, p.B1; Jeff Gammage and Kristen A. Graham, "Feds Find Merit in Asian Students' Claims Against Philly School", *Philadelphia Inquirer*, August 28, 2010, p.A1; Alfred Lubrano, "What's Behind 'Flash Mobs'?", *Philadelphia Inquirer*, March 28, 2010, p.A1; Ian Urbina, "Mobs Are Born as Word Grows by Text Message", *New York Times*, March 25, 2010, p.A1; Kirk Mitchell, "Attacks Change Lives on All Sides", *Denver Post*, December 6, 2009, pp.A1 ff; Alan Gathright, "Black Gangs Vented Hatred for Whites in Downtown Attacks", *The DenverChannel.com*, December 5, 2009; Kirk Mitchell, "Racial Attacks Part of Trend; Gangs Videotap.Knockout Punches and Sell the Videos as Entertainment, Experts Say", *Denver Post*, November 22, 2009, p.A1; Samuel G. Freedman, "Students and Teachers Expect a Battle in Their Visits to the Principal's Office", *New York Times*, November 22, 2006, p.B7; Colin Flaherty, *'White Girl Bleed A Lot'*, 2013 edition。

83 Rasmussen Reports, "More Americans View Blacks as Racist Than Whites, Hispanics", July 3, 2013; Cheryl K. Chumley, "More Americans Say Blacks More Racist Than Whites: Rasmussen Report", *Washington Times* (online), July 4, 2013; Steven Nelson, "Poll Finds Black Americans More Likely to Be Seen as Racist", *U.S. News & World Report* (online), July 3, 2013.

84 James N. Gregory, *The Southern Diaspora: How the Great Migrations of Black and White Southerners Transformed America* (Chapel Hill: University of North Carolina Press, 2005), p.123; Isabel Wilkerson, *The Warmth of Other Suns: The Epic Story of America's Great Migration* (New York: Random House, 2010), p.291.

85 Carl Wittke, *The Irish in America* (New York: Russell & Russell, 1970), pp.101—102; Oscar Handlin, *Boston's Immigrants* (New York: Atheneum, 1970), pp.169—170; Jay P. Dolan, *The Irish Americans: A History* (New York: Bloomsbury Press, 2008), pp.118—119; Irving Howe, *World of Our Fathers* (New York: Harcourt Brace Jovanovich, 1976), pp.229—230.

86 比如见 David Levering Lewis, *When Harlem Was in Vogue*（New York: Penguin Books, 1997）, pp.182—183; Jervis Anderson, *This Was Harlem: A Cultural Portrait, 1900—1950*（New York: Farrar Straus Giroux, 1982）, pp.138—139.

87 Milton & Rose D. Friedman, *Two Lucky People: Memoirs*（Chicago: University of Chicago Press, 1998）, p.48.

88 Jervis Anderson, *This Was Harlem*, p.344。我曾做过杂货店的送货员，那家杂货店就在她所说的地铁站旁边。我也常常工作到半夜，回家的时候要路过那个地铁站，但我从未遇到过什么问题。我那时候的体重还不到 100 磅。

89 Lizette Alvarez, "Out, and Up", *New York Times*, May 31, 2009, Metropolitan section, p.1.

90 Ibid., p.6.

91 Walter E. Williams, *Up from The Projects: An Autobiography*（Stanford: Hoover Institution Press, 2010）, pp.6—7.

92 Ibid., p.7.

93 Robyn Minter Smyers, "High Noon in Public Housing: The Showdown Between Due Process Rights and Good Management Practices in the War on Drugs and Crime", *The Urban Lawyer*, Summer 1998, pp.573—574.

94 William Julius Wilson, "The Urban Underclass in Advanced Industrial Society", *The New Urban Reality*, edited by Paul E. Peterson（Washington: The Brookings Institution, 1985）, p.137.

95 Theodore Dalrymple, *Life at the Bottom: The Worldview That Makes the Underclass*（Chicago: Ivan R. Dee, 2001）, p.150.

96 Ibid., p.164.

97 Ibid., p.159.

98 Ibid., pp.68—69.

99 Joyce Lee Malcolm, *Guns and Violence: The English Experience*（Cambridge, Massachusetts: Harvard University Press, 2002）, p.168.

100 Ibid., p.209.

101 Ibid., pp.90—91, 164—167; James Q. Wilson and Richard J. Herrnstein, *Crime and Human Nature*（New York: Simon and Schuster, 1985）, pp.409—410.

102 "A New Kind of Ghetto", *The Economist*, November 9, 2013, Special

Report on Britain, p.10.
103 Theodore Dalrymple, *Life at the Bottom*, p.70.
104 Ibid., pp.155—157.
105 Peter Hitchens, *The Abolition of Britain: From Winston Churchill to Princess Diana*（San Francisco：Encounter Books, 2000）, Chapter 3.
106 Theodore Dalrymple, *Life at the Bottom*, pp.155—156.
107 Michael Tanner and Charles Hughes, *The Work Versus Welfare Trade-Off: 2013*（Washington：The Cato Institute, 2013）.
108 U.S. Census Bureau, "Table HINC–05. Percent Distribution of Households, by Selected Characteristics within Income Quintile and Top 5 Percent in 2010", from the *Current Population Survey*, downloaded on October 28, 2014：https//www.census.gov/hhes/www/cpstables/032011/hhinc/new05_000.htm.
109 Mark Robert Rank, et al., *Chasing the American Dream: Understanding What Shapes Our Fortunes*（New York：Oxford University Press, 2014）, p.92.
110 Donald L. Horowitz, *Ethnic Group.in Conflict*, p.180.
111 比如见 Colin Flaherty, *'White Girl Bleed A Lot'*, 2013 edition, pp.iii, 2, 3, 5, 10, 14, 26, 28, 33, 35, 36, 91, 113, 196—197, 209。
112 Ibid., p.113.
113 比如见 Katie DeLong, "He Thought It Was a Flash Mob：Man Caught up in Attack Outside Kroger Says He Feels Lucky He Wasn't Hurt", *Fox 6 Now*（Memphis）, September 8, 2014；Therese Apel, "FBI to Assist in Allegedly Racially-Motivated West Point Beating", *The Clarion-Ledger*（Mississippi）August 27, 2014；"Family Thinks Otterbein Assault May Have Been Hate Crime", *CBS Baltimore,* August 25, 2014；Danielle Schlanger, et al., "Woman Hit in Head with Pellet Gun in Alleged Hate Crime While Walking Through Central Park", *New York Daily News,* August 23, 2014；Steve Fogarty, "North Ridgeville Police Seek 3 Males in Assault of Teenager", *Chronicle-Telegram*（Elyria, Ohio）, August 14, 2014；"Indiana Man Charged in Shooting Death of Gary Police Officer", *5 NBC Chicago*, July 24, 2014；Julie Turkewitz and Jeffrey E. Singer, "Family Mourns at Site of a Fatal Beating", *New York Times*, May 13, 2014, p.A14；Mark Morales, "68-Year-Old Man Dies a Day After He Was Beaten in E. Village；Video Captured Assault

as Cop.Hunt Suspect", *New York Daily News*, May 11, 2014; Paris Achen, "Two Men Held in Rose Village Gun Assault", *The Columbian* (Vancouver, Washington), April 10, 2014; "White Man Beaten by Mob in Detroit After Hitting Boy with Truck: Was It a Hate Crime?" *CBS Detroit*, April 4, 2014; "Police: Man Punches People in Face, Runs to Getaway Car", *KCCI 8 News.com* (Iowa), February 24, 2014; Ed Gallek, "Mob of Teens Attack Man in Downtown Cleveland", *19 Action News* (Cleveland, Ohio), February 11, 2014; Wayne Crenshaw, "Victim Recounts Snow Day Attack at Warner Robins High; 2 Arrests Made", *The Telegraph* (Macon, Georgia), February 5, 2014; Carlie Kollath Wells, "NOPD Makes Arrest in Connection with French Quarter Beating of Musician", *The Times-Picayune* (New Orleans), January 23, 2014; "Knock It Off", *New York Post*, December 10, 2013, p.32; Thomas Tracy, et al., "Wild Bunch: Brooklyn Punks Pummel Couple, Scream out Slurs", *New York Daily News*, October 20, 2013, p.13; Kaitlin Gillespie, "Police Seek Teens in Death of World War II Veteran", *The Spokesman-Review*, August 23, 2013; "Father of Teen Charged in Florida School Bus Beating Says Son Is 'Sorry'", *Fox News*, August 13, 2013; Peter Bernard, "3 Teens Charged in Pinellas School Bus Beating", *WFLA.com*, August 8, 2013; Jennifer Mann, "Man Convicted of Second-Degree Murder in St. Louis 'Knockout Game'Killing", *St. Louis Post-Dispatch*, April 10, 2013; Crimesider Staff, "Antonio Santiago Shooting: Suspects in Georgia Baby's Murder Face First Court Appearances", *CBSNews.com*, March 25, 2013; "Sauk Rapids Teen Charged as Adult in OnePunch Killing", *CBS Minnesota*, January 7, 2013; Michelle Pekarsky, "Stone Murder: Metro Squad Will Disband", *Fox 4 News Kansas City*, May 15, 2012; Laura McCallister and Betsy Webster, "Men Beat and Rob World War II Vet", *KCTV 5 News*, May 11, 2012; Michelle Washington, "A Beating at Church and Brambleton", *The Virginia Pilot*, May 1, 2012, p.B7; WKRG Staff, "Mobile Police Expect to Make Arrests in the Matthew Owens Beating Case Today", *WKRG* (Mobile-Pensacola), April 23–24, 2012; Michael Lansu, "Officials: Trayvon Case Cited in Racial Beating", *Chicago Sun-Times*, April 21, 2012, p.2; Chad Smith, "Gainesville Beating Case Drawing National Attention", *Gainesville*

Sun, April 10, 2012; Suzanne Ulbrich, "Father Searching for Answers in Son's Attack", *Daily News*（Jacksonville, North Carolina）, April 7, 2012; Justin Fenton, "Viewers of Shock Video Shed Light on Baltimore Assault; Tip.From Social Media Users Lead Police to Victim, Possible Suspect", *Baltimore Sun*, April 5, 2012, p.1A; Ray Chandler, "Seneca Police Referring Assault Case to Federal Authorities", *Anderson Independent Mail*（South Carolina）, March 28, 2012; Jerry Wofford, "Killing Ends 65-Year Romance", *Tulsa World*, March 20, 2012, p.A1; Stephanie Farr, " 'Geezer'Won't Let Thugs Ruin His Walks", *Philadelphia Daily News*, October 20, 2011, p.26; "Concealing Black Hate Crimes", *Investor's Business Daily*, August 15, 2011, p.A16; Barry Paddock and John Lauinger, "Subway Gang Attack", *New York Daily News*, July 18, 2011, News, p.3; Meg Jones, "Flynn Calls Looting, Beatings in Riverwest Barbaric", *Milwaukee Journal Sentinel*, July 6, 2011, pp.A1 ff; Josep.A. Slobodzian, "West Philly Man Pleads Guilty to 'Flash Mob'Assault", *Philadelphia Inquirer*, June 21, 2011, p.B1; Mareesa Nicosia, "Four Skidmore College Students Charged in Assault; One Charged with Felony Hate Crime", *The Saratogian*, December 22, 2010; Kristen A. Graham and Jeff Gammage, "Two Immigrant Students Attacked at Bok", *Philadelphia Inquirer*, September 21, 2010, p.B1; Jeff Gammage and Kristen A. Graham, "Feds Find Merit in Asian Students' Claims Against Philly School", *Philadelphia Inquirer*, August 28, 2010, p.A1; Alfred Lubrano, "What's Behind 'Flash Mobs'?", *Philadelphia Inquirer*, March 28, 2010, p.A1; Ian Urbina, "Mobs Are Born as Word Grows by Text Message", *New York Times*, March 25, 2010, p.A1; Kirk Mitchell, "Attacks Change Lives on All Sides", *Denver Post,* December 6, 2009, pp.A1 ff; Alan Gathright, "Black Gangs Vented Hatred for Whites in Downtown Attacks", *The DenverChannel.com*, December 5, 2009; Kirk Mitchell, "Racial Attacks Part of Trend; Gangs Videotap.Knockout Punches and Sell the Videos as Entertainment, Experts Say", *Denver Post,* November 22, 2009, p.A1; Samuel G. Freedman, "Students and Teachers Expect a Battle in Their Visits to the Principal's Office", *New York Times,* November 22, 2006, p.B7; Colin Flaherty, *'White Girl Bleed A Lot'*, 2013 edition。

114 Colin Flaherty, *'White Girl Bleed A Lot'*, 2013 edition, pp.6, 14—15,

77, 83—84, 89, 94, 109, 133, 173—174, 178—179, 202, 203, 206.
115 比如见 Ibid., pp.i, iv, 3, 7—8, 84—85, 88, 95, 112, 192, 220。
116 "Concealing Black Hate Crimes", *Investor's Business Daily*, August 15, 2011, p.A16.
117 比如见 "Brooklyn Rabbi: Gang of Teens Playing Disturbing Game Of 'Knock Out The Jew'", *CBS New York,* November 12, 2013; Thomas Tracy, "Jews Target of Twisted Street Game", *New York Daily News,* November 13, 2013, p.45; "Knock It Off", *New York Post,* December 10, 2013, p.32; Colin Flaherty, '*White Girl Bleed A Lot*', 2013 edition, pp.144—145, 151, 330。
118 Colin Flaherty, '*White Girl Bleed A Lot*', 2013 edition, Chapter 2.
119 比如见 Norman M. Naimark, *Fires of Hatred: Ethnic Cleansing in Twentieth-Century Europe*（Cambridge, Massachusetts: Harvard University Press, 2001）, pp.117—119; R. M. Douglas, *Orderly and Humane: The Expulsion of the Germans After the Second World War*（New Haven: Yale University Press, 2012）, pp.96—97; Derek Sayer, *The Coasts of Bohemia*, p.243。
120 SeWilliam McGowan, *Only Man Is Vile: The Tragedy of Sri Lanka*（New York: Farrar, Straus and Giroux, 1992）.
121 Donald L. Horowitz, *The Deadly Ethnic Riot*, pp.19—20.

第 6 章　影响与展望

1 Alan Greenspan, *The Age of Turbulence: Adventures in a New World*（New York: Penguin Press, 2007）, p.95.
2 P. T. Bauer, *Equality, the Third World and Economic Delusion*（Cambridge, Massachusetts: Harvard University Press, 1981）, p.23.
3 Daron Acemoglu and James A. Robinson, *Why Nations Fail: The Origins of Power, Prosperity, and Poverty*（New York: Crown Business, 2012）, pp.1—2.
4 Darrel Hess, *McKnight's Physical Geography: A Landscap. Appreciation*, eleventh edition（Upper Saddle River, New Jersey: Pearson Education, 2014）, p.200.
5 Daron Acemoglu and James A. Robinson, *Why Nations Fail*, p.428.
6 "Class and the American Dream", *New York Times,* May 30, 2005, p.A14.

7 E. J. Dionne, Jr., "Political Stupidity, U. S. Style", *Washington Post*, July 29, 2010, p.A23.
8 Peter Corning, *The Fair Society: The Science of Human Nature and the Pursuit of Social Justice* (Chicago: University of Chicago Press, 2011), p.ix.
9 W. Michael Cox and Richard Alm, "By Our Own Bootstraps: Economic Opportunity & the Dynamics of Income Distribution", *Annual Report 1995*, Federal Reserve Bank of Dallas, p.8.
10 Ibid.
11 "Movin' On Up", *Wall Street Journal*, November 13, 2007, p.A24; U.S. Department of the Treasury, "Income Mobility in the U.S. from 1996 to 2005", November 13, 2007, p.9.
12 Niels Veldhuis, et al., "The 'Poor'Are Getting Richer", *Fraser Forum*, January/February 2013, p.25.
13 Armine Yalnizyan, *The Rise of Canada's Richest 1%* (Ottawa: Canadian Centre for Policy Alternatives, December 2010).
14 Thomas Piketty, *Capital in the Twenty-First Century* (Cambridge, Massachusetts: Harvard University Press, 2014), p.252.
15 Thomas A. Hirschl and Mark R. Rank, "The Social Dynamics of Economic Polarization: Exploring the Life Course Probabilities of Top-Level Income Attainment", Paper presented at the 2014 Annual Meetings of the Population Association of America, Boston, May 1—4, 2014, p.8; Mark R. Rank, "From Rags to Riches to Rags", *New York Times*, April 20, 2014, Sunday Review, p.9.
16 Thomas A. Hirschl and Mark R. Rank, "The Social Dynamics of Economic Polarization: Exploring the Life Course Probabilities of Top-Level Income Attainment", Paper presented at the 2014 Annual Meetings of the Population Association of America, Boston, May 1—4, 2014, p.13.
17 Paul Krugman, "Rich Man's Recovery", *New York Times*, September 13, 2013, p.A25.
18 U. S. Department of the Treasury, "Income Mobility in the U.S. from 1996 to 2005", November 13, 2007, p.4.
19 Thomas Piketty, *Capital in the Twenty-First Century*, pp.253, 254.
20 Ibid., pp.252, 301.

21 U.S. Department of the Treasury, "Income Mobility in the U.S. from 1996 to 2005", November 13, 2007, pp.2, 4.
22 Ibid., p.7.
23 Ibid., pp.2, 4.
24 Ibid., p.11.
25 Internal Revenue Service, "The 400 Individual Income Tax Returns Reporting the Highest Adjusted Gross Incomes Each Year, 1992—2000", *Statistics of Income Bulletin*, Spring 2003, Publication 1136 (Revised 6–03), p.7.
26 Josep. A. Schumpeter, *History of Economic Analysis* (New York: Oxford University Press, 1954), p.529.
27 Thomas Piketty, *Capital in the Twenty-First Century*, pp.473, 507; Robert A. Wilson, "Personal Exemptions and Individual Income Tax Rates, 1913—2002", *Statistics of Income Bulletin*, Spring 2002, p.219.
28 Eugene Robinson, "The Fight-Back Plan", *Washington Post*, September 20, 2011, p.A17.
29 Carmen DeNavas-Walt and Robert W. Cleveland, "Money Income in the United States: 2001", *Current Population Reports*, P60—218 (Washington: U.S. Bureau of the Census, 2002), p.19.
30 来自最新的人口调查。U. S. Census Bureau, "Table HINC–05. Percent Distribution of Households, by Selected Characteristics within Income Quintile and Top 5 Percent in 2010", downloaded on October 28, 2014: https://www.census.gov/hhes/www/cpstables/032011/hhinc/new05_000.htm。
31 Charles Murray, *Human Accomplishment: The Pursuit of Excellence in the Arts and Sciences, 800 B. C. to 1950* (New York: Harper Collins, 2003), p.298.
32 Ibid., pp.304, 305.
33 Ibid., p.98.
34 Ibid., pp.97—100.
35 James Corrigan, "Woods in the Mood to End His Major Drought", *Daily Telegraph* (London), August 5, 2013, pp.16—17.
36 Charles Murray, *Human Accomplishment*, p.102.
37 John Powers, "Kenya's Domination in Marathons Has Raised the Level of Running Excellence, and the Rest of the Field Is Still Having a Hard

Time Catching Up", *Boston Globe*, April 12, 2013, p.C2.
38 Josep.White, "A 1st in 52 Years: Co-champ.at the Spelling Bee", The Associated Press, May 30, 2014.
39 *Sports Illustrated Almanac 2013* (New York: Sports Illustrated Books, 2012), pp.69, 78.
40 *The Chronicle of Higher Education: Almanac 2014—2015*, August 22, 2014, p.45.
41 Ibid.
42 U. S. News & World Report, *America's Best Colleges*, 2010 edition (Washington: U. S. News & World Report, 2009), pp.137, 140, 191.
43 Mohamed Suffian bin Hashim, "Problems and Issues of Higher Education Development in Malaysia", *Development of Higher Education in Southeast Asia: Problems and Issues*, edited by Yip Yat Hoong (Singapore: Regional Institute of Higher Education and Development, 1973), Table 8, pp.70—71.
44 Previous lists of statistical disparities in outcomes have appeared in such previous books of mine as *The Vision of the Anointed: Self-Congratulation as a Basis for Social Policy* (New York: Basic Books, 1995), pp.35—37 and *Intellectuals and Society*, second edition (New York: Basic Books, 2012), pp.116—119.Isolated examples have appeared in *Conquests and Cultures: An International History* (New York: Basic Books, 1998), pp.125, 210, 217; *Migrations and Cultures: A World View* (New York: Basic Books, 1996), pp.4, 17, 31, 57, 123, 130, 135, 152, 154, 157, 176, 179, 193, 196, 211, 265, 277, 278, 289, 297, 298, 300, 320, 345—346, 353—354, 355, 358, 366, 372—373.
45 Thomas A. Hirschl and Mark R. Rank, "The Social Dynamics of Economic Polarization: Exploring the Life Course Probabilities of Top-Level Income Attainment, " Paper presented at the 2014 Annual Meetings of the Population Association of America, Boston, May 1-4, 2014, p.13.
46 Alan Reynolds, *Income and Wealth* (Westport, Connecticut: Greenwood Press, 2006), pp.27—28.
47 John Rawls, *A Theory of Justice* (Cambridge, Massachusetts: Harvard University Press, 1971), p.73.

48 Ibid., p.74.
49 Ibid., pp.79—80.
50 Ibid., pp.75—78.
51 Ibid., pp.79—80, 82—83.
52 Ibid., pp.4, 302, 303.
53 James M. McPherson, *The Abolitionist Legacy: From Reconstruction to the NAACP* (Princeton: Princeton University Press, 1975) , p.198.
54 Alexis de Tocqueville, *Democracy in America*, edited by J.P. Mayer and Max Lerner (New York: Harper & Row, 1966) , p.485.
55 Edward C. Banfield, *The Moral Basis of a Backward Society* (New York: The Free Press, 1958) , pp.19, 20, 76.
56 Nicholas Eberstadt, *Russia's Peacetime Demographic Crisis: Dimensions, Causes, Implications* (Seattle: National Bureau of Asian Research, 2010) , p.259.
57 Stephan Thernstrom and Abigail Thernstrom, *America in Black and White: One Nation, Indivisible* (New York: Simon and Schuster, 1997) , pp.233—234.
58 *The World Almanac and Book of Facts: 2013* (New York: World Almanac Books, 2013) , pp.748, 770, 771, 796, 806, 818, 821, 832, 839, 846; U.S. Census Bureau, "S0201: Selected Population Profile in the United States, 2013 American Community Survey 1-Year Estimates, downloaded from the Census website on November 10, 2014: http://factfinder2.census.gov/faces/tableservices/jsf/pages/productview.xhtml?pid=ACS_13_1YR_S0201&prodType=table
59 Rupert B. Vance, *Human Geography of the South: A Study in Regional Resources and Human Adequacy* (Chapel Hill: University of North Carolina Press, 1932) , p.463.
60 比如见 P. T. Bauer, *Equality, the Third World and Economic Delusion*, Chapters 5, 6, 7; William Easterly, *The White Man's Burden: Why the West's Efforts to Aid the Rest Have Done So Much Ill and So Little Good* (New York: Penguin Press, 2006)。
61 Lawrence E. Harrison, *Underdevelopment Is a State of Mind: The Latin American Case* (Cambridge, Massachusetts: The Center for International Affairs, Harvard University, 1985) , p.103.
62 *The World Almanac and Book of Facts: 2014* (New York: World

Almanac Books, 2014), pp.750, 754.
63 Robert F. Foerster, *The Italian Emigration of Our Times* (New York: Arno Press, 1969), p.236; Carl Solberg, *Immigration and Nationalism: Argentina and Chile, 1890—1914* (Austin: University of Texas Press, 1970), p.38.
64 Robert F. Foerster, *The Italian Emigration of Our Times*, p.230.
65 Ibid., p.243.
66 Fred C. Koch, *The Volga Germans: In Russia and the Americas, from 1763 to the Present* (University Park: Pennsylvania State University Press, 1977), p.227; Timothy J. Kloberdanz, "Plainsmen of Three Continents: Volga German Adaptation to Steppe, Prairie, and Pampa", *Ethnicity on the Great Plains*, edited by Frederick C. Luebke (Lincoln: University of Nebraska Press, 1980), pp.66—67.
67 Carl Solberg, *Immigration and Nationalism*, p.51.
68 Robert F. Foerster, *The Italian Emigration of Our Times*, p.261.
69 Mark Jefferson, *Peopling the Argentine Pampa* (New York: American Geographical Society, 1926), p.1.
70 Carl Solberg, *Immigration and Nationalism*, pp.49—50.
71 Robert F. Foerster, *The Italian Emigration of Our Times*, pp.254—259.
72 Carl E. Solberg, "Peopling the Prairies and the Pampas: The Impact of Immigration on Argentine and Canadian Agrarian Development, 1870—1930", *Journal of Interamerican Studies and World Affairs*, Vol. 24, No. 2 (May 1982), pp.136, 152; Gloria Totoricagüena, *Basque Diaspora: Migration an Transnational Identity* (Reno: Center for Basque Studies, University of Nevada, 2005), pp.171, 180. 另外见 Lawrence E. Harrison, *The Pan-American Dream: Do Latin America's Cultural Values Discourage True Partnership with the United States and Canada?* (New York: Basic Books, 1997), p.151.
73 Adam Giesinger, *From Catherine to Krushchev: The Story of Russia's Germans* (Winnipeg, Manitoba, Canada: Adam Giesinger, 1974), p.229; Fred C. Koch, *The Volga Germans*, pp.222, 224.
74 Fred C. Koch, *The Volga Germans*, pp.226, 227.
75 "A Century of Decline", *The Economist*, February 15, 2014, p.20.
76 Seymour Martin Lipset, *Revolution and Counterrevolution: Change and Persistence in Social Structures* (New York: Basic Books, 1968),

pp.90—91; Emilio Willems, "Brazil", *The Positive Contribution by Immigrants*, edited by Oscar Handlin (Paris: United Nations Educational, Scientific and Cultural Organization, 1955) , p.133.

77   Jean Roche, *La Colonisation Allemande et le Rio Grande do Sul* (Paris: Institut Des Hautes Études de L'Amérique Latine, 1959) , pp.388—389.

78   Gabriel Paquette, *Imperial Portugal in the Age of Atlantic Revolutions: The Luso-Brazilian World, c. 1770—1850* (Cambridge: Cambridge University Press, 2013) , p.80; Carl E. Solberg, "Peopling the Prairies and the Pampas: The Impact of Immigration on Argentine and Canadian Agrarian Development, 1870—1930", *Journal of Interamerican Studies and World Affairs*, Vol. 24, No. 2 (May 1982) , pp.131—161; Adam Giesinger, *From Catherine to Krushchev*, p.229; Frederick C. Luebke, *Germans in the New World: Essays in the History of Immigration* (Urbana: University of Illinois Press, 1990) , pp.94, 96.

79   Warren Dean, *The Industrialization of São Paolo: 1880—1945* (Austin: University of Texas Press, 1969) , p.35.

80   Carl Solberg, *Immigration and Nationalism*, Chapter 1; George F. W. Young, "Bernardo Philippi, Initiator of German Colonization in Chile", *Hispanic American Historical Review*, Vol. 51, No. 3 (August 1971) , p.490; Fred C. Koch, *The Volga Germans*, pp.231—233.

81   Fernand Braudel, *A History of Civilizations*, translated by Richard Mayne (New York: Penguin Books, 1993) , p.440.

82   J. F. Normano and Antonello Gerbi, *The Japanese in South America: An Introductory Survey with Special Reference to Peru* (New York: The John Day Company, 1943) , pp.38—39.

83   C. Harvey Gardiner, *The Japanese and Peru: 1873—1973* (Albuquerque: University of New Mexico Press, 1975) , p.25; J. F. Normano and Antonello Gerbi, *The Japanese in South America*, p.70.

84   C. Harvey Gardiner, *The Japanese and Peru*, pp.62, 64; Toraji Irie and William Himel, "History of Japanese Migration to Peru, Part II", *Hispanic American Historical Review*, Vol. 31, No. 4 (November 1951) , p.662.

85   C. Harvey Gardiner, *The Japanese and Peru*, pp.61—62.

86   William R. Long, "New Pride for *Nikkei* in Peru", *Los Angeles Times*,

April 28, 1995, p.A1.
87 Pablo Macera and Shane J. Hunt, "Peru", *Latin America: A Guide to Economic History, 1830—1930*, edited by Roberto Cortés Conde and Stanley J. Stein (Berkeley: University of California Press, 1977), p.566.
88 C. Harvey Gardiner, *The Japanese and Peru*, p.68; J. F. Normano and Antonello Gerbi, *The Japanese in South America*, pp.109—110.
89 C. Harvey Gardiner, *The Japanese and Peru*, p.68.
90 J.F. Normano and Antonello Gerbi, *The Japanese in South America*, pp.77, 113—114.
91 Carl Solberg, *Immigration and Nationalism*, p.63.
92 Seymour Martin Lipset, "Values, Education, and Entrepreneurship", *Elites in Latin America*, edited by Seymour Martin Lipset and Aldo Solari (New York: Oxford University Press, 1967), pp.24—25.
93 Jaime Vicens Vives, "The Decline of Spain in the Seventeenth Century", *The Economic Decline of Empires*, edited by Carlo M. Cipolla (London: Methuen & Co., 1970), p.127.
94 Norman R. Stewart, *Japanese Colonization in Eastern Paraguay* (Washington: National Academy of Sciences, 1967), p.153.
95 Harry Leonard Sawatzky, *They Sought a Country: Mennonite Colonization in Mexico* (Berkeley: University of California Press, 1971), p.365.
96 Lawrence E. Harrison, *The Pan-American Dream*, p.83.
97 Josep.Stiglitz, "Equal Opportunity, Our National Myth", *New York Times*, February 17, 2013, Sunday Review, p.4.
98 Jason L. Riley, *Please Stop Helping Us: How Liberals Make It Harder for Blacks to Succeed* (New York: Encounter Books, 2014), p.49.
99 John U. Ogbu, *Black American Students in an Affluent Suburb: A Study of Academic Disengagement* (Mahwah, New Jersey: Lawrence Erlbaum Associates, 2003), pp.23—31.
100 比如见 Diana Furchtgott-Roth and Christine Stolba, *Women's Figures: An Illustrated Guide to the Economic Progress of Women in America* (Washington: The A. E. I. Press, 1999), Part II; Thomas Sowell, *Economic Facts and Fallacies*, second edition (New York: Basic Books, 2011), Chapter 3。

101 "The Economic Role of Women", *The Economic Report of the President, 1973*（Washington: U. S. Government Printing Office, 1973）, p.105.
102 统计数据见我的另一本书, *Affirmative Action Reconsidered: Was It Necessary in Academia?*（Washington: American Enterprise Institute, 1975）, p.16。
103 Donald Harman Akenson, "Diaspora, the Irish and Irish Nationalism", *The Call of the Homeland: Diaspora Nationalisms, Past and Present*, edited by Allon Gal, et al（Leiden: Brill, 2010）, pp.190—191.
104 Karyn R. Lacy, *Blue-Chip Black: Race, Class, and Status in the New Black Middle Class*（Berkeley: University of California Press, 2007）, pp.66—68, 77; Mary Pattillo-McCoy, *Black Picket Fences: Privilege and Peril Among the Black Middle Class*（Chicago: University of Chicago Press, 1999）, p.12.
105 Donald R. Snodgrass, *Inequality and Economic Development in Malaysia*（Kuala Lumpur: Oxford University Press, 1980）, p.4.
106 Amy L. Freedman, "The Effect of Government Policy and Institutions on Chinese Overseas Acculturation: The Case of Malaysia", *Modern Asian Studies*, Vol. 35, No. 2（May 2001）, p.416.
107 Michael Ornstein, *Ethno-Racial Inequality in the City of Toronto: An Analysis of the 1996 Census*, May 2000, p.ii.
108 Charles H. Young and Helen R.Y. Reid, *The Japanese Canadians*（Toronto: University of Toronto Press, 1938）, pp.9—10, 49, 53, 58, 76, 120, 129, 130, 145, 172; Tomoko Makabe, "The Theory of the Split Labor Market: A Comparison of the Japanese Experience in Brazil and Canada", *Social Forces*, Vol. 59, No. 3（March 1981）, p.807, note 1.
109 John A. A. Ayoade, "Ethnic Management of the 1979 Nigerian Constitution", *Canadian Review of Studies in Nationalism*, Spring 1987, p.127.
110 Burton W. Folsom, Jr., *The Myth of the Robber Barons: A New Look at the Rise of Big Business in America*, sixth edition（Herndon, Virginia: Young America's Foundation, 2010）, pp.83—92.
111 Rob Kling, "Information Technologies and the Shifting Balance between Privacy and Social Control", *Computerization and Controversy: Value Conflicts and Social Choices*, second edition, edited by Rob Kling（New

York: Academic Press, 1996）, p.617. 同时见 Marvin Cetron and Owen Davies, *Probable Tomorrows: How Science and Technology Will Transform Our Lives in the Next Twenty Years*（New York: St. Martin's Press, 1997）, p.x。

112 Richard A. Epstein, *Overdose: How Excessive Government Regulation Stifles Pharmaceutical Innovation*（New Haven: Yale University Press, 2006）, p.15.

图书在版编目（CIP）数据

财富、贫穷与政治 / (美) 托马斯·索维尔 (Thomas Sowell) 著；孙志杰译. -- 杭州：浙江教育出版社, 2021.9（2023.12重印）
ISBN 978-7-5722-1187-4

Ⅰ. ①财… Ⅱ. ①托… ②孙… Ⅲ. ①经济学—通俗读物 Ⅳ. ①F0-49

中国版本图书馆CIP数据核字(2021)第106207号

WEALTH, POVERTY, AND POLITICS: AN INTERNATIONAL PERSPECTIVE
by
THOMAS SOWELL
Copyright: © 2015
This edition arranged with CAROL MANN AGENCY through Big Apple Agency, Inc, Labuan, Malaysia. Simplified Chinese edition copyright: 2021 Ginkgo (Beijing) Book Co., Ltd.
All rights reserved.

本书中文简体版权归属于银杏树下（北京）图书有限责任公司
著作权登记号：11—2020—490

财富、贫穷与政治
CAIFU、PINQIONG YU ZHENGZHI

[美] 托马斯·索维尔 著　孙志杰 译

选题策划：银杏树下	出版统筹：吴兴元
责任编辑：江　雷　洪　滔	特约编辑：方　丽
美术编辑：韩　波	责任校对：高露露
责任印务：曹雨辰	封面设计：墨白空间·曾艺豪
营销推广：ONEBOOK	

出版发行：浙江教育出版社（杭州市天目山路40号 邮编：310013）
印刷装订：嘉业印刷（天津）有限公司（天津市静海区岩丰西道8号路）
开　　本：889mm×1194mm　1/32
插　　页：4
版　　次：2021年9月第1版
标准书号：ISBN 978-7-5722-1187-4
定　　价：45.00元

印　　张：9.75
字　　数：205 000
印　　次：2023年12月第7次印刷

读者服务： reader@hinabook.com 188-1142-1266
投稿服务： onebook@hinabook.com 133-6631-2326
直销服务： buy@hinabook.com 133-6657-3072

后浪出版咨询（北京）有限责任公司　版权所有，侵权必究
投诉信箱：editor@hinabook.com　fawu@hinabook.com
未经许可，不得以任何方式复制或者抄袭本书部分或全部内容
本书若有印、装质量问题，请与本公司联系调换，电话010-64072833